胡适思想录（七）

知难，行亦不易

胡 适 著

中国城市出版社
·北京·

图书在版编目（CIP）数据

胡适思想录．7，知难，行亦不易／胡适著．—北京：中国城市出版社，2012．10

ISBN 978－7－5074－2500－0

Ⅰ．①胡… Ⅱ．①胡… Ⅲ．①胡适（1891～1962）—人生哲学—文集 Ⅳ．①K825．4－53②B821－53

中国版本图书馆 CIP 数据核字（2012）第 231246 号

责任编辑	吕洪梅
封面设计	尚书堂
责任技术编辑	张建军
出版发行	中国城市出版社
地址	北京市西城区广安门南街甲 30 号（邮编：100053）
网址	www．citypress．cn
发行部电话	（010）63454857　63289949
发行部传真	（010）63421417　63400635
总编室电话	（010）68171928
总编室信箱	citypress@ sina．com
经销	新华书店
印刷	北京集惠印刷有限责任公司
字数	250 千字　　印张　15．5
开本	710×1000（毫米）　1/16
版次	2013 年 1 月第 1 版
印次	2013 年 1 月第 1 次印刷
定价	28．00 元

目 录

contents

新文学运动之意义

鄙人今天到这里来演讲，是很荣幸的一件事；但是我来武汉，这是第一次，武汉之有公开的学术演讲，这回是第一次，所以我今天到这里来演讲，自己心里又喜又怕，喜的是这第一次公开的学术演讲，今天居然开了台；怕的是这第一次演讲，我怕弄不好，以致拆了台。

现在中国外交这种紧迫之时，还能够发起这种学术演讲，所以我在北京南下的时候，一般朋友们都很赞成我南下，我自己也是很愿意。

今天的讲题是新文学运动之意义，这个题目，我从来没有讲过，大家在这个时候，以为这个题目，可以说是过去了的。不过现在就不是这样了，在这新文学运动的时期之中，我何以从没有讲过，今天反要向诸位讲的是什么道理呢？因为今年有一般思想很顽固的人，得了很大的势力，他们居然利用他们的势力，起来反抗这种时代之要求，时代之潮流，并摧残这种潮流要求，摧残新文学，到了现在，有几行省公然禁令白话文，学校也不取做白话文的学生，因为这个缘故，我们从前提倡白话文学的人，现在实有重提之必要，所谓新文学的运动，简单地讲起来，是活的文学之运动，以前的那些旧文学，是死的、笨的、无生气的；至于新文学可以代表活社会，活国家，活团体。

实在讲起来，文学本没有什么新旧的分别，不过因为作的人表现文学为时代所束缚，依此沿革下来，这种样子的作品就死了，无以名之，名之为旧文学。

我们看文学，要看它的内容，有一种作品，它的形式上改换了，内容还是没有改，这种文学，还是算不得新文学，所以看文学，不能够仅仅从它的形式上外表上看。这么一说，文学要怎样才能新呢？必定先要解放工具，文学之工具，是语言文字，工具不变，不得谓之新，工具解放了，然后文学的内容才容易活动起来。

今天这种讲演并不是对那般顽固的人而发，我们也不必同他谈。此外那般对于新文学信仰的人们以及不信仰的反对者，持这种态度的人，我们要将此意，对着他们明白地讲出来，务使他们明了新文学之真意义及它的真价值，那么对于自己的作品以及工作才看得起、有价值，对外哩，向着他持反对论调者，也可以与之争辩讨论，这就是我今天讲新文学运动之意义的原因。

有一班人以为白话文学是为普及教育的。那般失学的人们以及儿童，看那些文言文不懂，所以要提倡白话，使他们借此可以得着知识，因为如此，所以才用白话文，但是这不过是白话文学最低限度的用途，大家以为我们为普及教育为读书有兴趣，为容易看懂而提倡白话文学，那就错了，未免太小视白话文学了，这种种并不是新文学运动之真意义。

一般的人，把社会分成两个阶级，一种是愚妇顽童稚子，其他一种是知识阶级，如文人学士，绅士官吏。作白话文是为他们——愚夫愚妇，顽童稚子——可以看而作，至于知识阶级者，仍旧去作古文，这种看法，根本地错误了，并不是共和国家应有的现象。这样一来，那般文人学士是吃肉，愚夫愚妇是吃骨头，他们一定不得甘心的，一定要骂文人学士摆臭架子的。由此看来那般为平民而办的白话报，为平民而办注音字母，这种见解，是把社会分成二段阶级，在事实上原则上都说不过去。我们要这样想，那般平民以及小孩子，读了几年的白话文，念过了几本平民千字课，而社会上的各种著作，完全是用文言文著述的，他们还不是一样地看不懂吗？社会上既然没有白话文学的环境、白话文学的空气，学白话文学的人们，将来在社会上没有一处可以应用，如果是这种样子，倒不如一直仍旧去念那子曰诗云罢，何必自讨没趣呢？照这样看来，虽然是为平民教育而提倡白话文学，但是学的人到社会里面去，所学无所用，那么，当初又何必要学呢？所以顶要紧的，就是要造一种白话文学的环境、白话文学的空气，这样学的人才有兴趣。

新文学之运动，并不是一人所提倡的，也不是最近八年来提倡的，新文学之运动是历史的，我们少数人，不过是承认此种趋势，替它帮忙使得一般人了解罢了。不明白新文学运动是历史的，以为少数借着新文学出风头的人们，现在听了我这话，也可了解了，新文学运动，决不是凭空而来的，决不是少数人造得起的。

明白了我以上所讲的话，现在就继续讲新文学运动历史上的意义。

古文文言，不是我们近年以来说它是死的，它的本身，在两千年以前，早已就死了的，当两千年前，汉武帝时候，宰相公孙弘上书给汉武帝，大意是说他那时候上谕法律等文章，做得美固然是美，内含的意思虽然是雄厚，但是一般小吏却看不懂，做小官的人们，尚且看不懂，况小百姓呢？想挽救这种流弊，所以才劝武帝办科举，开科取士，凡能够看得懂古文者，上头就把官给他作，借以维持死的文学。公孙弘想出这种科举方法来，开一条利禄的路，引诱小百姓去走，这种维持死的文学之方法，可以说是尽美尽善矣，这样一来，导致全国小百姓们的家庭里，如果有个把略为聪明的儿童，至少要抄几部书，给他们的小孩子读去，请一个教书的先生，替他们的小孩子讲解，教给他们的小孩子要怎样去读，如此做下去，国家也不用花掉好多钱去办什么学校，没有学校，就没有学生闹风潮，也没有教员向着政府索薪了，国内也不知省了多少事，减了多少钱；而他一方面，死的文学，可以维持，所以死的文学，能够苟延残喘到两千多年的，就是因为如此，在这两千年之中，上等的人，有知识的人，既不反对下等的人、一般民众，也只得由他们干去，由此下等人学上等人，小人物学大人物，要官作，要利禄，也不得不如此。方法未尝不美，至于谈到了文学那一层，那就不够谈了。文学是人的感情，用文字表达出来，现在有一个人，他有一种情感，要用文字表现出来，而为时代所束缚，换言之作不了古文，这个人想发表他的情感，非用一二十年的苦工，去念那死板板的文字不可，照时间上说起来，未免太长了，要学也恐怕来不及了。因为如此，那般匹夫匹妇，痴男怨女，也顾不得这许多了，他们想歌，就用他们自己的语言歌出来，想唱就用他们自己的语言唱出来。那般民歌童谣儿歌恋歌之类，就是由此产生出来，在这两千年之中，他们——匹夫匹妇，痴男怨女——因为要表现他们的文学情感，倡了许多很好的很有价值的白话文学来，歌唱之不足，他们又要听故事，演故事，所以小说戏剧之文学，亦由此而生，不仅痴男怨女，匹夫匹妇如此，那般和尚们翻译佛教的经典，如果作得太古了，这般民众不说是听不懂，就是看也看不懂，因为如此，所以就用经典上意义，编出一种弹词歌谣来，使他们容易去懂，在敦煌那块，发现出来用弹词歌体所翻出之佛经不少，如是佛曲就变成了白话之文学了。至于和尚们讲学，如果用着古文去讲，大家就不能了解，所以唐朝的禅宗，用白话去讲经，学生们也用白话去记录，写成散文开了后代一种语录的风气。在这两千年当中，所有一般大文学家，没有一个不受白话文学之影响，乐府是其一例，今日看一看乐府，尽都是用白话体裁写出，那般创造文学的大文学家，却没有一个不在模仿乐府。唐朝的诗集子，头一部就是乐府，乐府是白话，学乐府就是学白话，其结果所以都近乎白话，唐朝的诗，宋朝的词，所以好懂。所以就很通行，《唐诗三百首》，其中所载，大半是白话或近乎白话。后有以为作诗有一定格律，字句之长短。平仄声均有一定公式，嫌太拘束，故改之为句之长短不定的词，词之作法，也有一定，又生出一种曲来，这种曲子，是教给教坊歌妓们唱的，因为要她们了解，所以用白话，当时的一般文人学士，一方面作古文求功名骗政府，一方面巴结那般好看的女人，结歌妓们欢心，所以又要白话文学。元、明、清五百年中，产出不少的长篇小说来，这时白话文学真是多极了。上海一处的书店，每年销售的《水浒》《三国演义》《西游记》这三种小说，年在一百万部以上，我们由此一看，五百年来，不是孔、孟、程、朱、《四书》、《五经》的势力，乃是《水浒》《三国演义》《西游记》的势力。

照上面讲的看来，这两千年之中，乐府、诗歌词曲等的白话文学，占了很不少的势力，并且有很大的部分是有价值的，可以和世界上各种著名文学的作品相抗衡而无愧色，他一方面讲来，古文文学，在两千年中早已死过去了。此种很好的很有价值的文学之产生，是因为有一般文人学士，不受政府的利禄之引诱，要歌就放情地歌，要唱就放情地唱，所以他们就有伟大的成功，有很大的贡献，如果没有这伟大的成功，这很大的贡献，我们无论如何，是提倡不起来的。

有一般人以为古文是雅的，白话文学是民间的，粗俗的，退化的，这一层我们现在也不得不说明一下子。

我们要晓得在两千年之中，那时候的小百姓，我们的老祖宗，就已经把我们的语言改良了不少，我们的语言，照今日的文法理论上讲起来，最简单最精明，无一点不合文法，无一处不合论理，这是世界上学者所公认的。不是我一个人恭维我们自己。中国的语言，今日在世界上，为进化之最高者，因为在两千年里头，那般文人学士，不去干涉匹夫匹妇的说话，语言改革，与小百姓有最大的关系，那般文人硕士，反是语言改革上最大的障碍物。

古文变化，甚觉讨厌，如“我敬他”为“吾敬之”“我爱他”为“吾爱之”，至于说没有看见他，又变作“未之见也”，小学生读书作文时，如果写一句“未见之也”，先生一定要勾上来作“未之见也”，问他是什么原因，他也讲不出来，只说古人是这样做的，这般老先生们，不晓得文法，只晓得模仿；那般小百姓，他们只讲实在，求方便，直名之曰，“我打他，”“他打我”都可以，至于在文言上“吾打之”则可，如用“之打吾”那就不通了，小百姓把代名词变化取消，主格与目的格废掉，因此方便得许许多多了。

在这两千年中，上等的人以及文人学士，去埋头他们的古文，小百姓就改造他们的语言。语言中有太繁了的，就省简一些，有太简了的就增加一点。在汉以前，我你他没有多数，汉以后才有我曹我等我辈，尔曹尔等尔辈，却没彼曹彼辈彼等，后来小百姓们，造出一个们字来，我们可以用，你们可以用，他们也可以用，此为代名词之多数，不但代名词如此，名词亦有多数，如先生们学生们朋友们之类是也。由此看来，老百姓实在是语言学家，文法学家，当补的他们就补上去，当删的就删去了，把中国语言变成世界进化最高之语言，首功要算小百姓，这是因为那般文人学士没有管的原因。英国文字之不如中国，因为在三百年前，遇着文人学士规定了，中国的小百姓，有两千年自由修改权，把中国的语言，改之为最精明最简单的。照此看来，白话并不是文言的退化，是文言的进化了。

此就语言方面是如此，至于文学，在两千年中的各种乐府、诗词、歌曲，积下来很多了，我们现在运动，就可拿来作我们的资本。

白话文学的趋势由来很久，何以须要我们运动呢？其原因如下。

科举是维持死文学之唯一方法，以前是拘于科举后来科举废了，何以没有新文学产生呢？因为自然的变迁是慢的，缓缓地衍化，现在自然变迁不够了，故要人力改造，就是革命，文学方面如仅随着自然而变化是不足的，故必须以人力。照此一讲，我们应该做有意义的主张，白话是好文学，有成绩在可以证明。现在我们头一句就要说古文死了两千年了，要哭的哭，要笑的笑。

我们当记着下面那三种意义：

（一）白话文学是起来替古文发丧的，下讣文的。

（二）两千年中之白话文学有许多有价值的作品，什么人也不能否认。

（三）中国将来之一切著作，切应当用白话去作。

白话是活的，用白话去作，成绩一定好，死文字不能产生活文学，要创造活文学，所以就要用白话。

由上看来，新文学之运动，并不是由外国来的，也不是几个人几年来提倡出来的，白话文学之趋势，在两千年来是在继续不断的，我们运动的人，不过是把两千年之趋势，把由自然变化之路，加上了人工，使得快点而已。

这样说来，新文学运动是中国民族的运动，我们对之，应当表示相当的敬爱。

再者那班老百姓们，以方便为标准，去修改语言，语言较之宗教，尤其守旧，所以革新语言，非一朝一夕所能，政府下命令也是无效的，要他们那种清醒的头脑，继续不断地改革，我们对于这种人们，也应该表示相当的敬意。

那般不受利禄束缚的人们，不受死文学引诱的作白话乐府、诗词、歌曲，小说先生们，我们对于他们，也应当表示相当的敬意。

照此看来，无论军阀的权威如何，教育总长的势力如何，这两三个人决定不能摧残者，也可以抱相当的乐观。

我们总要努力做去，自然可以达到胜利之地位，哪怕顽固者没有服从之一日呢？但是我们却不要轻视了老祖宗的成绩。负创造新文学者，应当表示自己相当负责。

我们更要记着文学之形式解放，要预备得更丰富，文言与白话，并不是难易上的问题，文学要有情感要有修养。所谓文学家者，绝不能说是看了几本《蕙的风》《草儿》《胡适文存》之类的书籍就算可以了。所以如果尊重新文学，要努力修养，要有深刻的观察、深刻的经验、高尚的见解，具此种种，去创造新文学，才不致玷辱新文学。

（本文为1925年9月29日胡适在武昌大学的演讲，孟侯记录，原载1925年10月10日《晨报副镌》。）

中国文学过去与来路

诸位！近四十年来，在事实上，中国的文学多半偏于考据，对于新文学殊少研究，以我专从事研究学术与思想的人去讲文学，颇觉不当，但“既来之，则安之”，所以也不得不说几句话。我觉得文学有三方面：一是历史的，二是创造的，三是鉴赏的。历史的研究固甚重要，但创造方面更是要紧，而鉴赏与批评也是不可偏废的。马幼渔先生在中国文学系设文学讲演一科，可谓开历来的新纪元，如有天才的人，再加以指导、批评，则其天才当有更大地进展。马先生本来是约我和徐志摩先生作第一次讲演的，不幸得很，志摩死了，只好我来做第一次讲演，以后当讲一讲徐先生的作品，今天讲的题目是：“中国文学过去与来路”。这好像是店家看看账一样，究竟是货物的来路如何，再去结算一下总账。过去大约有四条来路，——来路也就是来源。

第一，来源于实际的需要　譬如吾人到研究室里去，看看甲骨文字，上面有许多写着某月某日祭祀等等，巴比伦之砖头，上面写信，写着某某人，我们中国以前也用竹简或木简，近来在西北所发现的竹简很多，像这些祭祀、通信、卜辞，报告等等，都是因为实际的需要才有的，这些是记事的体裁，如《墨子》《庄子》……等书，也都是为着实际的需要才逼出来的。

第二，来源于民间　人的感情在各种压迫之下，就不免表现出各种劳苦与哀怨的感情，像匹夫匹妇，旷男怨女的种种抑郁之情，表现出来，或为诗歌，或为散文，由此起点，就引起后来的种种传说故事，如《三百篇》大都〔是〕民间匹夫匹妇、旷男怨女的哀怨之声，也就是民间半宗教半记事的哀怨之歌。后来五言诗七言诗，以至公家的乐府，它们的来源也都是由此而起的。如今之舞女，所唱的歌，或为文人所作给她们唱的，又如诗词、小说、戏曲，皆民间故事之重演，像《诗经》《楚辞》、五言诗、七言诗，这都是由民间文学而来。

第三，来源于国家所规定的考试　国家规定一种考试的体裁，拿这种文章的体裁去考试人才，这是一种极其机械的办法，如唐朝作赋，前八字一定为破题，以后就变为八股了，这是机械的，越机械越好，像五言律诗、七言律诗，都是这一种的东西，这没有什么价值，但是它的影响却大，中国五六百年来，均受此种影响，这也可说是一条来路。

第四，来源于外国文学　中国不幸得很，因为处的地势与环境的关系，没有那一国给中国以新的体裁。只有一条路，即是印度，中国受了印度不少的影响，如小说、诗歌、记事之故事等等，都是受了它的熏染与陶冶的，我们中国不受它的影响，也许会有小说、诗歌、戏曲，但没有它，决不能给我们以绝大之力量的进展，吾人相信受他的影响，比自身当有五六百倍之大，因为我们先人给予我们不过是一些简单之文字，如“子曰……诗云……”等是，而想象力又很薄弱，吾民族可谓极简单极朴实之民族，如《离骚》之想象力，尚称较为丰富，但其思想充其量亦不过想到上天下地而已，印度就大不然了，如《般若经》等等，不唯想到天上有天，以至三十三重天，而且想到大千世界，以至无数的天，又如《维摩诘经》不过为一简单之小说，吾人却当一经典，到处风行，又如《法华经》，以及其他各种经典，讲佛家的故事，讲释迦牟尼成佛的故事……能给予吾人以有兴趣的深切的感觉，不知不觉也随之到了一种佛的境界，这种力量是何等的重大，思想是何等的高深啊！像《西游记》《封神榜》这一类的书，都是受了它们绝大的影响的，譬如俗语说：“看了《西游记》，到老不成器，看了《封神榜》，到老不像样。”这些话都足以证明此二书风行之普遍，与灌输民间思想之深入。其实这两种书描写的不受事实之拘束，与想象力之解放，都是受了印度佛教的思想，他们这种想象力之解放与奔腾，实为吾思想简单朴实之民族所不能及。前在敦煌石室，发现种种佛家文学，亦甚重要。总之如无印度文学，决不会产生像《西游记》《封神榜》这一类有价值的东西，它实在直接间接地给予吾人以各种丰富的想象，吾人才会产生好的文学来。

这四条路，第三条虽是与中国文学影响很大，但是有害的，没有什么价值，最重要还是第二条路的民间文学，占一个甚重要的位置，中国文学史没有生气则已，稍有生气者皆自民间文学而来。前如傅斯年先生在巴黎时谈起民间文学有四个时期：第一个时期是诗词、歌谣，本身的自然风行民间。第二个时期，是由民间的体裁传之于文人，一些文人们也仿着这种体裁做起民间的文学来。第三个时期，是他们自己在文学里感觉着无能，于是第一流的文学家的思想也受了影响，他们的感情起了冲动，也以民间的文学作为体裁而产生出一种极伟大的文学，这可以说是一个很纯粹的时期。第四个时期，是公家以之作成乐府，此时期可谓最出风头了。但是到了极高峰，后来又慢慢地低落下来了，如乐府《陌上桑》是顶好的文学作品，后来就有人模仿着作《陌上桑》，例如胡适之又模仿那个模仿作《陌上桑》的人作《陌上桑》，后来又有人模仿胡适之作起来，这样以至无穷无尽，才慢慢地变为下流。如词曲、小说，都是这样，先有王实甫、曹雪芹、施耐庵等，后来就有模仿他们，以至低落下去，这样一来，是很危险的。

民间文学，一般士大夫（外国所谓之 Gentleman）向来看不起他们，这是因为：第一缺陷，来路不高明，他们出身微贱，故所产生的东西，士大夫们就视作雕虫小技，《诗经》是他们所不敢轻视的，因为是圣人所订，《楚辞》为半恋爱半爱国的热烈沉痛的感情奔放作品，故站得住，五七言诗为曹氏所扶植，因他们为帝王，故亦站得住，词曲、小说，不免为小道，皆为其出身微贱的缘故。第二缺陷，因为这些是民间细微的故事，如婆婆虐待媳妇啦，丈夫与妻子吵了架啦，……那些题目、材料，都是本地风光，变来变去，都是很简单的，如五七言诗，词曲等也是极简单不复杂的，这是因为匹夫匹妇，旷男怨女思想的简单和体裁的幼稚的缘故，来源不高明，这也是一个极大的缺陷。第三缺陷为传染，如民间浅薄的、荒唐的、迷信的思想互相传染。第四缺陷，为不知不觉之所以作，凡去写文艺的，是无意的传染与模仿，并非有意地去描写，这一点甚关重要，中国两千五百年的历史，可谓无一人专心致意地来研究文学，可谓无一人专心致意地来创造文学！这种缺陷是不可以道理计的。到了唐朝，韩退之、白香山等深感觉骈文流行之不便，才把他们认为古文的改为散文，这种运动，可说是一种文学运动，两千五百年无一人有此种运动，十四年前有新文学运动，亦为此一种，这是由无意的传染一变而为有意的研究。

新文学的来路，也有两条：

一、就是民间文学，如现今大规模地搜集民间歌谣故事等；帮助新文学的开拓，实非浅鲜。

二、除印度外，即为欧洲文学，我们新的文学，受欧洲影响极大，欧洲文学，最近两三百年如诗歌、小说等皆自民间而来，第一流人物，把这种文学看作专门事业，当成是一种极高贵的、极有价值的终身职业，他们倡导文学的是极有名的人，如华茨华斯（William Wordsworth 1770－1850）、莫泊桑（Maupassant 1850－1893）等等都是倡导文学的第一等人才，他们的文学并非由外传染，而是由内心的创造，他们是重视文学的，有这种种缘故，所以才能产生出伟大的作品。我们的新文学，现在我们才知道有所谓自然主义、浪漫主义、写实主义、象征主义、心理分析，……种种派别之不同，并非小道可比，这是我们受了西洋文学的洗礼的结果。

今日替诸位算一算旧账，现在当教授的也提倡民间文学，以新的眼光和新的方法去看待它，也许从两千五百年以来要开辟一条新的道路。

（本文为1931年12月30日胡适在北京大学国文系的演讲，翟永坤笔记，原载1932年1月5日天津《大公报》。）

陈独秀与文学革命

今天我要讲的题目是“陈独秀与文学革命”，这本来是国文系同学研究的材料，想不到报纸上登出去，变成公开的了。陈先生与文学革命的关系，是很有讨论必要的一个问题，在民国六年，大家办《新青年》的时候，本有一个理想，就是二十年不谈政治，二十年离开政治，而从教育思想文化等等，非政治的因子上建设政治基础。但是不容易做得到，因为我们虽抱定不谈政治的主张，政治却逼得我们不得不去谈它。民国六年第二学期陈先生来到北大，七年陈先生和李大钊先生因为要谈政治，另外办了一个《每周评论》。我也不曾批评它，他们向我要稿子，我记得我只送了两篇短篇小说的译稿去。民国八年，五四运动以后，有一天陈先生在新世界（香厂）散传单，因为前几天在报纸上看见陈先生的口供，说他自己因为反动，前后被捕三次，在此地被捕一次，就是因为在香厂散传单。那时候高一涵先生和我都在内，大家印好传单，内容一共六条，大概因为学生被拘问题。有一条是要求政府免去卫戍司令王怀庆的职，惩办曹章陆三人……到了十一点钟回家，我和高先生在洋车上一边谈，看见有没关门的铺子，我们又要给他一张。我还记得那时是六月天气正热，我们夜深还在谈话，忽然报馆来电话，说东京大罢工，我们高兴极了；但一会又有电话，说自你们走后，陈先生在香厂被捕了，他是为了这种（件）事被捕，然而报上却载着他是反动！这是反动，那么现在的革命是不是反动？“反动”抹杀了许多事实，他怎么能算是反动？

今天这个题目，说起来有很多不方便的地方，因为我们既是同事，而且主张也颇相同。在民国十二年，上海出版了一部《科学与人生观论集》。那时陈先生已经同我们分别到上海去了。这部二十万字的集子，我做了一篇序，陈先生也写了一篇，他极力反驳我，质问我，陈先生那时已转到马克思主义那方面去了。他问我所说马克思的唯物史观可以解释大多数的话，能否再进一步，承认它能解释一切。他说白话文也是因为产业发达，人口集中，才产生出来的，他说“常有人说白话文的局面是胡适之陈独秀一班人闹出来的，其实这是我们的不虞之誉，中国近来产业发达，人口集中，白话文完全是应这个需要而发生而存在的；适之等若在十三年前提倡白话文，只需章行严一篇文章便驳得烟消灰灭，此时章行严的崇论宏议有谁肯听?”他是注重经济的条件的，我也没有反驳他，因为他不否认人的努力，两个人的主张不算冲突，不过客观的条件虽然重要，但不仅限于经济一个条件，至于文化的条件，政治的条件，也是不能否认的。

陈先生与新文学运动有三点是很重要的背景。

一、他有充分的文学训练，对于旧文学很有根底，苏曼殊、章行严的小说文章，他都要做个序子，这是散文方面的成绩。说到诗他是学宋诗的，在《甲寅》杂志他发表过许多作品，署名“独秀山民”、“陈仲”、“陈仲子”，他的诗有很大胆的变化，其中有一首《哭亡兄》，可说是完全白话的，是一种新的创造。他更崇拜小说，他说曹雪芹、施耐庵的《红楼梦》《水浒传》比较归有光、姚姬传的古文要高明的多，在那时说这种大胆的话，大家都惊异得很，这可见他早就了解白话文的重要，他最佩服马东篱的元曲，说他是中国的 Shakespeare。

二、他受法国文化的影响很大，他的英文、法文都可以看书，我记得《青年杂志》（即后来的《新青年》）上，他做过一篇《法兰西人与近代文明》，表示他极端崇拜法国的文化，他说法国人发明了三个大东西，第一是人权说 Rights of men，在 1789 年法人 Lafayette 做《人权宣言》（La declaration des droits de l’homme），美国的《独立宣言》也是他做的。第二是生物进化论，法人 Lamarck 在 1809 年做《动物哲学》，其后五十年才有达尔文出来，第三是有三个法国人 Babeuf，Saint - Simon，Fourier，是马克思的先声，首开社会主义的风气。但另外还有一点，陈先生没有说到，就是新文学运动，其实陈先生受自然主义的影响最大，看他一篇《欧洲文艺谈》把法国文学艺术的变化分成几个时期：（一）从古典主义到理想主义（即浪漫主义）；（二）从浪漫主义到写实主义；（三）从写实主义到自然主义，把法国文学上各种主义详细地介绍到中国，陈先生算是最早的一个，以后引起大家对各种主义的许多讨论。

三、陈先生是一位革命家，那时我们许多青年人在美国留学，暇时就讨论文学的问题，时常打笔墨官司。但我们只谈文学，不谈革命，但陈先生已经参加政治革命，实行家庭革命，他家是所谓大世家，但因恋爱问题及其他问题同家庭脱离了关系，甚至他父亲要告他，有一次他到北京，他家开的一所大铺子的掌柜听说小东人来了，请他到铺子去一趟，赏个面子，但他却说："铺子不是我的"，可见他的精神。在袁世凯要实行帝制时，陈先生知道政治革命失败是因为没有文化思想这些革命，他就参加伦理革命，宗教革命，道德革命，在《新青年》上有许多基本革命的信条：（一）自主的不是奴隶的；（二）进步的不是保守的；（三）进取的不是退隐的；（四）世界的不是锁国的；（五）实利的不是虚文的；（六）科学的不是想象的，这是根本改革的策略。民国五年袁世凯死了，他说新时代到了，自有史以来，各种罪恶耻羞都不能洗尽，然而新时代到了，他这种革命的精神，与我们留学生的消极的态度，相差不知多少。他那时所主张的不仅是政治革命，而是道德艺术一切文化的革命！

民国四年《甲寅》杂志最后一期有两篇东西，一篇是《学校国文教材之商榷》，反对用唐宋八家的文章做材料，要选更古的文章，汉魏六朝的东西做教材，这是一趋势，又一篇是《通讯》，名记者黄远生写的（他后来在美国旧金山被暗杀了），他说："愚见以为居今论政，实不知从何处起说，洪范九畴，亦只能明夷待访，……至根本救济，还意当提倡新文学入手，综之当使吾辈思潮，如何能与现代思潮接触，而促其猛省，而其爱须与一般之人生出交涉法须以浅近文艺，普遍四周，……"章士钊答他说文学革命须从政治下手，此又一潮流。但陈先生却恭维自然主义，尤其是左拉（Zola）。有一个张永言写一封信给他，引起他对文学的兴味，引起我与陈先生通讯的兴味，他说现在是古典到浪漫主义的时期，但应当走到写实主义那方面去，不过我同时〔看到〕《新青年》第三号上，有一篇谢无量的律诗《寄会稽山人八十四韵》，后面有陈先生一个跋："文学者，国民最高精神之表现也，国民此种精神委顿久矣，谢君此作，深文余味，希世之音也。子云相如而后，仅见斯篇，虽工部亦只有此功力，无比佳丽，谢君自谓天下文章尽在蜀中，非夸矣，吾国人伟大精神，犹未丧失也欤？于此征之。"他这样恭维他，但他平日的主张又是那样，岂不是大相矛盾？我写了封信质问他，他也承认他矛盾，我当时提出了八不主义，就是《文学改良刍议》，登在《新青年》上，陈先生写了一个跋。

他想到文学改革，但未想到如何改革，后来他知道工具解放了就可产生新文学，他做了一篇《文学革命论》，我的诗集叫《尝试》，刊物叫

《努力》，他的刊物叫《向导》，这篇文章又是《文学革命论》！他的精神于此可见。他这篇文章有可注意的两点：（一）改我的主张进而为文学革命；（二）成为由北京大学学长领导，成了全国的东西，成了一个严重的问题。他说庄严灿烂的欧洲是从革命来的，他高张文学革命军大旗，为中国文学辟一个新局面，他有三大主义：1. 推倒雕琢的阿谀的贵族文学，建设平易的抒情的国民文学；2. 推倒陈腐的铺张的古典文学，建设新鲜的立诚的写实文学；3. 推倒迂晦的艰涩的山林文学，建设明了通俗的社会文学，他愿意拖了四十二生的大炮为之前驱，打倒十八妖魔：明之前后七子和归、方、姚、刘！这就是变成整个思想革命！

最后，归纳起来说，他对于文学革命有三个大贡献：

一、由我们的玩意儿变成了文学革命，变成三大主义。

二、由他才把伦理道德政治的革命与文学合成一个大运动。

三、由他一往直前的精神，使得文学革命有了很大的收获。

其他关于陈先生的事，可以看《独立评论》第二十四期傅斯年的《陈独秀案》。

（本文为1932年10月29日胡适在北京大学国文系的演讲，载1932年10月30、31日北平《世界日报》，收入陈东晓编《陈独秀评论》，1933年3月亚东图书馆出版。）

中国文学史的一个看法

兄弟今天到这里来讲演，觉得没有什么好题目。兹来讲讲“中国文学史的一个看法”。本来一个讲题，可以有几种看法。在未讲本题之前，先给诸位讲一个故事，有一不识字之裁缝者，供其子读书，一日子从校中来信，此裁缝即请其左邻杀猪的代看，杀猪的即告裁缝道：这是你儿子要钱的信，上写“爸爸，没钱啦！拿钱来”。裁缝听了，非常懊丧生气，以为供子读书，连称呼礼法都没有了。旋又请其右邻之牧师来看，牧师看后，说道此信写得甚好。信上说：“父亲大人膝下……你老人家辛苦得来的钱，供我念书，非常不忍，不过现在买书交学费等，非用钱不可，盼你老人家多为难，儿子是很对不住的……”。裁缝听了，笑逐颜开，赶紧给他儿子寄钱去了。

从此事看来，足见一件事，可以有几种看法，关于中国文学史，也有几种看法，第一种的看法：是牧师的看法，这种看法怎么样呢？他是从商周时代之最古文看起，到在春秋战国时，即有诸子百家之文章，代表那一时代的文学。到汉则以《史记》《汉书》作该时代文学之代表。到晋朝以后，又发生怪僻之文学，迄至唐朝，遂又复古，同时接受了前朝历代的遗留，由当代文人，加以许多点染，于是有《唐诗三百首》之创作，及“离骚”词赋、曲歌古文之类。当时文学作家中之捣乱分子，进行词曲等之创作，所谓词者，诗之语也，曲者词之语也，然无论其创作如何，仅能作当代正统文学之附属品，而不能以之作为时代之代表。自唐宋而后，以至于元明清，甚至当代国学家之伪国国务总理郑孝胥之流，殆未出乎模古之范围。以上这种看法，总是站在一条线上接连不断的来看中国文学史，这种看法，是牧师的看法，文绉绉的，实在看不出什么内容来。至于兄弟今天是采用杀猪的看法，且听兄弟道来：

文学史是有两种潮流，一种是只看到上层的一条线，一种是下层的潮流，下层潮流，又有无数的潮流，这下层的许多潮流，都会影响到上层去，上层文学是士大夫阶级的，他是贵族的、守旧的、保守的、仿古的、抄袭的，这种文学，我们就是不懂也没要紧。我们要懂中国整个文学史，有必要从某时代的整个潮流去看，现在的文学史，是比前时代扩大了，是由下层许多暗潮中看出来。诸位小姐太太们：凡是历代文学之新花样子，全是从老百姓中来的，假使没有老百姓在随时随地的创作文学上的新花样，早已变成“化石”了。

老百姓的文学是真诚朴素的，它完全是不加修饰的，自由的，从内心中发出各种的歌曲，例如：唐诗楚辞，汉之乐府，其内容无一不是老百姓中得来，所有文学，不过经文人之整理而已。尤其是每一时代之新文学，如五言、七言、词曲、歌谣、弹词、白话散文等，都是来自民间。

兄弟所谓杀猪的看法，就是不是文绉绉地从一条线上去看，而是粗野的把文学看成两个潮流，上层潮流是士大夫阶级的，下层文学的新花样皆从老百姓中得来。所谓文学潮流的新花样的形成，是经过四个时期：

第一时期是老百姓创作时期，与上层毫无关系，在创作时期，是自由的，富于地方个人等特别风味，他是毫不模仿，而是随时随地的创作时期。

第二时期是从下层的创作，转移到上层的秘密过渡时期，当时老百姓的创作已经行了好久，渐渐吹到作家耳中，挑动了艺术心情，将民间盛行之故事歌谣小说等，加以点缀修改，匿名发行，此风一行，更影响到当代之名作家，由民间已传流许久之故事等，屡加修正，整理，于是风靡当世，当代文学潮流，为之掀动。

第三时期则因上等作家对新花样文学之采用，遂变成了正统文学中之一部分。

第四时期则为时髦时代，此时已失去了创作精神，而转为专尚模仿，因之花样不鲜，而老百姓却又在创作出新的。

我们根据近四十年来的新发现，才知道我们过去提倡白话文学胆太小了，还不够杀猪的资格，只要看敦煌石洞藏书中有许多白话文学，即可知其由来已早。大凡每一时期的潮流的到来，都是经过一极长的创作时期，例如《水浒传》《西游记》等曾风行一时，而创作者更出自多人之手，种类繁多，由此可知现行文学，皆由长时蜕化而来，所以我们必须以历史进化的眼光来看历史，由此可以得到以下三点教训：

（一）老百姓从劳苦中不断地创作出新花样的文学来，所谓“劳苦功高”，实在使我们佩服。

（二）有些古人高尚作家不受利欲熏诱，本艺术情感之冲动，忍不住美的文学之激荡，具脱俗，牺牲之精神。如施耐庵、曹雪芹之流，更应使我们钦佩。因为老百姓的作品，见解不深，描写不佳，暴露许多弱点，实赖此流一等作家完成之也。

（三）文学之作品，既皆从民间来，固云幸矣，然实亦幸中之大不幸，因为民间文学皆创之于无知无识之老百姓，自有许多幼稚、虚幻、神怪、不通之处，并且这种创作已经在民间盛行了好久，才影响到上层来，每每新创作被埋没下去，在西洋文学之创作权，概皆操之于作家之手，而中国则操之于民间无知之人，所以我说是幸中之不幸，深望知识阶级，负起创作文学之任务。

（本文为1932年12月22日胡适在北京培英女中的演讲，署名明记录，原载1932年12月23日北平《晨报》。）

传记文学

今天我想讲讲中国最缺乏的一类文学——传记文学。

这并不是因为我对传记文学有特别研究，而是因为我这二三十年来都在提倡传记文学。以前，我在北平、上海曾演讲过几次，提倡传记文学；并且在平常谈话的时候，也曾劝老一辈的朋友们多保留传记的材料，如梁任公先生、蔡孑民先生，和绰号财神菩萨的梁士诒先生等，我都劝过。梁士诒先生有一个时期很受社会的毁谤。有一次，他来看我，我就劝他多留一点传记材料，把自己在袁世凯时代所经过的事，宣布出来，作成自传；不一定要人家相信，但可以借这个机会把自己做事的立场动机赤裸裸地写出来，给历史添些材料。可是这三位先生过去了，都没有留下自传。蔡先生去世十多年，还没有人替他做一部很详细的传记。梁任公先生五十多年的生活，是生龙活虎般的；他的学说，影响了中国数十年：我们觉得应该替他作一部好的传记。那时丁文江先生出来搜集梁任公传记的材料，发出许多信并到处登广告，征求梁任公与朋友来往的书札以及其他的记述。丁先生将所得到的几万件材料，委托一位可靠并有素养的学者整理；后来写了一个长篇的初稿，油印几十份交给朋友们校阅。不幸国家多故，主办的丁文江先生很忙，未及定稿他本人也死了。所以梁任公先生传记到现在还没有定稿。梁士诒先生死后，他的学生叶誉虎先生根据他生前所经手做的事情的许多原始材料，编了两本《梁燕孙先生年谱》。这虽然不是梁先生的自传，但是内容完备详细，我看了很高兴。这个年谱的刊行，可以说是我宣传传记文学偶然的收获。今天借这个机会我又要来宣传传记文学了！我希望大家就各人范围之内来写传记，养成搜集传记材料和爱读传记材料的习惯。

师院同学曾要我谈谈《红楼梦》。《红楼梦》也是传记文学，我对

《红楼梦》的作者曹雪芹作过考据，搜集曹雪芹传记材料，知道曹雪芹名霑，雪芹是他的别号，他的前四代是曹禧、曹寅、曹颙、曹洪。《现代名人大辞典》里列有曹霑的名字，使爱读《红楼梦》的人知道《红楼梦》作者的真名和他的历史，算是我的小小贡献。这种事情是值得提倡的。我的书现在大陆已买不到了，在自由中国流传的也很少。我希望这次回来能将我所写的有关《红楼梦》的文章（散见在《胡适文存》《胡适论学近著》中的），再加上我朋友们所找到的有关曹家的材料（如台大教授李玄伯先生所发表过的文章，以及吴相湘先生在清故宫发现的秘密了差不多一百五十年的奏本），收集在一起，合印为一册，使爱读《红楼梦》及关心《红楼梦》的人有一个参考。也许我下次再来时，便可以谈谈《红楼梦》了。

我觉得二千五百年来，中国文学最缺乏最不发达的是传记文学。中国的正史，可以说大部分是集合传记而成的；可惜所有的传记多是短篇的。如《史记》《汉书》《后汉书》《三国志》《晋书》等，其中的传记有许多篇现在看起来仍然是很生动的。我们略举几个例：太史公的《项羽本纪》，写得很有趣味；《叔孙通传》，看起来句句恭维叔孙通，而其实恐怕是句句挖苦叔孙通。《汉书·外戚传》中的《赵飞燕传》，描写得很详细，保存的原料最多。《三国志》裴松之的注，十之八九是传记材料。《晋书》也有许多有趣味的传记，不幸是几百年后才写定的。《晋书》搜集了许多小说——没有经过史官严格审别的材料——，成为小说传记，给中国传记文学开了一个新的体裁。后来作墓志铭小传，都是受了初期的几部伟大的历史——《史记》《汉书》《三国志》等——的传记体裁的影响。不过我们一开头就作兴短传记的体裁，是最不幸的事。

中国传记文学第一个重大缺点是材料太少，保存的原料太少，对于被作传的人的人格、状貌、公私生活行为，多不知道；原因是个人的记录日记与公家的文件，大部分毁弃散佚了。这是中国历史记载最大的损失。

除了短篇传记之外，还有许多名字不叫传记，实际是传记文学的“言行录”。这些言行录往往比传记还有趣味。我们中国最早、最出名，全世界都读的言行录，就是《论语》。这是孔子一班弟子或者弟子的弟子，对于孔子有特别大的敬爱心，因而把孔子生平的一言一行记录下来，汇集而成的。

中国从前的文字没有完全做到记录语言的职务；往往在一句话里面把

许多虚字去掉了。《尚书·商盘》《周诰》为什么不好懂？就是因为当初记录时，没有把虚字记录下来，变成电报式的文字。现在打电报，为了省钱，把“的”“呢”“吗”等虚字去掉。古代的文字记载所有过简的毛病，不是省钱，而是因为记录的工具——文字不完全。大概文字初用的时候，单有实字，——名词、代名词，没有虚字。实字是骨干，虚字是血脉，精神。骨干重要，血脉更重要。所以古时的文字，不容易把一个人讲的话很完全的记录下来。到了春秋时代，文字有了进步，开始有说话的完全记录。最早最好的说话记录，是《诗经》。《诗经》里的《大雅》《周颂》，文字还不十分完全。但是《国风》全部和《小雅》一部分，是民间歌唱的文字；因为实在太好了，所以记录的人把实字、虚字通通记录下来了。如“投我以木桃；报之以琼瑶。匪报也，永以为好也！”表示口气的“也”字都写出来了。又如“俟我于著乎而？充耳以素乎而？尚之以琼华乎而？”你看看，耳环带红的好，还是带白的好？又带什么花咧？把一个漂亮的小姐问他爱人的神态，通通表现出来了。这是记录文字的一个好榜样。至历史上最好的言行录，就是刚才说的《论语》。《论语》文字，虚字最多。比方“学而时习之，不亦说乎！”一句话有五个虚字。子禽问于子贡曰：“夫子至于是邦也，必闻其政。求之欤？抑与之欤？”这是孔子的一个学生问另外一个学生的话。拿现在的话来说：我们的老师到一个国家，就知道人家政治的事情，这是他自己要求得来的，还是人家给了他的呢？子贡答复的最后两句话：“夫子之求之也，其诸异乎人之求之欤！”（我们的先生要求知道政治的事情，恐怕同别人家的要求不同一点吧！）这样一句话，竟有十个虚字。这是把说话用文字完完全全记录出来的缘故，妙处也就在这里。

《论语》这部书，在中国文学史上占最重要的地位。这部书的绝大部分是记孔子同他的弟子或其他的人问答的话的。聪明的学生问他，有聪明的答复；笨的学生问他同样的一个问题，他的答复便不同。孔子说话，是因人而异的；但他对学生、对平辈，以及对国君——政治领袖——那种不卑不亢的神情，在《论语》里面，是很完整的表现出来了。现在有许多人提倡读经：我希望大家不要把《诗经》《论语》《孟子》当成经看。我们要把这些书当成文学看，才可以得到新的观点，读起来，也才格外发生兴趣。比方鲁定公问孔子一个问题，问得很笨。他问道：“一言而可以兴邦，有诸？”这正如现在我要回到美国，美国的新闻记者要我以一分钟的时间报告这次回台湾的观感一样。孔子对曰："言不可以若是；其几也！人之言曰：'为君难，为臣不易。'如知为君之难也，不几乎一言而兴邦乎?"(孔子的话译成现在的话就是："一句话便可以把国家兴盛起来，不会有这样简单的事；但说个'差不多'吧！曾有人说过，'做君上难；做臣下也不容易。'如果一个国君知道做君上的难，那么不是一句话就差不多可以把国家兴盛起来么?")定公又问："一言而丧邦，有诸?"孔子答复道："言不可以若是；其几也！人之言曰，'予无乐乎为君，唯其言而莫予违也！'如其善而莫之违也，不亦善乎！如不善而莫之违也，不几乎一言而丧邦乎?"(孔子的话译成现代的话就是："一句话把一个国家亡掉，不会有这样简单的事；但说个'差不多'吧！曾有人说过，'我不喜欢做一个国君；做一个国君只有一件事是可喜欢的，那就是：我的话没有人敢违抗。'如果他所说的是好话而没有人敢违抗，那岂不是很好的事！如果他所说的不是好话而没有人敢违抗，那么，岂不是一句话便差不多会把一个国家亡掉了么!")我们从孔子和鲁定公这段对话来看，知道《论语》里面，用了相当完备的虚字。用了完备的虚字，就能够把孔子循循善诱的神气和不亢不卑的态度都表现出来了。像这样一部真正纯粹的白话言行录，实在是值得宣传，值得仿效的。很可惜的是，二千五百年来，没有能继续这个言行录的传统。不过单就《论语》来说，我们也可知道，好的传记文字，就是用白话把一言一行老老实实写下来的。诸位如果读经，应该把《论语》当做一部开山的传记读。

我们若从语言文字发展的历史来看，更可以知道《论语》是一部了不得的书。它是二千五百年来，第一部用当时白话所写的生动的言行录。从《论语》以后，我们历史上使人崇拜的大人物的言行，用白话文记录下来的，也有不少。比方昨天我们讲禅宗问题时提到的许多禅宗和尚留下来的语录，都是用白话写的。这些大和尚的人格、思想，在当时都是了不得的。他有胆量把他的革命思想——守旧的人认为危险的思想说出来，做出来，为当时许多人所佩服。他的徒弟们把他所做的记下来。如果用古文记，就记不到那样的亲切，那样的不失说话时的神气。所以不知不觉便替白话文学、白话散文开了一个新天地。尤其是湖南"德山"和尚和河北"灵济"和尚的语录，可以说都是用最通俗的话写成的。现在我不必引证他们的语录，但是从那记言记行的文字中，可以知道，这些大和尚的语录，的确留下了一批传记的材料。

还有古时的许多大哲学家，思想界的领袖，他们的言行录，也是一批传记的史料。比方死于一千二百年的朱子，在他未死之前，他的学生就曾印出许多《朱子语录》；朱子死了之后，又印出了许多。这些都是朱子的学生们，在某年某月向朱子问学所记录下来的东西。这些语录，大部分是白话文。后来《朱子语录》传出来的太多了，于是在朱子死后六七十年间，便有人出来搜集各家所记的语录，合成一书，以便学者。这就是我们现在所有的黎清德编的《朱子语类》一百四十卷。假如写朱子传记，这部《语类》就是好材料。为朱子写年谱的人很多。最有名的是一位王懋竑先生；他费了半生时间，为朱子写年谱，都是用语录作材料。这些白话语录，记得很详细；有时一段谈话，就有几千字的记录。这些有价值的材料，到现在还没有充分利用。像这样完全保存下来的史料，实在很少很少。明朝有一位了不得的哲学家王阳明，他的学生佩服老师，爱敬老师，也为老师记下了一大批白话语录。后来就有人根据这些语录，来写王阳明年谱。语录可说是中国传记文学中比较好的一部分。可惜二千五百年来，中国历史上许多真正大学者，平生的说话，很少有人这样详细的用白话记录下来的。就是个人的日记、书翰、札记这类材料，也往往散佚，不能好好地保存下来。所以中国的文学中，二千五百年来，只有短篇的传记，伟大的传记很少很少。

我们再看西洋文学方面是怎样的呢？最古的希腊时代，就有许多可读的传记文学；譬如大哲学家苏格拉底（Socrates）的两个大弟子，都曾写下许多苏格拉底的言行录。他的一个大弟子叫施乃芬（Xenophon），规规矩矩地写他老师的一言一行。另外一个大弟子柏拉图（Plato），是一个天才的文学家。他认为他的老师是一个最伟大的人，不应该没有传记，不应该没有生动的、活的传记。他用戏剧式写出了他的老师苏格拉底和朋友及门人的对话。这种对话留传下来的有几十种。其中关于苏格拉底临死以前的记录就有三种。当时社会上的人控告苏格拉底，说他是异端、邪说，不相信本国的宗教，煽惑青年、带坏了青年，要予他惩罚。当时的希腊已是民主政治，就将他交由人民审判——议会审判。柏拉图所描写苏格拉底在法庭上为他自己辩护的对话，叫做《苏格拉底辩护录》，为世界上不朽的传记文学，审判的结果，还是判他死罪。再一部是写他在监里等死的时候，同一个去看他的学生的对话录。还有一部是写他死刑的日子，服毒前的情景。当毒药拿来时，他还如平时一样从容地同他的学生谈话，谈哲学和其他学问的问题，等到时候到了，苏格拉底神色不变地将毒药吃下去。那种毒药的药性，是先从脚下一点一点地发作上来的。苏格拉底用手慢慢向上摸着说，“你看！药性已经发作到这地方了。”他的学生看到毒药在他老师身上起着变化，拿一条巾把他盖起来；一会儿苏格拉底还没有死，自己把它拿开了，嘱咐他的学生说：“我在药王——医药之神——前许过愿要献他一只鸡。请你不要忘记了，回去以后，到医药之神那里献上一只鸡。”他的学生说：“一定不敢忘记。”这是最后的问答。这三种谈话录，可算是世界文学中最美、最生动、最感人的传记文学。

基督教的《新约全书》中有四福音。第四个福音为《约翰福音》，是四福音中较晚的书。前面三个福音为《马太福音》《马可福音》《路加福音》；这三个福音是耶稣死后不久，他的崇拜者所记下来的三种耶稣的言行录，也像《论语》为孔子的一种言行录一样。这三种言行录中有一部分的材料相同，有一部分不相同，但都是记录他们所爱戴的人在世时的一言一行的。这三个福音也是西洋重要的传记文学。以传记文学的眼光来看，是很值得人人一读的。

在希腊、罗马以后，当十八世纪的时候，英国有一个了不得的文学家约翰生博士（Dr. Johnson）。这个人谈锋很好，学问也很好。同时有一个人叫做博施惠（Boswell）的，极崇拜约翰生，就天天将约翰生所说的话记录下来。后来就根据他多年所写的记录，作了一部《约翰生传》。这是一部很伟大的传记，可以说是开了传记文学的一个新的时代的。

再说九十年前就任美国总统的林肯，是一个出身很穷苦的人。他由于自己努力修养成为一个大人物，在国家最危险的时期出来作领袖。他在被选为连任总统的第一年里，被人刺杀而死。这个真正伟大人物的传记，九十年来仍不断地出来；新材料到今天还时有发现，其中有许多部可以说是最值得读的书。

不但文人和政治家的传记值得读，就是科学家的传记也值得读。近代新医学创始人巴斯德（Pastur）的传记，是由他的女婿写的，也是一部最动人的传记。巴斯德是十九世纪中法国的化学家。到他以后，医学家才确定承认疾病的传染是由于一种微菌。他一生最大的贡献也就在于微菌的发现。我们中国有一句很流行的话，叫做“物必先腐也，而后虫生之”。差不多很多人做文章的时候都这样写。其实这一句话是最错误的。照近代医学的证明，并不是物腐而后虫生，乃是虫生而后物腐。这个重大而最有利于生命的发现，是巴斯德对于人类的大贡献。这一个科学家的传记，使我这个外行人一直看到夜里三四点钟，使我掉下来的眼泪润湿了书页。我感觉到传记可以帮助人格的教育。我国并不是没有圣人贤人；只是传记文学不发达，所以未能有所发扬。这是我们一个很大的损失。

我们的传记文学为什么不发达呢？我想这个问题值得大家讨论。今天时间不多，只简单的就个人所领会的提出两三点：

第一，传记文学写得好，必须能够没有忌讳：忌讳太多，顾虑太多，就没有法子写可靠的生动的传记了。譬如说，中国的帝王也有了不得的人，像汉高祖、汉光武、唐太宗等，都是不易有的人物。但是这些人都没有一本好传记。我刚才说过，古代历史中对传记文学的贡献很少；现在我想起，在《后汉书》中有一篇《汉光武传》，是值得我们注意的。这一篇中，保存了许多光武寄给他的将领、大臣，以及朋友的短信——原来也许是长信，大概是由史官把他删节成为一二句或几行的短信的。除此以外，其他的帝王传记都没有这样的活材料。因为执笔的人，对于这些高高在上的人多有忌讳，所以把许多有价值的材料都删削去了。讲到这里，我不能不一一提及一件近代的掌故。清朝末年有一个做过外国公使的人的女儿，叫做德菱公主的，懂得几句外国话，后来嫁给外国人。她想出一个发财的方法，要做文学的买卖，就写了一部《西太后传》。你想她这样的人一生中能够看见几次西太后？我恐怕她根本就没有法子看见西太后，所以她从头就造谣言来骗外国人。这样的传记，当然不会有什么大价值。

此外，有许多人有材料不敢随意流传出去，尤其是专制国家中，政治上社会上有地位的人，甚至文人，往往毁灭了许多有价值的传记材料。譬如，清朝的曾国藩，是一个很了不得的人；他死了以后，他的学生们替他写了一个传记。但是我把他的日记（据说印出来的日记已经删掉一部分）对照起来，才知道这本传记，并没有把曾国藩这个人写成活的人物。我们可以说一直到现在，还没有一本好的曾国藩的传记。什么缘故呢？因为有了忌讳。中国的传记文学，因为有了忌讳，就有许多话不敢说，许多材料不敢用，不敢赤裸裸地写一个人、写一个伟大人物、写一个值得做传记的人物。

第二个原因，是我们缺乏保存史料的公共机关。从前我们没有很多的图书馆——公家保存文献的机关，一旦遇到变乱的时候，许多材料都不免毁去。譬如说，来了一个兵乱，许多公家或私人的传记材料都会完全毁灭。我举一件事情来说明这个道理吧。大家知道第一次世界大战时美国总统威尔逊是一个伟大的人物，为举世所公认的伟大领袖。他死了以后，他家属找人替他作传，就邀集了许多朋友在家中商量。后来决定请贝克（Baker）替他作传。贝克考虑后答应了。所需的材料，威尔逊太太答应替他送去；后来由当时的陆军部长下命令，派七节铁甲车替威尔逊太太装传记材料给贝克。你想，光是威尔逊太太家中所存的材料就装了七辆车！我们中国因为很少有保存这种材料的地方，所以有些时候，只好将这种材料烧毁了。烧毁之后，不知道毁去多少传记学者要保留的材料。

以上两点，只是部分，说明中国传记文学所以不发达的原因。还有第三个原因是因为文字的关系。我觉得中国话是世界上最容易懂的话。但文字的确是困难的。以这样的文字来记录活的语言，确有困难。所以传记文学遂不免吃了大亏。

前边我介绍的几部我们文学中的模范传记，也可以说是我们划时代的传记文学。《论语》是一部以活的文字来记录活的语言的；禅宗和尚的语录，在文学上也开了一个新的纪元，在传记文学上开辟了一个新的天地，提倡了一种新的方法。后来中国理学家的语录，像《朱子语类》和《传习录》（王阳明）等等，多是用白话来记录的。但因为文字的困难，不容易完完全全记录下活的语言，所以这类的文学，发达得比较慢。这是我们传记文学不发达的第三个原因。

最后，我想提出两部我个人认为是中国最近一二百年来最有趣味的传记。这两部传记，虽然不能说可以与世界上那些了不得的传记相比，但是它在我们中国传记中，却是两部了不得、值得提倡的传记。

一、《罗壮勇公年谱》（即《罗思举年谱》）；

二、汪辉祖《病榻梦痕录》及《梦痕余录》。

这两部书，是我多少年来搜求传记文学得到的。现在先介绍第二部。

汪辉祖，本来是一个绍兴师爷。当他十几岁的时候，就开始跟人家学做幕府。后来慢慢地做到正式幕府。所谓幕府，就是刑名师爷。因为从前没有法律学校，士子做官的凭科举进阶。而科举考的是文学，考中的人，又不见得就懂法律，所以做官的人，可以请一个幕府来做法律顾问，以备审问案件的时候的咨询。汪辉祖从十七岁步入仕途，一直在做幕府工作，直到三十九岁左右才中了进士。他虽然没有点翰林，但是已经取得了做官的资格，就奉派到湖南做知县。因为他是做幕府出身的，所以当他奉派到湖南做知县的时候，他没有请幕府。就这样一直做到和他的上司闹翻了，才罢官回乡。在家园中又过了几十年，才与世长辞。他的这部《病榻梦痕录》与《梦痕余录》，写的就是他做幕府与做官的那些经历，实在是一部自传。因为他生在清朝乾嘉时代，受了做官判案的影响，所以他以幕府判案的方法和整理档案的方法，来整理学问的材料。他所著的那部《史姓韵编》，可以说是中国《二十四史》的第一部人名索引。他讲政治的书籍，连《梦痕余录》在内，后人编印了出来，名叫《汪龙庄遗书》。这一部书后来成为销行最广的"做官教科书"，凡是做知县的人，都要用到这部书，因为这部书里头，尽是关于法律、判案、做官及做幕府的东西。我名为"做官教科书"，是名副其实的。

汪辉祖的自传，在现代眼光看来，当然嫌它简略。但是我们如果仔细从头读下去，就可以知道这是一部了不得的书。我们读了以后，不但可以晓得司法制度在当时是怎样实行的，法律在当时是怎样用的，还可以从这部自传中，了解当时的宗教信仰和经济生活，所以后来我的朋友卫挺生要写中国经济史，问我到哪里去找材料，我就把汪辉祖的书告诉他。因为我看了这本书，知道他在每年末了，把这一年中，一块本洋一柱的换多少钱，二柱、三柱的又换多少钱，谷子麦子每石换多少钱，都记载得很清楚。我当时对本洋的一柱、二柱、三柱等名目，还弄不清楚。卫挺生先生对这本书很感兴趣；研究以后向我说：书中所谓一柱、二柱、三柱，就是罗马字的ⅠⅡⅢ，为西班牙皇帝一世、二世、三世的标记；中国当时不认识这种字，所以就叫它一柱、二柱、三柱。

其次讲到当时的宗教信仰。这里所谓宗教信仰，不是讲皇帝找和尚去谈禅学，而是说从这本传记中可以了解当时士大夫所信仰的是什么。因为汪辉祖曾经替人家做过幕府，审问过人民的诉讼案件；我们看他的自传，可以知道他是用道德的标准来负起这个严格的责任的。他说：他每天早晨起来，总是点一支香念一遍"太上感应篇"，然后再审案。这是继续不断，数十年如一日的。"太上感应篇"是专讲因果报应的；我们当然不会去相信它。不过还是值得看一看。汪辉祖天天都要念它一遍；这可以代表一个历史事实，代表他们所谓"生做包龙图，死做阎罗王"的思想。包龙图是一个清官；俗传，他死了以后，就做了第五殿阎罗王。所以他们认为生的时候做官清廉，死了就有做阎罗判官的资格。这原是他的一种理想，也可说是当时一般法律家的一大梦想。由于汪辉祖每天要念"太上感应篇"，所以他到了老年生病发烧发寒的时候，就做起怪梦来，说是有个女人来找他去打官司，为的是汪辉祖曾经因为救了一个人的生命，结果使她没有得到贞节牌坊，所以告他一状，说他救生不救死。汪辉祖当时对这个案子虽然很感困难，但也觉得似乎有点对不起那个女子。但是人家既然告了他的状，他也不得不去对质。对质结果，准她的申诉。这一段写得很可笑。我讲这件事有什么意思呢？就是我们从这里可以看出汪辉祖的宗教观。

其次，讲到《罗壮勇公（思举）年谱》——这也是值得一看的书。罗思举是贫苦出身的。当满清嘉庆年间，白莲教作乱，满清官兵不够用了，就用各省的兵。罗思举就是在这个军队中当大兵出身的，后来慢慢晋升，竟做了几省的提督。因为罗思举是当兵出身的，所以他写的自传，都是用的很老实很浅近的白话。现在，我就举一两个例子，来看看他写的是多么的诚朴。他说：他当小孩子的时候，曾经做个贼，偷过人家的东西；他的叔父怕他长大也不学好，所以就把他打了一顿，然后再拿去活埋；幸而掩埋的泥土盖得不多，所以他能够爬了出来，并跑到军队里头去当兵。这一点，可以说是写得很老实的。至于他写清朝白莲教的情形，也很可注意。他说白莲教原不叫白莲教，而叫“百莲教”，就是一连十、十连百的一种秘密组织。当时剿“白莲教”的军队，据他说都是一些叫花子军队；打起狗来，把狗肉吃了，狗皮就披在身上蔽体。这也是一种赤裸裸的写法。最后，我还要举一个例子：我们常常听到人说，我们是精神文明的国家，我们希望这种人把罗思举的年谱仔仔细细地一读。他说，有一天在打仗的时候，送粮的人没有赶上时间，粮草因此断绝。他怕影响军心，于是他就去报告他的长官：“我们粮草断绝，没有办法，可不可以把几千俘虏杀来吃？”他的长官说：“好。”结果，就把俘虏杀来吃了，留下一些有毛发的部分。第二天，运粮的人仍然没有到，于是又把昨天丢了的那些有毛发的部分捡起来吃。第三天，粮草才运到。这些都是赤裸裸的写实。

我过去对中国传记文学感到很失望；但是偶然得了一些值得看一看的材料，所以特别介绍出来供诸位朋友研究。

（本文为1953年1月12日胡适在台湾省立师范学院的演讲，原载1953年1月13日台北《中央日报》《公论报》等报。）

研究国故的方法

研究国故，在现时确有这种需要。但是一般青年，对于中国本来的文化和学术，都缺乏研究的兴趣。讲到研究国故的人，真是很少，这原也怪不得他们，实有以下两种原因：一、古今比较起来，旧有的东西就很易现出破绽。在中国科学一方面，当然是不足道的。就是道德和宗教，也都觉浅薄得很，这样当然不能引起青年们的研究兴趣了。二、中国的国故书籍，实在太没有系统了。历史书一本有系统的也找不到，哲学也是如此，就是文学一方面，《诗经》总算是世界文学上的宝贝。但假使我们去研究《诗经》，竟没有一本书能供给我们做研究的资料的。原来中国的书籍，都是为学者而设，非为普通人一般人的研究而做的。所以青年们要研究，也就无从研究起。我很望诸君对于国故，有些研究的兴趣，来下一番真实的工夫，使它成为有系统的。对于国故，亟应起来整理，方能使人有研究的兴趣，并能使有研究兴趣的人容易去研究。

“国故”的名词，比“国粹”好得多。自从章太炎著了一本《国故论衡》之后，这“国故”的名词于是成立。如果讲是“国粹”，就有人讲是“国渣”，“国故”（National Past）这个名词是中立的。我们要明了现社会的情况，就得去研究国故。古人讲，知道过去才能知道现在。

国故专讲国家过去的文化，要研究它，就不得不注意以下四种方法：

一、历史的观念　现在一般青年，所以对于国故没有研究兴趣的缘故，就是没有历史的观念。我们看旧书，可当它做历史看。清乾隆时，有个叫章学诚的，著了一本《文史通义》。上边说：“六经皆史也”，我现在进一步来说：“一切旧书——古书——都是史也”。本了历史的观念，就不油然而然地生出兴趣了。如道家炼丹修命，确是很荒谬的，不值识者一笑。但本了历史的观念，看看他究竟荒谬到了什么田地，亦是很有趣的。把旧书当做历史看，知它好到什么地步，或是坏到什么地步，这是研究国故方法的起点，是“开宗明义”第一章。

二、疑古的态度　疑古的态度，简要言之，就是“宁可疑而错，不可信而错”十个字。譬如《书经》，有《今文尚书》和《古文尚书》之别。有人说，《古文尚书》是假的，《今文尚书》有一部分是真的，余外一部分，到了清时，才有人把它证明是假的。但是现在学校里边，并没把假的删去，仍旧读它全书，这是我们应该怀疑的。至于《诗经》，本有三千篇，被孔子删剩十分之一，只得了三百篇。《关雎》这一首诗，孔子把它列在第一首，这首诗是很好的。内容是一很好的女子，有一男子要伊做妻子，但这事不易办到，于是男子“寤寐求之”，连睡在床上都要想伊，更要“优哉游哉辗转反侧”呢！这能表现一种很好的爱情，是一首爱情的相思诗。后人误会，生了许多误解，竟牵到旁的问题上去。所以疑古的态度有两方面好讲：一、疑古书的真伪。二、疑真书被那山东老学究弄伪的地方。我们疑古的目的，是在得其“真”，就是疑错了，亦没有什么要紧。我们知道，哪一个科学家是没有错误的。假使信而错，那就上当不浅了！自己固然一味迷信，情愿做古人的奴隶，但是还要引旁人亦入于迷途呢！我们一方面研究，一方面就要怀疑，庶能不上老当呢！如中国的历史，从盘古氏一直相传下来，年代都是有“表”的，“像煞有介事”，看来很是可信。但是我们要怀疑，这怎样来的呢？根据什么呢？我们总要“打破砂锅问到底”，究其来源怎样，要知道这年月的计算，有的是从伪书来的，大部分还是宋朝一个算命先生，用算盘打出来的呢。这哪能信呢！我们是不得不去打破它的。

在东周以前的历史，是没有一字可以信的。以后呢？大部分也是不可靠的。如“禹贡”这一章书，一般学者都承认是可靠的。据我用历史的眼光看来，也是不可靠的，我敢断定它是伪的。在夏禹时，中国难道竟有这般大的土地么？四部书里边的经、史、子三种，大多是不可靠的。我们总要有疑古的态度才好！

三、系统的研究　古时的书籍，没有一部书是“著”的。中国的书籍虽多，但有系统的著作，竟找不到十部。我们研究无论什么书籍，都宜要寻出它的脉络，研究它的系统。所以我们无论研究什么东西，就须从历史方面着手。要研究文学和哲学，就得先研究文学史和哲学史。政治亦然。研究社会制度，亦宜先研究其制度沿革史，寻出因果的关系，前后的关键，要从没有系统的文学、哲学、政治等等里边，去寻出系统来。

有人说，中国几千年来没有进步，这话荒谬得很，足以妨害我们研究的兴趣。更有一外国人，著了一部世界史，说中国自从唐代以后，就没有进步了，这也不对。我们定要去打破这种思想的。总之，我们是要从从前没有系统的文学、哲学、政治里边，以客观的态度，去寻出系统来的。

四、整理　整理国故，能使后人研究起来，不感受痛苦。整理国故的目的，就是要使从前少数人懂得的，现在变为人人能解的。整理的条件，可分形式内容二方面讲：（一）形式方面：加上标点和符号，替它分开段落来。（二）内容方面：加上新的注解，折中旧有的注解。并且加上新的序跋和考证，还要讲明书的历史和价值。

我们研究国故，非但为学识起见，并为诸君起见，更为诸君的兄弟姊妹起见。国故底研究，于教育上实有很大的需要。我们虽不能做创造者，我们亦当做运输人——这是我们的责任，这种人是不可少的。

（本文为1921年7月胡适在东南大学的演讲，枕薪记录，原载1921年8月4日上海《民国日报·觉悟》副刊，又载1921年8月25日《东方杂志》第18卷第16期“最录”栏。）

再谈谈整理国故

鄙人前年曾在贵校的暑期学校讲演过一次整理国故，故今天的题名曰再谈谈整理国故。那时我重在破坏方面提倡疑古，今天要谈的却偏于建设方面了。我对人说：我国各种科学莫有一种比得上西洋各国，现在要办到比伦于欧美，实在不容易，但国故是我们自己的东西，总应该办来比世界各国好，这种责任，是放在贵校与北大的国学系，与有志整理国故者的肩上，盼望诸君努力！

“国故”二字为章太炎先生创出来的，比国粹，国华，……等名词要好得多，因为它没有含得有褒贬的意义。现在一般老先生们看见新文化的流行，读古书的人日少，总是叹息说：“西风东渐，国粹将沦亡矣！”但是把古书试翻开一看，错误舛伪，佶屈聱牙，所在皆是，欲责一般青年皆能读之，实属不可能，即使“国粹沦亡”，亦非青年之过，乃老先生们不整理之过。故欲免“国粹沦亡”之祸，非整理国故，使一般青年能读不可！据我个人意见，整理之方式有四种：

1. 最低限度之整理——读本式的整理
2. 索引式的整理
3. 结账式的整理
4. 专史式的整理

1. 读本式的整理

这种方式，即是整理所有最著名的古书，使成为普通读本，使一般人能读能解。现在一般青年不爱读古书，确是事实，但试思何以青年不爱读古书呢？因为科学发达的缘故吗？西洋文化输入的缘故吗？学校里课程繁重的缘故吗？我敢说都不是重要的原因，实因莫有人整理，不容易读懂的缘故；我已于上文说过了，试举个例来证明；Shaksespeare 的莎氏乐府与 Milton 的《失乐园》及现在的圣经 Bible 的原本不是很难懂的吗？何以现在英美人个个都能读呢？并不是英美人爱读古书，我国青年不爱读古书，实在因莎氏乐府，《失乐园》《圣经》有很通俗最易解的译本罢了！但这种整理，要具有下列五种方法：

（1）校雠　古书中有许多本来是很易懂，往往因传写或印刻的错误，以致佶屈的，如《论语》中："君子耻其言而过其行"一句中的"而"字，很不易解，但依别本"而"字为"之"字，则明畅易懂了，故依据古本，或古书，引用的原文来校对，是整理国故中的最重要的方法。

（2）训诂　训诂即下注解，因从古至今，语言文字，经过许多变迁，故有些句子初学不易看懂，故注解亦是必需的；但注解不宜滥用，须有下列二条件，才下注解：（甲）必不可少——因为有许多书很明白，加了注解，反使读者不了然。（乙）要有根据——注解不能随个人主观的见解妄下，须根据古字典，或古注，或由上下文比较，始能得确凿的意义。

（3）标点　有许多书加上标点，它的意义，气态就完全明白了，不必加注解了！故标点亦是很重要的！

（4）分段　我国文章，多系一气写成，以致思想、意义，初学者不易看出，若一经分段，则于作者的思想、意义，极易看出，节省读者的精力不少。

（5）介绍　我们要彻底了解一部书，对于作者之历史、环境、地位，……不能不知道，故宜于每部古书之前，作以上所说种种之简单介绍与批评，于初学者补助不小。

有以上五种方法来整理古书，则读本式的整理即成功了，恐怕青年人也爱读古书了！

2. 索引式的整理

索引怎样解呢？如以绳索钱，使能提纲挈领也。西洋书籍，差不多每本都有索引（Index），检查非常便利，而我国的书没有一本有的，如问一个稍不著名的人为何时人，则非检查许多书不能览得，有时竟查不出，这是何等痛苦啊！后来汪辉祖著《姓氏韵编》，看起来很平常，然而后学者却受惠不少了！但很不完备，现在非有人出来作这工作不可，这种工作并不难，中等人才都可以干的。我很希望大家起来合作！

3. 结账式的整理

怎么叫结账式的整理呢？譬如说：以前有许多学者说《尚书》中有许多篇为东晋梅颐所上的伪书；有些人又说不是；又古今文之争，至今亦未决，又如有人说《诗经》的小序是子夏作的，有人又反对，我们应当把自古迄今各家的聚讼结合起来，作一评断，好像商家在年底结账一样，所以叫做结账式。有这种整理，初学者就不至陷入迷途了！

4. 专史式的整理

有以上三种方式之整理了，然后就各种性质类似的古书，纂集起来作为一种专史，如诗赋史，词曲史……等类是也，这种整理，能使初学者不耗几多脑力，即能知国学中各门之源流及其梗概了！

以上把各种方式及方法说完了，再来谈谈实际的整理：我既主张用以上几种方式整理国故，所以我就选了《诗经》来做第一种方式的整理——即读本式的整理——及至我把《诗经》看一遍后，才知数千年来许多大经师都没有把《诗经》弄明白；我并不是说我弄明白了，但我敢大胆说，至少要比古人多明白一点；譬如《诗经·大雅·公刘》章云："于'胥'斯原"的"胥"字，以前注《诗经》者都当作"相"字解，但实在讲不通，试问"于相斯原"又怎样讲呢？但我们用比较法观之，则一望而知"胥"为一地名，因其余两章有"于京斯依""于豳斯馆"同文法的句子，注云"京"，与"豳"皆地名，则胥为地名无疑了！又《召南·采蘋》章云："于以采蘋，南涧之滨，于以采藻，于彼行潦"一章，不知注解说些什么！但我们若将原文加上标点，成为"于以采蘋？南涧之滨；于以采藻？于彼行潦。"则为很明白的一问一答的句子了，意即一问：哪里去采蘋呢？一答：到南涧之滨去采；又问：哪里去采藻呢？一答：于彼行潦去采，由上二例，可见古人实在没有把《诗经》弄明白了！这种工作，在清代已经很发达了，如王念孙父子之《经传释词》，俞樾之《古书疑义举例》……等书，都是用这种方法做成的，不过他们的方法还未十分精密，不能使人满意，如译某字为某词，——如译“焉”为语助词——究竟某词又如何解呢？他们就答不出来了！

以上所讲几种整理国故的方式，都是很容易办到的，只要中才的人，有了国学常识，都可以做，希望诸君起来合作，把难读难解的古书，一部一部的整理出来，使人人能读，虽属平庸，但实嘉惠后学不少了！

（本文为1924年1月胡适在东南大学国学研究班的演讲，叶维笔记，原载1924年2月25日《晨报副镌》。）

中国历史的一个看法

历史可有种种的看法，有唯心的，唯物的，唯人的，唯英雄的，……各种看法，我现在对于中国历史的看法，是从文学方法的，文学的名词方面的，是要把它当做英雄传，英雄诗，英雄歌，一幕英雄剧，而且是一幕英雄悲剧来看。

民族主义是爱国的思想，英国有名的先哲曾说过："一个国家要觉得它可爱时，是要看这个国家在历史上是否有可爱之点"，中国立国五千年，时时有西北的蛮族——匈奴、鲜卑……不断地侵入，可说是无时能够自主的，鸦片战争又经过百年，而更有最近空前的危急，在此不断的不光荣的失败历史中，有无光荣之点，它的失败是否可以原谅，在此失败当中，是否可得一教训。

这一出五千年的英雄悲剧，我们看见我们的老祖宗继续和环境奋斗，经过了种种失败与成功，在此连台戏中，有时叫我们高兴，有时叫我们着急，有时叫我们伤心叹气，有时叫我们掉泪悲泣，有时又叫我们看见一线光明，一线希望，一点安慰，有时又失败了，有时又小成功了，有时竟大失败了，这戏中的主人翁，是一位老英雄——中华——他的一生是长期的奋斗，吃尽了种种辛苦，经了种种磨难，好像姜子牙的三十六路伐西岐，刚刚平了一路，又来了一路，又好像唐三藏西天取经，经过了八十一大难，刚脱离了一难，又遭一难似的，这样继续不断奋斗，所以是一篇英雄剧，磨难太多，失败太惨，所以是一篇悲剧。

本来在中国的文字中——戏剧中、小说中，悲剧作品很少，即如《红楼梦》一书，原是一个悲剧，而好事者偏要做些圆梦、续梦、复梦等出来，硬要将林黛玉从棺材里拿起来和贾宝玉团圆，而认为以前的不满意，这真不知何故，或者他们觉得人类生活本来是悲剧的，历史是悲剧的，因此却在理想的文学中，故意来做一段团圆的喜剧。

在这老英雄悲剧中，我们把他分作几个剧目，先说到剧中的主人，主人是姓中名华——老中华，已如上述，舞台是“中国”，是一座破碎的舞台，——穷中国，老天给我们祖宗的，实在不是地大物博，而是一块很穷的地方，金银矿是没有的，除东北黑龙江和西南的云贵一部分外，都是要用丝茶到外国去换的，煤铁古代是不需要的，土地虽称广阔，然可耕之地不过百分之二十，而丝毫无用的地却有三分之一，所以我们的祖宗生下来，就是在困难中。

这剧的开始，要算商周，以前的不讲，据安阳发掘出来的成绩，商代民族活动区域，只有河南、山东、安徽的北部，河北、山西南部的一块，也许到辽宁一部，他们在此建设文化时，北狄、南蛮不断地混入，民族成了复杂的民族，在此环境之下，他们居然能唱一出大剧，这是一件很了不得的事情。我们现在撇开了“跳加官”一类开台戏，专看后面的几幕大戏。

第一幕　老英雄建立大帝国　第二幕　老英雄受困两魔王　第三幕　老英雄死里逃生　第四幕　老英雄裹创奋斗　第五幕　老英雄病中困斗

第一幕 老英雄建立大帝国

中国有历史的时期自商周始，地域限于鲁豫，已如上述，在商代社会中迷信很发达，什么事情都问鬼，都要卜，如打猎、战争、祭祀、出门……事无大小，都要把龟甲或牛骨烧灰，看它的龟纹以定吉凶，在此结果，而发明了龟甲、牛骨原始象形的文字，这文字是很笨的图画，全不能表达抽象的意思，只能勉强记几个物事名词而已，在这正在建设文化的时候，西方的蛮族——周，侵犯过来了，他具强悍的天性，有农业的发明，不久把那很爱喝酒的、敬鬼的、文化较高的殷民族征服了，这一来，上面的——政治方面是属于周民族，下面的就是属于殷民族，二民族不断地奋斗：在上面的周民族很难征服下面的殷民族，孔子虽是殷人（宋国），至此很想建设一个现代文化，故曰“吾从周”，而周时，也有人见到两文化接触，致有民族之冲突，所以东方（淮水流域）派了周公去治理，南方（汉水流域）派了召公去治理，封建的基础，即于此时建设，但是北狄、南蛮在此政治之下经了长期的斗争，才将他们无数的小国家征服，把他们的文化同化，以后才成七个大国家，不久遂成一个大帝国。

至于文字方面，也是从龟甲上的，牛骨上的，不达意的文字，经过充分的奋斗，而变为后代的文字，文学方面、哲学方面、历史方面，都得着可以达意的记载，这是一件很不容易的事情。

在周朝的时候，许多南蛮要想侵到北方来，北边的犬戎也要侵到南部去，酝酿几百年，犬戎居然占据了周地，再经几百年，南方也成了舞台的部分。

此时的建设期中，产生了一个“儒”的阶级，儒本是亡国的俘虏——遗老，他本是贵族阶级，是文化的保存者，亡国以后，他只得和人家打打官司，写写字，看看地，记记账，靠这类小本领混碗饭吃而已（根据《荀子》的《非十二子》篇），这班人——“儒”一出来，世界为之大变，因为他们是不抵抗者、是懦夫，我们从字义看，凡是和儒字同旁的字眼，都是弱的意思，如需（耎）字加车旁是软弱的輭（软）字，加心旁是懦字，加孑旁是孺字，是小孩子，他们是唱文戏的，但是力量很大，因为他们是文化传播者，是思想界，老子后世称他为道家，但他正是“儒”的阶级中之代表，他的哲学是儒的哲学，他的书中常把水打譬喻，因为水是最柔弱的，最不抵抗的，这就是儒的本身，他们一出，凡是唱武戏的，至此跟着唱起文戏来了，幸而在此当中，出来一个新派，这就是孔子，他的确不能谓之儒者，就是儒者也是“外江”派，他的主张是“杀身成仁”，他说：“志士仁人，有杀身以成仁，无求生以害仁”，又说：“士不可以不弘毅，任重而道远，仁以为己任，死而后已”，这完全和老子相反，老子是信天的，主自然的，而新派孔子，是讲要作人的，且要智仁勇三者都发达，他是奋斗的，“知其不可而为之”，这就是他的精神，新派唱的虽也是文戏，但他们以“有教无类”打破一切阶段，所以后来产生孟子、荀子、弟子李斯、韩非，韩非虽然在政治上失败，而李斯却成了大功，造成了一个大帝国。（第一幕完）

第二幕　老英雄受困两魔王

不久汉朝兴起来了，一班杀猪的，屠狗的，当衙役的……起来建设了一个四百年的帝国，他们可说得上是有为者，如果没有他们的奋斗，则决不会有这四百年的帝国，但是基础究未稳固，而两个魔王就告来临！

第一个魔王——野蛮民族侵入，在汉朝崩溃的时候，夷狄——羌、匈奴、鲜卑都起来，将中国北部完全占领（300 至 600），造成江左偏安之局。

第二个魔王——印度文化输入，前一个魔王来临，使我们的生活野蛮化，后一个魔王来临，就是使我们宗教非人化，这印度文化侵略过来，在北面是自中央亚细亚而进，在南方是由海道而入，两路夹攻，整个的将中国文化征服。

原来中国儒家的学说是要宗亲——“孝”，要不亏其体，因为“身体发肤，受之父母，不敢毁伤”，将个人看得很重，而印度文化一来呢？它是“一切皆空”，根本不要做人，要做和尚，作罗汉——要“跳出三界”，将身体作牺牲！如烧手、烧臂、烧全身——人蜡烛，以献贡于药王师，这风气当时轰动了全国，自王公以至于庶人，同时迎佛骨——假造的骨头，也照样的轰动，这简直是将中国的文化完全野蛮化！非人化！（第二幕完）

第三幕　老英雄死里逃生

这三百年中——隋、唐时代是很艰难的奋斗，先把北方的野蛮民族来同化它，恢复了人的生活，在思想方面，将从前的知识，解放出来，在文学方面，充满了人间的乐趣，人的可爱，肉的可爱，极力主张享乐主义，这于杜甫和白居易的诗中都可以看得出，故这次的文化可以说是人的文化。再在宗教方面，发生了革命，出来了一个“禅”！禅就是站在佛的立场上以打倒佛的，主张无法无佛，“佛法在我”，而打倒一切的宗教障、仪式障、文字障，这都成功了，所以建设第二次帝国，建设人的文化和宗教革命，是老英雄死里逃生中三件大事实。（第三幕完）

第四幕　老英雄裹创奋斗

老英雄正在建设第三次文化的时候，北方的契丹、女真、金、元继续的侵过来了，这时老英雄已经是受了伤，——精神上受了伤（可说是中了精神上的鸦片毒，因为印度有两种鸦片输到中国，一是精神上的鸦片烟——佛，一是真鸦片），受了千年的佛化，所以此时是裹创奋斗，然而竟也建立第三次大帝国——宋帝国，全国虽是已告统一，但身体究未复原，而仍然继续人的文化，推翻非人的文化（这段历史自汉至明，中国和欧洲人相同，宗教革命也是一样），范文正公的“先天下之忧而忧，后天下之乐而乐”，和王荆公的变法，正与前“任重而道远”的学说相符合。

在唐代以前，北魏曾经辟过佛，反对过外国的文化，禁止胡服胡语即其例，但未见成功，而在唐代辟佛的，如韩愈，他曾说过；“人其人，火其书，庐其居”，三个大标语，这风气虽也行过几十年，但不久又恢复原状，然在这一次，却用了一种软工夫来抵制这非人的文化，本来是要以“人的政治”“人的法律”“人的财政”来抗住它的，但还怕药性过猛，病人受纳不起，所以司马光、二程等，主张无为，创设“新的哲学”“新的人生观”，在破书堆中找到一本一千七百几十个字的《大学》来打倒十二部大佛经，将此书中的“格物”“致知”“正心”“诚意”“修身”“齐家”“治国”“平天下”这一套，来创造新的人的教育，新的哲学，新的人生观，这实在是老英雄裹创奋斗中的一个壮举，但到了蒙古一兴起，老英雄已筋疲力尽，实在不能抵抗了！（第四幕完）

第五幕　老英雄病中困斗

这位老英雄到明朝已经是由受创而得病了，它的病状呢？一是缠足，我们晓得在唐朝被称的小脚是六寸，到这时是三寸了，实在是可惊人！二是八股文章，三是鸦片由印度输入，这三种东西，使老英雄内外都得病症。

再有一宗，就是从前王荆公的秘诀已被人摒弃了，本来他的秘诀一是“有为”，一是“向外”，但一班的习静者，他们要将喜怒哀乐等，于静坐中思之，结果是无为，是无生气，而不能不使这老英雄在病中困斗。

清代的天下居然有二百余年，这实是程朱学说——君臣观念所致，因为此时的民族观念抵不住君臣的名分观念，不过老英雄在此当中，而仍有其成绩在，就是东北和西南的开辟，推广它的老文化，湖南在几十年前，在政治上占有极大势力，广东、广西于此时有学术上的大贡献，这都是老英雄年病中的功绩，他虽然在政治上失地位，然而在学术上却发生一种

“实事求是”的精神——科学的精神，而成就了一种所谓的“汉学”，这种新的学术，是不主静而主动的，它的哲学是排除思想而求考据，考据一学发生，金石、历史、音韵，各方面都发达，顾亭林以一百六十二个证据，来证明“服”字读“逼”字音，这实在具有科学之精神，不过在建设这“人的学术”当中，老英雄已经是老了，病了！

尾　声

这老英雄的悲剧，一直到现在，仍是在奋斗中，他是从奋斗中滚爬出来，建设了人的文化，同化了许多蛮族，平了许多外患，同化了非人的文化，从一千余年奋斗到如今，实在是不易呀！这种的失败，可说是光荣的失败！在欧洲曾经和我们一样，欧洲过去的光荣，我们都具备着，但是欧洲毕竟是成功，这种原因，我认为我们是比他少了两样东西，就是少了一个大的和附带一个小的，大的是科学，小的是工业。我们素来是缺乏科学，文治教育看得太重，我们现在把孔子和其同时的亚里士多德、柏拉图来比一比，柏拉图是懂得数学的，“不懂数学的不要到他门下来”，亚里士多德同时是研究植物的，孔子较之，却未必然吧？与孟子同时的欧几里得，他的几何至今沿用，孟子未尝能如此吧？在清代讲汉学的时候，虽说是有科学的精神，却非伽利略用望远镜看天文，用显微镜看微菌，以及牛顿发明地心吸力可比，所以中西的不同，不自今日始，我们既明白了这个教训，比欧洲所缺乏的是什么？我们知道了，我们的努力就有了目标，我们这老英雄是奋斗的，希望我们以后给他一种奋斗的工具，那么，或者这出悲壮的英雄悲剧，能够成为一纯粹的英雄剧。

（本文为1932年12月1日胡适在武汉大学的演讲，收入1966年台北文星书店出版的《胡适选集》演讲分册。）

考证学方法之来历

我觉得很抱歉，辅仁大学的很多朋友几次要我来说几句话，可是一年以来，在外面跑了半年，很少时间，直到今天，才得和诸位见面，今天是应辅仁大学国文系之约来的，想到的“考证学方法之来历”这个题目，是和国文系有关系的，而与别的同学也有直接的或间接的关系，因为近几年来，研究考证学方法之来历的渐渐多了，而中国近三百年的学问和思想，很受考证学的影响。

考一物，立一说，究一字，全要有证据，就是考证，也可以说是证据，必须有证据，然后才可以相信。

近三百年始有科学的，精密的，细致的考察，必有所原，许多人以为是十七世纪西洋天主教耶稣会教士带到中国来的，如梁任公先生就是这样主张的。

在一千六百年左右，利玛窦来到中国，继之若干年，经明至清朝康熙雍正年间，有许多有名的学者到中国来，他们的人格学问，全是很感动人的，并且介绍了西方的算学，天文学等十六世纪、十七世纪的西洋科学，恐怕中国的思想界学术界受到他们的影响。

中国考证学家，清代考据学开山祖师顾亭林和阎若璩，全生于利玛窦来华之后，顾亭林生于1613年，阎生于1636年，利玛窦则是1581或1582年来华的，顾亭林考证古音，他的方法极其精密，例如“服”字，古音不读“服”音，而读“逼”音，他为了考证这一字，立这一说，举出一百六十二个证据来证实，在他的著书里，立一说，必要证据，许多字的考证都是这样，阎若璩考证《古文尚书》，也是这样，《尚书》有两种，西汉时候的《今文尚书》，有二十八篇，到了晋代，又出了一种《古文尚书》，有五十三篇，于前一种的二十八篇之外，又增加了二十五篇，文字好，易了解，谈政治、道德，很有点哲学味，内容丰富，因为它是用古文字写的，所以称作《古文尚书》，当时有人不相信，渐渐地也就相信了，至唐代以后，《古文尚书》成为正统，没有疑心它是假的了，到了清代，阎若璩著书《尚书古文疏证》，把假的那些篇，一篇一句，都考出它的娘家，打倒了《古文尚书》。

清代的学术，是训诂，考据和音韵，顾亭林考证音韵研究训诂，阎若璩考证古书真伪，他们两人，全是十七世纪的人，在利玛窦来华以后，这样看来，岂不是西洋的科学影响了中国的考证学了吗。

另一个证据，西洋学者带来了算学，天文等，曾经轰动一时，那时候，自己知道中国历法不够用，常常发生错误，推算日食和月食也不准确，当时的天文学有三派，一派是政府的钦天监，一派是回教的回回历，一派是中国私人魏氏历法，西洋于十六世纪后改用新历，是最新、最高、最进步的了，带到中国之后，又有了这个第四派，中国政府不能评定哪一种历法准确，就想了一个法子，每一种都给他一个观象台，让他们测算日食，从何年何日何时开始，至何时退食，来考究它们，因为历法和日常生活很有关系，全中国都注意这一回事，二十年的长时间考证的结果，处处是西洋方法占胜利，并且，因为日食推算，如果阴雨，就不能看出来了，所以同时测算四川成都、陕西西安、山东济南和北京四个地方，清政府派人到四个地方视察报告，当然不会四个地方都赶上阴雨，结果，别几种都差得很远，而耶稣会教士的新科学方法占了胜利，明代崇祯末年，政府颁布了使用新法，而这一年，明朝就亡了，清代继续采用，直到1912年，民国改元之后，用了新历，而方法还是一样的，清代的考据家，没有不曾研究过算学的，如戴东原，就是一位算学家，有清一代的考证学，就是在西洋算学影响之下，算学方法，就是要有证据。

我个人是怀疑这种说法的，对于当时的西洋学者的人格、学问，我都很钦佩，他们也留下深刻的影响，前读中国的徐光启的三卷信札，更增加了钦佩之意，中国许多革新人物，全受过他们的影响，但是，要说考证学的方法，是由天主教耶稣会教士带来的，到今日为止，还没有充分的考据，前面说过的证明，还不能承认，今天所讲的，就是要特别提出个人的见解，以就正大家，请对于我们怀疑的，加以怀疑，或者更有新的收获。

前面所说的影响，很少可以承认的，顾亭林就不是算学家，阎若璩也是到了晚年算《春秋》《左传》《汉书》中的纪年和日食，因为那与历法有关系，才开始学算学的，所以不能受它的影响，而且是已经做了考证学家才学算学的，如王念孙也不是算学家，至少，不是受他的影响，我们只能承认算学影响历法、影响思想，而和考据学没有关系，在西洋，天文学、算学，物理学全很早就发达了，而西洋的历史，文学的考据，到十九世纪才发达，假如天文学、算学等能够影响考据，一定会很早就产生了，而西洋竟是很晚的，所以它并不能影响人怀疑和找证据，至于宗教家所提倡的是使人信，不是使人怀疑。

以时代关系来证明，是错误的，清代两考证学大师，顾亭林有他的来历与师承，阎若璩亦有他的来历与师承。

在音韵方面，顾亭林的方法是立一说，证一字，必要有证据，证据有两种，本证和旁证，如同证诗经字韵的古音，从《诗经》找证据，曰本证，从《老子》《易经》《淮南子》《管子》《楚辞》等书里的方韵来证《诗经》，曰旁证，这种方法，在顾之前，有福建人陈第，作过一本《毛诗古音考》，就用了这种方法，是顾亭林的本师，《毛诗古音考》著于1604年，出版于1606年，利玛窦虽已来华，而北来第一次是1596年，第二次是1602年，短时期内受到影响，是不可能的，顾得自陈，毫无问题，而在陈第之前，还有崔㳇，在1580年就考证过《毛诗》古音，再推上去，可到宋代，十二世纪，朱熹就是一位考证家。

再一个证据就是，阎若璩考据《尚书》，他的先师也来历明白，梅鷟，生死年月不可考了，他是1513年的举人，他作过一部《古文尚书考义》，用的方法和阎的一样，一一找出伪造的娘家，那个时候，还没有利玛窦，百年之后，书籍与方法更完备了，在梅鷟之前，可以推上去到元代，吴澄，他死于1333年，已经把《尚书》今文和古文的分开，述其真假，更可上推至宋代的朱熹、吴棫，他们已经疑惑《古文尚书》和《今文尚书》的不同，到了吴澄，就不客气的一一指出了假造各篇的来历，是东抄西借，杂缀而成的，北宋的欧阳修、王安石、苏东坡，亦曾怀疑而研究之，在唐朝韩愈和柳宗元的文章中，亦提出考证，《论语》一书，经柳宗元的考证，知道是孔子的弟子的弟子所记，那是以常识作证据的。

总之，这种考证方法，不用来自西洋，实系地道的国货，三百年来的考证学，可以追溯至宋，说是西洋天主教耶稣会教士的影响，不能相信，我的说法是由宋渐渐的演变进步，到了十六七世纪，有了天才出现，学问发达，书籍便利，考证学就特别发达了，它的来历可以推到十二世纪。

现在时间还有一点，让我说一点别的。

考证的方法是立一说，必有证据，为什么到了宋代朱熹时候才发达呢，这是很值研究的，这也是一种考据，方才说过，考证学不来自西洋，是国货，可是它是怎样来的呢。

中国历史经过长的黑暗时期，学问很乱，没有创造，没有精密的方法，汉代是做古书的注解，唐代是做注解的注解，文学方面有天才，学术方面则没有，并且，这种方法在古代是不易的，那时候没有刻版书，须一一抄写，书籍是一卷一卷的，有的长至四五十尺，读后忘前，没有法子校勘，写本又常务不相同，没有一定的标准本，唐代有了刻版书，到了宋代才发达，如同书经，有国子监的官版本，有标准本后才能够校勘其他的刻本和抄本，这必须书籍方便才可以，毫无问题。

十一世纪，北宋后期，程颐、程颢提出格物致知来，一部一千七百五十字的《大学》，是有很大的关系的书，几百年来，受着它的约束，程氏兄弟发现了一千七百五十字里有五个字最重要，就是"致知在格物"，《大学》中，每一句话都有说明，唯独这五个字没有，什么是格物，没有人知道，当时有五六十种"格物说"，有解"格"为一个一个的格子的，有解"格"为"格斗"的，程氏兄弟提出重要的解释，格是到的意思，格物就是到物，所以说"格物即物，而穷其理"，今天格一物，明天格一物，今天格一事，明天格一事，然后才可以致知，至于物的范围，由一身之中至天地之高大，万物之所以然，均在其内，这是当时的"格物说"，有了中国的科学理想与目标，而没有科学方法，无从着手，中国从来的学术是（一）人事的，没有物理与自然的解释，（二）文字上的解释，而无物据，所以有理想，不能有所发展，如王阳明和一个姓钱的研究格物，对着一棵竹子坐了三天，毫无所获，王阳明自己对坐了七天，也是一样，于是很幽默地说了，圣贤是做不成了，因为没有那么大的气力来格物了，这个笑话可以证明当时有科学目标与理想而没有方法，这完全不同于西洋，从埃及、希腊，就和自然界接触，亚里士多德于研究论理之外，自己采集动植物的标本做解剖实验，而孔夫子不过读《诗》而知鸟名罢了，中国没有这样背景，仅能像王阳明对竹而坐了。

程子、朱子感到这种格物办不通，就缩小了物的范围，由无所不包小到三件事：（一）读书穷理，（二）上论古人，（三）对人接物，朱子以后，就丢弃了大规模的格物而缩小，读书穷理也仅是读古经书了，所以士大夫就拿格物方法来研究古书了。

至于程朱格物的背景，我想，那时候没有自然科学，大概是由于科举时代，于做文章之外，还须研究“判”，考试的时候，拿几种案件，甲如何，乙如何，丙又如何，由士子判断是非，这样，必须多少有法律的训练，程明〔道〕送行状中记载着，他做县尉的时候，有听诉的训练，有今日的法官、律师、侦探的天才，从刑名之学得到找证据的方法，考、据，证、例、比等等全为法律上的名词，这方面的训练，在朱熹亦是有的。

朱熹亦是一个考据家，他三十岁的时候，校勘了一册语录，用三种抄本和一种刻本，他发现了刻本中多了百余条，其中五十多条是假的，就删去了，他到三十八岁的时候，找到了证据，就写了一篇跋，说明他的删掉的理由，他的著书也极审慎，他主张研究古书须学法家的深刻，才能穷究得进，他自己说，他的长处没有别的，就是肯用功，考证也是用法律方法，研究了一件，再研究了一件，不曾精细研究一本书，而牵引了许多别的，是一件错误。

他还有许多故事，可以证明他是受了律法的影响，做福建通安县主簿，知漳州，处理案件，是和考证一样的。

简括起来说，中国古代没有自然科学的环境，士大夫与外边无由接近，幸有刑名之学，与法律接近，科举时考“判”，做官时判案，尤须人证物证，拿此种判案方法应用在判别古书真伪，旧说是非，加以格物致知之哲学影响，而为三百年来考证学之来历，故纯为国货考证学，不会来自西洋的，将来有研究天主教耶稣会教士东来的历史专家提出新证据，我当再来辅仁大学取消我今天的话。

天主教研究神学，有一很好的习惯，就是凡立一新说，必推一反对论者与之驳辩，此反对论者称作“魔鬼的辩护师”，今天，我就做了一次“魔鬼的辩护师”。

（本文为1934年1月11日胡适在辅仁大学的演讲，路絜笔记，原载1934年1月12、13日《华北日报》。）

中国再生时期

几年以前，广西大学校长马君武——我的师长，曾经函邀南来讲学，抱歉得很，当时因为个人在北方事务纷繁，一时未易分离，现在得一个机会到此，并且承马先生命讲题，就是“中国再生时期”，在今天得和诸位谈谈。

什么叫做“再生时期”呢？我们知道，人类的个体生命历程，是从少壮而衰老而死亡，人类的个体生命到了“衰老”的时期，必然遇到“死亡”，决没有“返老还童”，所谓“再生”时期的来临。那走江湖的人和报纸上的广告，竟有什么“返老还童药”发胃，那是欺人之谈，没有科学根据的诞言。但是人类集团的生活和国家民族的文化之演进，虽也是由少壮而衰老而死亡；但是在衰老时期如何注射“返老还童”针，使变得了新的血脉，那么一朝焕发新的精神，从老态龙钟转变而振作有为，于是，国家的各方面都表现了新的活动，这个时期，历史学家称为“再生时期”。

我们一读西欧的近代史，就知道西欧在中古时代曾经有过八百年到一千年的黑暗时代（Dark Age）。那时。欧洲一切的文物俱已荒废，民族达于“衰老”的程度；但是到了黑暗时代的末期，因为获得了新的刺激，灌输了新的血液，于是老大颓衰的欧洲民族，到了十四、十五世纪便发生新的运动，返老还童，死里复活，成为西欧近几百年一切文物发扬光大的基础，这便是“文艺复兴”（Renaissance）时代。我国向来翻译为“文艺复兴”，实在有些欠当，应该是叫做复苏或再生时期，十四、十五世纪是欧洲的再生时期，那么何时是中国的再生时期？试观近三四十年来——尤其是最近的二十年来，我国的一切文物无论是社会制度、政治体系、经济组织、学术思想……皆掀起了极大的变革，所以我相信，将来的历史学家就要目这个时代为中国的“再生时期”。因为我国具有几千年的文化，然而，历史演进到了现在，已经表现中华民族的老大衰颓。过去中国的历史上，发生了多次的再生运动，交织起伏，希望促老大的中国返老还童；但是新的刺激奄弱，新的血液贫乏，终于未能成功。可是从历史的观点，我们知道现在中国“再生时期”的来临。

我国在中古时代，为宗教的迷信势力，和社会遗留的法制所蒙蔽，但只尊重个人的生命，不理解做人的意义；《孝经》中云：“身体发肤，受之父母，不可毁伤”，当时一般的人们，不但是尊重自己的身体，并且求所以扬名显亲，光宗耀祖，最低限度也要做到“无辱”的地步，使自身和父母在社会上有尊荣的地位，要不是，生不如死！到战国的时候，社会上表现了武士道的精神，许多人不但尊重人生的名誉，并且形成社会的侠义风尚和爱国牺牲的精神！民族渐渐有了复活的趋向。

但是不多久，受佛教和道教的影响，侠义牺牲的精神，潜藏于无形，民族日渐衰老、怕死，念佛、求仙，遍寻返老还童药丹以期长生不死，为着将来自身得入浮屠，不惜以指甲或手臂紫布浸油，在佛前燃烧作佛灯，表示信佛的虔诚，于是群起仿行，甚至竟以身殉，有的将整个身体缚布涂油，并且张贴布告：“于某月某日在某某地方某某大和尚献身佛前”云云，使得万人空巷，争往观看；大和尚一面焚身，一面念佛，一面行礼，于是大家异口同声赞美，因为大和尚从此已经成佛升天，达到人生最高的目的。这种个体的牺牲，为想达到个人入浮屠的梦想，与民族、国家，和人群没有丝毫的关系；和墨子“摩顶放踵利天下为之”的人生观大相违背，到了这个时候，民族复回到了衰老时期。一直中国给这种黑暗的潮流荡漾了好几百年！

到了唐代，渐渐地萌发了一点生机，爬出了这个黑暗的圈子，一般不再幻想升天成佛。首先在文学上，我们看到有了良好的改革，许多诗人如杜甫、白居易等不再从事去赞美自然，吟风弄月，开始描写社会的疾苦，出现了新的文学，达到了一个解放的时代。不但唐诗为我国历代最著名的，柳公权、颜真卿的书法，皆甚有名；就是散文方面也发生了很大的变革。在唐朝以前，六朝的文学形成，一般人作起文章，讲求对偶，造成四六句的骈体文，走上了荒昏的文学道上，当时的文学已经失掉了作用，而表达晋人的感情，感觉和思想，还不完全。直到唐朝的韩退之、柳宗元出来，才将这种不合文法的骈文废弃，主用“散文”，当时的“散文”，这就是现在我们所谓的“古文”。其结果，唐朝成为诗文最盛的一个时代，此外，在宗教方面，唐代也有相当的改革，就前所述，独善其身的佛教，渐进而成禅宗，从印度的佛教转变而为中国的禅宗，不立文字，不再打坐念经，见性成佛。所以唐代是中国一个再生的时期。但是，毕竟因为这时所遭受的刺激太小，新血液的灌输不足，过后，又回到了衰老的时期。

到了宋时，离现在九百余年，中国又渐渐表露复活的趋势，无论是在文学上，思想上，政治上等各方面宋朝都充分表现勃兴的气象。文学方面继续出现了几个新人物，如欧阳修、苏洵、苏轼、苏辙、曾巩、王安石，他们继起对于文字的努力，亦有了新的收获，造成文学革命，“古文”的格式于是形成，后人合唐之韩愈、柳宗元称为唐宋八大家，其中宋代占了六位，所以宋时在文学上又是一个再生时期。同时，在思想方面也有了极大的改观，从前的人生观为拜神求佛，但望个人延年益寿，避祸得福。在北宋时出了一个伟大的人物范仲淹氏。提出了一个新人生观，尝言士当：“先天下之忧而忧，后天下之乐而乐。”于是思想上表现了一个新时代，由个人主义走到利他主义的道上，要在人人还未曾有忧虑的时候，而自己去忧虑；但是快乐就是要到个个都享受了然后才到自己，这是宋代思想界一大革新。不到三十年，熙宁年间，王安石出来实行政治的大改革，但是恶势力强固，改革没有成功，继有程颢、程颐、朱熹一班人出来，主敬存诚穷理为本，另成了一个学派，他们不再希望做道士和尚，而且要在世界上堂堂正正地做一个“人”，于是确立了一种理想的人生观，如《大学》首章所谓“格物，致知，正心，诚意，修身”，但是这里的“修身”和中古时候所希望为神仙成佛祖的一种自私的，出世的观念不同，而是积极的，为社会的人生观，所以“修身”的后面，就是“齐家”，“治国”和“平天下”，这一种新人生观的焕发，于是代替了中古时代宗教迷信的人生观。从目的上说，由期望个人的超度推广而期望社会的改进，因此在思想方面宋朝的理学派不愧是我国历史上的一个再生时期。

然而，毕竟因为社会传统的旧势力膨胀，而新加入的血液不足，“治国”，“平天下”，又是那样的艰深难行；不久，中国又回到了过去的时代，踏上从前的老路，文字方面从此跑上一个“做八股”的形式道上，体裁更坏。在思想方面，又回到静坐、拜佛、欲成神仙的圈里。一向积极的活动的人生观，转变而消极的死样的人生观，无所为而为；因着要做圣贤便要做到“格物致知”和“治国平天下”，小民何敢奢望？“格物致知”的意义，原来正与近代的科学家理想相符，“物”的范围既然是这样广泛，包罗万象，单是要“格物”，以穷究天地万物的道理，在那个时候，既没有客观的环境，生活上并没有感觉到切肤的需要，而科学研究上的设备，好像显微镜、望远镜等等都一样也没有的；而大家既不了解科学实验的方法，一般读书人但知琅琅念书；文质彬彬，长袍大袖又不用手足，那里说得科学的学习，因了这个缘故，“格物致知”，只是讲讲而没有方法去实行。到明朝，王守仁主张“知行合一”，但是“格物致知”做不到，于是想从自身下手，由静坐而提倡“良知”。初时，王阳明对于“格物穷理”等宋哲所提倡的思想，也愿笃信力行，只是行而不知其法。为着“格物”，王阳明和他们的门弟，先试“格”庭前“竹”，解开“竹子为什么中空?”的道理，他的门徒坐守三天三夜，仍旧不获其理；王阳明不相信，自己亲身去守望沉思，也弄了七天七夜，仍旧，“竹子为什么中空?”的道理没有“穷”了出来，反弄得病体支离，于是认为“格物致知”，那是干不通的；就改而提倡“良知良能”，以个人的知觉为做学问的出发点，我们晓得，思想方面这又回到了沉没错误的途上，宋哲所提倡那积极的人生观和“格物穷理”的道理，为了历史上从来没有研究的遗风，和科学的背景设备等，于是昙花一现，思想上又返到了过去的时代!

每个时代都有一个再生时期，不在这方面或者就在那方面具有返老还童的趋势。古文改革到了明朝，一方面，文学是走到形式的死路上；一方面是在蕴蓄着蓬勃的生机。在明朝以前的元代，已经有了白话戏曲，明朝以来，白话的词曲，虽然仍旧存在，可是明代在文学上最伟大的杰作，是用白话写的小说，好像《三国志》《西厢记》《水浒传》等都是历史上白话文长篇小说中不可多得的佳本，迄清时，又有《红楼梦》《儒林外史》等小说出现，因此，这五百年来，文学上可以说是由古典的文学到了市民文学，为文学历史上一个新的阶段。但是，在这个时候，文学就分成了两个部位，像《三国志》《水浒传》这一类的文学作品，在当时目为低级文学，为社会中一般下层阶级的民众，像卖豆腐的、拉车的、缝纫的作为茶余饭后的读物；而一般士大夫阶级，仍旧在跑其“求功名”的道路，大做典试的八股文章。

总括来说，在历史上我国是发生了好几次的再生运动，从各方面表露复苏的精神，唐代可谓是我们文学上的大改革，民族也表现一些生机；但是一会儿又转到了衰老时期。迄宋朝，文学又焕发了新生，并且思想上表露复活的气象，但是因为旧势力雄厚，新刺激、新血液贫乏，不久又朝八股文学的路儿跑。明代以后，白话文的兴勃，文学上又表现了一种生机；

然而一班士大夫阶级仍在做古典应试的文学。所以我国历史上虽然有了好几次的“再生时期”交叠迭起伏，然而返老还童的目的，仍是没有达到。不过，历史演进到了现在，试观最近之数十年中国各方面的活跃，我们觉得中国并没有死亡，过去的“再生运动”也不是完全失败，并且这依旧在继续的进行。我们从历史的观点来做一个比较，更证明现在中国所感应的刺激，所增加的新血液之强大，为历来所未有，这种新刺激新血液，有促中国复活的趋向，所以现在是中国的再生时期，恐怕也就是最末一次的再生运动。因为现在关于政治改革已经大功告成，而在文学改革，社会改革，学术改革诸端也就如狂风怒潮逐波而来，在此充满了新的希望。现在分别说来：

一，政治改革：前者我国历史上的各种改革不容易求得实现，这因为思想、文学、宗教的改革不敌政治上的压抑，往往思想和文学的改革，在政治上稍稍加以压力，即将一笔勾销，好像三十年前，光绪二十四年（即1898年）广东一班领袖如梁启超、康有为所领导戊戌维新运动，全国震动，思想为之一新，那时恭亲王亦立意变法，并颁布了关于政治、军事、教育等等数百件改革案，但是，还不够三个月，顽固的慈禧太后复垂帘听政，不赞成变法，于是，将皇帝幽禁，一般维新的党人，捉的捉，杀的杀，如火如荼的改革运动，就给这一位老太太轻轻地一笔勾销，这是给一般人的一个大教训，皇帝或一班谋臣想图改革，尚且还没有成功的希望，在个人方面或是没有地位的人更因着畏缩而消减了改革的念头，倘若一不小心，给御史探悉，那么自己的身家性命，立刻不能保障；想在文学方面努力改革运动，更是没有办法，政治上的压力，立刻将加以取缔，或封报馆或停办书店，历史以来的文字狱，都是言论被钳制的结果。所以，政治的改革在再生时期，实在占着重要的地位，但自辛亥革命成功，中华民国成立，扫荡了几千年专制政治的积污，使中国开放苏生的时代，而一切的革新运动，无论是在文学上、思想上、学术上的，才能够发芽滋长。因此，如果没有了辛亥的政治改革，那么中国一切再生运动都不能成立。所以中国政体的改革，实在是一切改革的唯一条件。

其次为文学改革：大多数稍能涉猎西洋文学的，必能理解我国的文字尚不足以应付生活上的需要，我国的古文为两千年前所形成的文字，这种文字到现在来如果要读通，最少要花费一个极长的时间，倘若要能够写作，那么需要更长期的训练，可是做的文章和讲的话，毕竟又是两件事体，念着文章，普通一般人们听不懂，所以这种文字实在是一种“死的语言”，如果是用来教育儿童，或是用来宣传大众，那是毫无用处的工具，尚在专制时代，早已经有人感觉到改革的需要，可是这种改革并没有成功。

何以在过去这种文字的改革不能成功？最大的原因是当时社会环境还实行科举制度，将社会划分了两个阶级，一方面是上层阶级，有知识的、做官的；而又一方面是下层阶级的民众，拉车的、卖豆腐的、缝纫的……。这种“我”和“他”的界限划分以后，于是形成彼此的观念。但是环境是这样，如果要做人上人，你得学做八股文章，写端正的小楷，读古文；至于白话文虽然和普通言语音义相同，写语体文是一种实用的文章；可是上层阶级的知识分子，大家目为那是下等社会人们的读物，要想阅报、做官，丝毫没有帮助，因此改革的结果，遂遭失败。白话文虽然提倡，但是做八股的还是做八股。又因为，白话文为一般看不起，所以连下层阶级的劳苦民众，如果自己有了儿孙，还是要送去学做八股的文章，而白话文的改革，其结局，没有方法不归于失败的。

近十余年来，白话文的提倡，所以先从这一点下手，打破“我们”和“他们”的区分，彼此合一。我们觉得中国须有“新文学”，我们觉得白话文是“活的语言”，我们为要打破社会的歧视，所以无论是诗歌、小说、戏剧、传记，……都用白话文来写，而过去有价值的白话作品，更使在社会有机会发扬光大，无论社会的上下层，大家都对白话文发生好感，并且在生活上去应用，是这样，文学才可以改革。而近十余年以来，我们都在从事这种工作。

白话文的“白话”，和在两粤通俗所谓“白话”的意义，颇有不同，在两广说到“白话”，意思就是指“广话”而言，这里面也有一个来源的：因为在从前表演粤戏的时候，舞台上表演的人，一方面是“唱”，一方面是“白”，所谓“白”就是“道白”，“道白”都是用“广话”，这在大众听起来，“唱”的有时不会懂得，却是“道白”的，往往听得明明白白，所以“广话”又叫做“白话”，但是在白话文所谓的“白话”，其意合“普通话”（或叫官话）相同，我国全国为同一的民族，是应该有同一的语言，这就是所谓“国语”。至于凡是可称作“国语文”的，必须具有两种条件：第一是全国流行最广，大家最容易懂得的方言，第二，要有写作的形式之标准，使大众易学易教。这几乎是全世界相同的道理，好像从前欧洲西部多用拉丁文字，但到现在，意大利就用意大利的语言文字，法兰西有法语法文，英国和德国也有其国语国文。但是意大利、法兰西、英、德等国，其国语的成文，也不外上述这两个条件，即要在全国流行最广和有其写作的形式。

在中国，语言方面流行最广的就是“白话”或叫“官话”，又叫“普通话”，我们试一看丁文江和翁文灏所制的《中国语言分布图》，我们就知道“普通话”在中国流行范围的广大，从北到俄边哈尔滨，山东三省而万里长城，长江一带，南到与安南毗连的云、贵；从东边南京起到西边的四川止，我们统观中国东南西北这一个大区域，那么包括了东三省、黄河流域、长江流域（江苏一部）、云南、贵州和广西的一部，所以“普通话”流行的地方，在我国本部占百分之九十以上，各处流行的“普通话”，虽然未尝没有多少出入，但是大同小异，都可以说是“普通话”，因此用“普通话”求做“国语”的标准，已经具备了第一个资格，至于第二个资格，也就颇有把握，近五百年以来，民间流行的有唱戏的戏本或说书的曲谱，都是由“普通话”而变成写作的形式，里面有浅显的人人可懂的，好像父母子女的欢态，爱情的、诉苦的描写；有歌唱有骂语，……的表述，这些在古典的文学里是找不着，恋爱的诗歌，听了以后令到个个会动情，倘若是要用古典的文学来表达，那么值得要先下一番苦功，专心研究了二十年以后才读得到。

至于我国的方言，口中所讲的语言，能够表现写作形式的，共有三种：一是广东话即粤语，在文艺上有相当价值的写作，就是“粤讴”，二是苏州话即吴语，吴人常将口中的言语记载而成戏曲、说白和小说；三是北方官话，这种语言所产生的文学作品很多，好像《红楼梦》《三国志》《西厢记》《封神榜》等。是从三四百年以前直流传到现在，为我国社会上最通俗的小说，几乎个个都读，一提起来个个都知道，所以在写作的形式来讲当然也以普通话为最佳。

在广话和吴话的写作形式，因为有许多地方并不流行，而且在写作形式中有许多文字缺乏，不敷生活上的应用，后来自行创定，音声使与方言一致，好像“没有”粤语写作“乜”，“□□□□”粤语写作“咁”，这样自制的新字，在粤语中很多很多，不下百十个，同时在吴语也是陷于同一的情状，为使“语”与文一致，也创制了好些新字，好像“不要”吴语写作“勬”（勿旁），“不曾”，吴语写作“勫”（勿旁），诸如此类的不少，在官话中，从前“这个”的“这”字是没有的。初时大家想用“之乎者也”的者字来表示，觉得不大好，后来又想用“太阳”的“阳”字来表示，也觉得麻烦，唐宋以后，用“文”（走之旁）字来表示，到最近才演进而为“這”字。又好像，你看好不好呢的“呢”字，从前也没有的，唐宋时代，以“渐”（耳底）字代表，好不费力，后来有些人用“呢”来表示，较为轻便易写，于是就成立，沿用至今。综上所述，就可见到一字的创成，实在也不容易，而一种语言的成为国语，自然也并不是偶然的。官话的演进到了现在，所以能够流行很广，其功效也颇得力于《三国志》《西厢记》《红楼梦》……种种著名的小说，在数百年长时期深入民间的宣传。

文字的改革能够彻底，非做到全国普遍的流行和文学的内容充实不可，现在想要全国一致的以“语体文”为文学上唯一的工具，大家运用它来表达内心所蕴藏的思想、知识……，感情，除了在学校里教科书要采用它外，并且在课外方面的读物，一切文学上的材料，都用“语体文”来做标准，用它去代替了古典文学的地位，能够这样地做到了这些工作使“白话文”成为全国最通行的语言和文字。

而且这些语言文字才属诸大家所有；并且成为全国最良好的宣传和教育工具，这些应是文学革命的理论所在，文学革命的历史，在此不赘；但是，从民十一年到现在，这十二年当中，全国刻刻在施行“国语教育”，成绩也颇有可观，这次我在香港，广州各处演讲翻译，这便是一个例证。我们希望“国语文”成为全国的教育和宣传的工具，同时它也就是统一全国应该着手的初步工作，记得当我们提倡“白话文”的时候，曾引起了社会上许多的人士反对，但是一种思想、言论、主张，固然恐怕没有人们赞同，更怕没有人家反对，最怕人家不声不响地放到字纸篓去。新的文字，活的语言，在这个时代已经是非常地需要着它，所以从民国八年以来，越是反对和宣传，就是像广告一般的越是传播，唤起了全国的注意，而反时代的旧文学日渐没落，新文学的内容越渐充实，利用日增，造成了中国文学历史上的再生时期，给予社会各方面以一种复活的影响。

三为社会改革：全国在这个时期，旧社会各方面都发生了动摇，而趋向大众化的途径。最明显的因新思想的介绍，而产生了思想上的改新，一方面有十九世纪欧美的民主立宪思想，一方面有社会主义和共产主义的思想，又一方面输入了最近欧洲的独裁政治思想。在二十世纪世界思潮，从最左倾到最右倾的政治思想，中国无不应有尽有。非独思想方面如此，在经济组织方面，在社会积习方面也引起了莫大的革新，社会改革的范围很广，别的且不多讲，就是个人的容仪方面也掀起了极大的变动，由剪发，衣服改革，直到裸体运动，五花八门都像雨后春笋般的勃发，在妇女方面，如女子现在也在社会有相当的地位，可以参政，男女可以同学，有受同等教育的机会，回想提倡男女平权，男女同学到现在已经有十余年，而这种风习到现在，普及了全国。在民十六七年的时候，全国大学男女同学的仍是很少，但到现在，全国高等教育的机关，男女分校的却是寥若晨星，如今试统计全国女子大学不过是有两处，从男女授受不亲转变到现在的情状，所以实在是社会上一种极大的变革，其他，在民法和刑法上也有了改革，现在女子也可以和男子一样，有享受承继财产的权利，在婚姻方面也有了改变，结婚离婚都比较从前容易，此外，一切在社会上足以妨碍进步、不合人生的要求，违反公众福利的制度和习惯，都渐渐淘汰了许多，而现在中国社会的改革，依旧还在迈步进行着。

四为学术改革：我国在历史上，每一个朝代都有一次再生运动。试观由唐到宋，由宋到明便是很好的例证；但是每次的再生运动，都不能使中国返老还童，达到再生的时代。而欧洲十五、十六世纪的再生运动能够做到了使欧洲衰老的民族复活，因为西洋再生时期，除了政治、文学、宗教、社会，……的积极改革外，还加上了一种重要的返老还童底药针，这就是新科学的提倡和发扬。在宗教方面有德国的马丁·路德和法国的加尔文等创行新教，在科学研究方面就有哥白尼，伽利略和英国的牛顿相继的研究和发明，因为欧洲有了新科学的研究，然后其再生运动不仅限于复古，恢复从前希腊罗马时代的文物，而运用这个的新的工具，更进而谋创造新的文明，所以到了十八世纪以来，新科学昌明，生产方法改良，新工业得以加速进展，发出了世界新的光芒，造成了社会组织的新基础，而欧洲的再生运动，才得以开花结果。

学术上的改革，新科学的提倡，这实在是返老还童最强而最有效力的药针，它能加强和充实新生命的血液，可是它不容易使人得以窥见，在政治、文学、社会上的改革，往往有形式的表现，但是学术上的是潜在的，假如我们不是加以注意，那就不容易觉得！可是，在二十三年以前，我国没有一个自行研究科学的机关，也没有一间纯粹研究科学的大学，但是，到现在来，情形就是不同，各省大学及关于学术研究的机关，纷纷成立，并且从科学知识的接受更进而做创造的研究，过去我国历史上也曾有过科学的再生时期，一般读书人致力于“格物穷理”，但是因为没有科学的背景，行而不通，于是却步不前，达于学术的没落时代；但是现在的环境已经不同，我国受到了这个新刺激，一般人们已深深地明了科学的真价值，社会正需要这种新工具，大家正在努力于科学的设备和其方法的应用，所以学术上的发展，得以一日千里。在这二十余年来，我国在科学最有成绩的就是地质学，世界上如西欧各国研究地质学有了两百年的历史，我国现在以二十年的努力，竟获与世界地质学的知识并驾齐驱。在生物学方面，国内一般生物学者的拼命努力，亦已上了正轨，此外在物理、化学、医药等科学，我国皆有长足的进步，自然科学以外好像历史学、音韵学、语言学、考古学皆表现很好的成绩，虽然为时较暂，尚不如西欧的进步，但是为中国数千年来所仅见的现象。

我们看到近二三十年，中国无论政治、文学、社会、学术各方面积极改革，我们知道中国已是再生时期的来临。这个复活时代，而现在正在开始萌发，因为外在的新刺激强大，而内在的潜力膨胀，所以这个再生时期为历来所未有，最少，其前途的进展，可与欧洲的再生时期的洪流相比。

中国的再生时期，而现在是开始，将来其创造与改革，必将随洪流而膨胀增高；而我们一般中年人所能效力的时间已很短促，兹次再生运动是失败或成功，是在一般青年们如何的努力和前进！

（本文为1935年1月12日胡适在广西梧州市中山纪念堂的演讲，梁明政笔记，原载1935年1月22至25日《梧州日报》。）

治学方法

第一讲　引言

钱校长，各位先生，各位同学：

今天我感觉到很困难，因为当初我接受钱校长与刘院长的电报到台大和师院作学术讲演，我想总是在小屋子里面，只有二三十人，顶多一百人，可以有问有答；在小规模的讲堂里面，还可以有黑板写写字，这样子才可以作一种学术讲演。今天来到这么一个广场里面作学术讲演，的确是生平第一次，一定有许多话给先生们听了觉得太浅，同学们又觉得没有黑板写下来，不容易知道。我的南腔北调的官话依然咬不清楚，一定使大家很失望，所以先要道歉！

当时我收到钱校长与刘院长的电报，我想了几天，我以为他们两位另外有一封详细的信告诉我：是两个学校分开还是合起来讲？是小讲堂还是大讲堂？当时的确没有想到在广场讲演。等了两个星期，他们没有信来，我自动打电报给他们两位；我提出两个题目：在台大讲“治学方法”，在师院讲“杜威哲学”。

杜威先生是我的老师，活了九十多岁，今年才过去。我们一般学生觉得，在自由中国应该有一个机会纪念他，所以杜威哲学这个题目，是当做一个纪念性。

今天讲治学的方法，其实也是带纪念性的。我感觉到台大的故校长——傅斯年先生，他是一个最能干，最能够领导一个学校，最能够办事的人。他办过中央研究院，历史语言研究所。他也在我之先代理过北大校长一年；不是经过那一年，我简直没有办法。后来做台大校长，替台大定下很好的基础。他这个人，不但是国家的一个人，他是世界上很少见的一个多方面的天才。他的记忆力之强更是少有的。普通记忆力强的人往往不能思想；傅先生记忆力强，而且思考力非常敏锐，这种兼有记忆力与思考力的人，是世界上少见的。同时，能够做学问的人不见得能够办事，像我这样子，有时候可以在学问上做一点工作，但是碰到办事就很不行。钱校长说我当北大校长，还可以做研究的工作，不是别的，只因为我不会办事。我做校长，完全是无为而治；一切事都请院长、教务长、训导长去办，我从来不过问学校的事；自己关起门来做学问。傅先生能够做学问而又富有伟大的办事能力；像这种治学方法同办事能力合在一块，更是世界上少见的。因为傅先生同我是多年的同事，多年的朋友；同时在做学问这一条路上，我们又是多年的同志。所以我今天在台大来讲治学方法，也可以说是纪念这个伟大而可惜过去得太早的朋友。

我到台大来讲治学方法，的确是很胆怯；因为我在国内教育界服务几十年，我可以告诉台大的同学们：现在台大文史的部门，就是从前在大陆没有沦陷的时候也没有看见过有这样集中的人才；在历史、语言、考古方面，傅先生把历史语言研究所的人才都带到这里来，同台大原有的人才，和这几年来陆续从大陆来的人才连在一块，可以说是中国几十年来办大学空前的文史学风。我很希望，不但在文学院历史学系、语言学系、考古学系的同学们要了解台大文史人才的集中是大陆沦陷以前从来没有过的情形，更希望台大各院各系的同学都能够明了，都能够宝贵这个机会，不要错过这个机会。就是学医、学农、学工、学法律、学社会科学的，都可以利用这个机会来打听打听这许多文史方面领袖的人才是怎样讲学，怎样研究，怎样在学问方面做工作。我不是借这个机会替台大做义务广告，我实在觉得这样的机会是很可宝贵的，所以希望诸位能够同我一样了解台大现在在文史方面的领导地位。

我看到讲台前有许多位文史方面的老朋友们，我真是胆怯，因为我不是讲天文学、地质学、物理、化学，是在文史方面讲治学方法。在诸位先生面前讲这个题目真是班门弄斧了。

我预备讲三次：第一次讲治学方法的引论，第二次讲方法的自觉，第三次讲方法与材料的关系。

今天我想随便谈谈治学的方法。我个人的看法，无论什么科学——天文、地质、物理、化学等等——分析起来，都只有一个治学方法，就是做研究的方法。什么是做研究呢？就是说，凡是要去研究一个问题，都是因为有困难问题发生，要等我们去解决它；所以做研究的时候，不是悬空的研究。所有的学问，研究的动机和目标是一样的。研究的动机，总是因为发生困难，有一个问题，从前没有看到，现在看到了；从前觉得没有解决的必要，现在觉得有解决的必要的。凡是做学问、做研究，真正的动机都是求某种问题某种困难的解决；所以动机是困难，而目的是解决困难。这并不是我一个人的说法，凡是有做学问做研究经验的人，都承认这个说法。真正说起来，做学问就是研究；研究就是求得问题的解决。所有的学问，做研究的动机是一样的，目标是一样的，所以方法也是一样的。不但是现在如此；我们研究西方的科学思想，科学发展的历史，再看看中国二千五百年来凡是合于科学方法的种种思想家的历史，知道古今中外凡是在做学问做研究上有成绩的人，他的方法都是一样的。古今中外治学的方法是一样的。为什么是一样呢？就是因为做学问做研究的动机和目标是一样的。从一个动机到一个目标，从发现困难到解决困难，当中有一个过程，就是所谓方法。从发现困难那一天起，到解决困难为止，当中这一个过程，可能很长，也可能很短。有的时候要几十年，几百年才能够解决一个问题；有的时候只要一个钟头就可以解决一个问题。这个过程就是方法。

刚才我说方法是一样的；方法是什么呢？我曾经有许多时候，想用文字把方法做成一个公式、一个口号、一个标语，把方法扼要地说出来；但是从来没有一个满意的表现方式。现在我想起我二三十年来关于方法的文章里面，有两句话也许可以算是讲治学方法的一种很简单扼要的话。

那两句话就是："大胆的假设，小心的求证。"要大胆地提出假设，但这种假设还得想法子证明。所以小心的求证，要想法子证实假设或者否证假设，比大胆的假设还更重要。这十个字是我二三十年来见之于文字，常常在嘴里向青年朋友们说的。有的时候在我自己的班上，我总希望我的学生们能够了解。今天讲治学方法引论，可以说就是要说明什么叫做假设；什么叫做大胆的假设；怎么样证明或者否证假设。

刚才我说过，治学的方法，做研究的方法，都是基于一个困难。无论是化学、地质学、生物学、社会科学上的一个问题，都是一个困难。当困难出来的时候，本于个人的知识、学问，就不知不觉地提出假设，假定有某几种可以解决的方案。比方诸位在台湾这几年看见杂志上有讨论《红楼梦》的文章，就是所谓红学，到底《红楼梦》有什么可以研究呢？《红楼梦》发生了什么问题呢？普通人看《红楼梦》里面的人物，都是不发生问题的，但是有某些读者却感觉到《红楼梦》发生了问题：《红楼梦》究竟是什么意思？当时写贾宝玉、林黛玉这些人的故事有没有背景？有没有“微言大义”在里面？写了一部七八十万字的书来讲贾家的故事，讲一个纨绔子弟贾宝玉同许多漂亮的丫头、漂亮的姊妹亲戚们的事情；有什么意义没有？这是一个问题。怎么样解决这个问题呢？当然你有一个假设，他也有一个假设。

在二三十年前，我写《红楼梦考证》的时候，有许多关于《红楼梦》引起的问题的假设的解决方案。有一种是说《红楼梦》含有种族思想，书中的人物都是影射当时满洲的官员，林黛玉是暗指康熙时候历史上一个有名的男人；薛宝钗、王凤姐和那些丫头们都是暗指历史上的人物。还有一种假设说贾宝玉是指一个满洲宰相明珠的儿子叫做纳兰性德——他是一个了不起的天才很高的文学家——那些丫头、姐妹亲戚们都是代表宰相明珠家里的一班文人清客；把书中漂亮的小姐们如林黛玉、薛宝钗、王凤姐、史湘云等人都改装过来化女为男。我认为这是很不可能，也不需要化装变性的说法。

后来我也提出一个假设。我的假设是很平常的。《红楼梦》这本书，从头一回起，作者就说这是我的自传，是我亲自所看见的事体。我的假设就是说，《红楼梦》是作者的自传，是写他亲自看见的家庭。贾宝玉就是曹雪芹；《红楼梦》就是写曹家的历史。曹雪芹是什么人呢？他的父亲叫做曹頫，他的祖父叫做曹寅；一家三代四个人做江宁织造，做了差不多五十年。所谓宁国府、荣国府，不是别的，就是指他们祖父、父亲、两个儿子，三代四个人把持五十多年的江宁织造的故事。书中说到，“皇帝南巡的时候，我们家里接驾四次”。如果在普通人家，招待皇帝四次是可能倾家荡产的；这些事在当时是值得一吹的。所以，曹雪芹虽然将真事隐去，仍然舍不得要吹一吹。曹雪芹后来倾家荡产做了文丐，成了叫花子的时候，还是读书喝酒，跟书中的贾宝玉一样。这是一个假设；我举出来做一个例子。

要解决“《红楼梦》有什么用意”这个问题，当然就有许多假设。提出问题求解决，是很好的事情；但先要看这些假设是否能够得到证明。凡是解决一个困难的时候，一定要有证明。我们看这些假设，有的说这本书是骂满洲人的；是满洲人统治中国的时候，汉人含有民族隐痛，写出了来骂满洲人的。有的说是写一个当时的大户人家，宰相明珠家中天才儿子纳兰性德的事。有的说是写康熙一朝的政治人物。而我的假设呢？我认为这部书不是谈种族的仇恨，也不是讲康熙时候的事。都不是的！从事实上照极平常的做学问的方法，我提出一个很平常的假设，就是《红楼梦》这本书的作者在开头时说的，他是在说老实话，把他所看见的可爱的女孩子们描写出来；所以书中描写的人物可以把个性充分表现出来。方才所说的“大胆的假设”，就是这种假设。我恐怕我所提出的假设只够得上小胆的假设罢了！

凡是做学问，不特是文史方面的，都应当这样。譬如在化学实验室做定性分析，先是给你一盒东西，对于这盒东西你先要做几个假设，假设某种颜色的东西是什么，然后再到火上烧烧看看，试验管发生了什么变化：这都是问题。这与《红楼梦》的解释一样的有问题；做学问的方法是一样的。我们的经验，我们的学问，是给我们一点知识以供我们提出各种假设的。所以“大胆的假设”就是人人可以提出的假设。因为人人的学问、人人的知识不同，我们当然要容许他们提出各种各样的假设。一切知识、一切学问是干什么用的呢？为什么你们在学校的这几年中有许多必修与选修的学科？都是给你们用，就是使你在某种问题发生的时候，脑背后就这边涌上一个假设，那边涌上一个假设。做学问、上课，一切求知识的事情，一切经验——从小到现在的经验，所有学校里的功课与课外的学问，为的都是供给你种种假设的来源，使你在问题发生时有假设的材料。如果遇上一个问题，手足无措，那就是学问、知识、经验，不能应用，所以看到一个问题发生，就没有法子解决。这就是学问知识里面不能够供给你一些活的材料，以为你做解决问题的假设之用。

单是假设是不够的，因为假设可以有许多。譬如《红楼梦》这一部小说，就引起了这么多假设。所以第二步就是我所谓“小心的求证”。在真正求证之先，假设一定要仔细选择选择。这许多假设，就是假定的解决方法，看哪一个假定的解决方法是比较近情理一点，比较可以帮助我们解决那个开始发生的那个困难问题。譬如《红楼梦》是讲的什么？有什么意思没有？有这么多的假定的解释来了，在挑选的时候先要看哪一个假定的解释比较能帮助你解决问题，然后说：对于这一个问题，我认为我的假设是比较能够满意解决的。譬如我的关于《红楼梦》的假设，曹雪芹写的是曹家的传记，是曹雪芹所看见的事实。贾母就是曹母，贾母以下的丫头们也都是他所看见的真实人物，当然名字是改了，姓也改了。但是我提出这一个假设，就是说《红楼梦》是曹雪芹的自传，最要紧的是要求证。我能够证实它，我的假设才站得住；不能证实，它就站不住。求证就是要看你自己所提出的事实是不是可以帮助你解决那个问题。要知道《红楼梦》在讲什么，就要做《红楼梦》的考证。现在我可以跟诸位做一个坦白的自白。我在做《红楼梦》考证那三十年中，曾经写了十几篇关于小说的考证，如《水浒传》《儒林外史》《三国演义》《西游记》《老残游记》《三侠五义》等书的考证。而我费了最大力量的，是一部讲怕老婆的故事的书，叫做《醒世姻缘》，约有一百万字。我整整花了五年工夫，做了五万字的考证。也许有人要问，胡适这个人是不是发了疯呢？天下可做学问很多，而且是学农的，为什么不做一点物理化学有关科学方面的学问呢？为什么花多年的工夫来考证《红楼梦》《醒世姻缘》呢？我现在做一个坦白的自白，就是：我想用偷关漏税的方法来提倡一种科学的治学方法。我所有的小说考证，都是用人人都知道的材料，用偷关漏税的方法，来讲做学问的方法的。譬如讲《红楼梦》，至少我对于研究《红楼梦》问题，我对它的态度的谨严，自己批评的严格，方法的自觉，同我考据研究《水经注》是一样的。我对于小说材料，看做同化学问题的药品材料一样，都是材料。我拿《水浒传》《醒世姻缘》《水经注》等书做学问的材料。拿一种人人都知道的材料用偷关漏税的方法，要人家不自觉的养成一种“大胆的假设，小心的求证”的方法。

假设是人人可以提的。譬如有人提出骇人听闻的假设也无妨。假设是愈大胆愈好。但是提出一个假设，要想法子证实它。因此我们有了大胆的假设以后，还不要忘了小心的求证。比如我考证《红楼梦》的时候，我得到许多朋友的帮助，我找到许多材料。我已经印出的本子，是已经改了多少次的本子。我先要考出曹雪芹于《红楼梦》以外有没有其他著作？他的朋友和同他同时代的人有没有什么关于他的著作？他的父亲、叔父们有没有什么关于他的记载？关于他一家四代五个人，尤其是关于他的祖父曹寅，有多少材料可以知道他那时候的地位？家里有多少钱？多么阔？是不是真正能够招待皇帝到四次？我把这些有关的证据都想法找了来，加以详密的分析，结果才得到一个比较认为满意的假设，认定曹雪芹写《红楼梦》，并不是什么微言大义；只是一部平淡无奇的自传——曹家的历史。我得到这一家四代五个人的历史，就可以帮助说明。当然，我的假设并不是说就完全正确；但至少可以在这里证明“小心求证”这个功夫是很重要的。

现在我再举一个例来说明。方才我说的先是发生问题，然后是解决问题。要真正证明一个东西，才做研究。要假设一个比较最能满意的假设，来解决当初引起的问题。譬如方才说的《红楼梦》，是比较复杂的。但是我认为经过这一番的研究，经过这一番材料的收集，经过这一番把普通人不知道的材料用有系统的方法来表现出来，叙述出来，我认为我这个假设在许多假设当中，比较最能满意的解答"《红楼梦》说的是什么？有什么意思？"

方才我提到一部小说，恐怕是诸位没有看过的，叫做《醒世姻缘》，差不多有一百万字，比《红楼梦》还长，可以说是中国旧小说中最长的。这部书讲一个怕老婆的故事。他讨了一个最可怕的太太。这位太太用种种方法打丈夫的父母朋友。她对于丈夫，甚至于一看见就生气；不但是打，有一次用熨斗里的红炭从她丈夫的官服圆领口倒了进去，几乎把他烧死；有一次用洗衣的棒槌打了他六百下，也几乎打死他。把这样一个怕老婆的故事叙述了一百万字以上，结果还是没有办法解脱。为什么呢？说这是前世的姻缘。书中一小半，差不多有五分之一是写前世的事。后半部是讲第二世的故事。在前世被虐待的人，是这世的虐待者。婚姻问题是前世的姻缘，是没有法子解脱的。想解脱也解脱不了。结果只能念经做好事。在现代摩登时代的眼光看，这是一个很迷信的故事。但是这部书是了不得的。用一种山东淄川的土话描写当时的人物是有一种诙谐的风趣的；描写荒年的情形更是历历如绘。这可以说是世界上一部伟大的小说。我就提倡把这部书用新的标点符号标点出来，同书局商量翻印。写这本书的人是匿名，叫西周生。西周生究竟是什么人呢？于是我做了一个大胆的假设，这个假设可以说是大胆的。（方才说的，我对于《红楼梦》的假设，可以说是小胆的假设。）我认为这部书就是《聊斋志异》的作者蒲松龄写的。我这个假设有什么证据呢？为什么引起我做这种假设呢？这个假设从哪里来的呢？平常的经验、知识、学问，都是给我们假设用的。我的证据是在《聊斋志异》上一篇题名《江城》的小说。这个故事的内容结构与《醒世姻缘》一样。不过《江城》是一个文言的短篇小说；《醒世姻缘》是白话的长篇小说。《醒世姻缘》所描写的男主角所以怕老婆，是因为他前世曾经杀过一个仙狐，下一世仙狐就转变为一个女人做他的太太，变得很凶狠可怕。《聊斋志异》里面的短篇《江城》所描写的，也是因为男主角杀过一个长生鼠，长生鼠也就转世变为女人来做他的太太，以报复前世的冤仇。这两个故事的结构太一样了，又同时出在山东淄川，所以我就假设西周生就是蒲松龄。我又用语言学的方法，把书里面许多方言找出来。运气很好，正巧那几年国内发现了蒲松龄的几部白话戏曲，尤其是长篇的戏曲，当中有一篇是将《江城》的故事编成为白话戏曲的。我将这部戏曲里的方言找出来，和《醒世姻缘》里面的方言详细比较，有许多特别的字集成为一个字典，最后就证明《醒世姻缘》和《江城》的白话戏曲的作者是同一个小区域里的人。再用别的方法来证明那个时代的荒年；后来从历史的记载里得到同样的结论。考证完了以后，就有书店来商量印行，并排好了版。我因为想更确实一点，要书局等一等；一等就等了五年。到了第五年才印出来。当时傅先生很高兴——因为他是作者的同乡，都是山东人。我举这一个例，就是说明要大胆的假设，而单只假设还是不够的。后来我有一个在广西桂县的学生来了封信，告诉我说，这个话不但你说，从前已经有人说过了。乾隆时代的鲍廷博，他说留仙（蒲松龄）除了《聊斋志异》以外，还有一部《醒世姻缘》。因鲍廷博是刻书的，曾刻行《聊斋志异》。他说的话值得注意。我经过几年的间接证明，现在至少有个直接的方法帮助我证明了。

我所以举这些例，把这些小说当成待解决的问题看，目的不过是要拿这些人人都知道的材料，来灌输介绍一种做学问的方法。这个方法的要点，就是方才我说的两句话："大胆的假设，小心的求证。"如果一个有知识有学问有经验的人遇到一个问题，当然要提出假设，假定的解决方法。最要紧的是还要经过一番小心的证实，或者否证它。如果你认为证据不充分，就宁肯悬而不决，不去下判断，再去找材料。所以小心的求证很重要。

时间很短促，最后我要引用台大故校长傅先生的一句口号，来结束这次讲演。他这句口号是在民国十七年开办历史语言研究所时的两句名言，就是"上穷碧落下黄泉，动手动脚找东西"。这两句话前一句是白居易《长恨歌》中的一句，后一句是傅先生加上的。今天傅校长已经去世，可是今天在座的教授李济之先生却还大为宣传这个口号，可见这的确是我们治学的人应该注意的。假设人人能提，最要紧的是能小心的求证；为了要小心的求证，就必须："上穷碧落下黄泉，动手动脚找东西。"今天讲得很浅近，尤其是在座有许多位文史系平常我最佩服的教授，还请他们多多指教。

（本文为1952年12月1日胡适在台湾大学的演讲，原载1952年12月2日台北《中央日报》《新生报》。）

第二讲　方法的自觉

钱校长，各位先生，各位同学：

上次我在台大讲治学方法的引论，意思说我们须把科学的方法——尤其是科学实验室的态度——应用到文史和社会科学方面。治学没有什么秘诀；有的话，就是："思想和研究都得要注重证据。"所以我上次提出"大胆的假设，小心的求证"。两句话作为治学的方法，后来钱校长对我说：学理、工、农、医的人应该注重在上一句话"大胆的假设"，因为他们都已比较的养成了一种小心求证的态度和习惯了；至于学文史科学和社会科学的人，应该特别注重下一句话"小心的求证"，因为他们没有养成求证的习惯。钱校长以为这两句话应该有一种轻重的区别：这个意思，我大体赞成。

今天我讲治学方法第二讲：方法的自觉。单说方法是不够的；文史科学和社会科学的错误，往往由于方法的不自觉。方法的自觉，就是方法的批评；自己批评自己，自己检讨自己，发现自己的错误。纠正自己的错误。做科学实验室工作的人，比较没有危险，因为他随时随地都有实验的结果可以纠正自己的错误。他假设在某种条件之下应该产生某种结果；如果某种条件具备而不产生某种结果，这就是假设的错误。他便毫不犹豫的检讨错误在什么地方，重新修正。所以他可以随时随地地检讨自己、批评自己、修正自己，这就是自觉。

但我对钱校长说的话也有一点修正。做自然科学的人，做应用科学的人，学理、工、农、医的人，虽然养成了科学实验的态度，但是他们也还是人，并不完全是超人，所以也不免有人类通有的错误。他们穿上了实验室的衣服，拿上了试验管、天平、显微镜，做科学实验的时候，的确是很严格的。但是出了实验室，他们穿上了礼拜堂的衣服，就完全换了一个态度；这个时候，他们就不一定能够保持实验室的"大胆的假设，小心的求证"的态度。一个科学家穿上礼拜的衣服，方法放假了，思想也放假了；这是很平常的事。我们以科学史上很有名的英国物理学家洛奇先生（Sir Oliver Lodge）为例。他在物理学上占很高的地位；当他讨论到宗教信仰问题的时候，就完全把科学的一套丢了。大家都知道他很相信鬼。他谈到鬼的时候，就把科学实验室的态度和方法完全搁开。他要同鬼说话、同鬼见面。他的方法不严格了，思想也放假了。

真正能够在实验室里注重小心求证的方法，而出了实验室还能够把实验室的态度应用到社会问题、人生问题、道德问题、宗教问题的——这种人很少。今天我特别要引一个人的话作我讲演的材料：这人便是赫胥黎（T. H. Huxley）。他和达尔文二人，常常能够保持实验室的态度，严格的把这个方法与态度应用到人生问题和思想信仰上去。1860 年，赫胥黎最爱的一个儿子死了，他有一个朋友，是英国社会上很有地位的文学家、社会研究家和宗教家，名叫金司莱（Charles Kinsley）。他写了一封信安慰赫胥黎，趁这个机会说："你在最悲痛的时候，应该思想人生的归宿问题吧！应该想想人死了还有灵魂，灵魂是不朽的吧！你总希望你的儿子，不是这么死了就了了。你在最哀痛的时候，应该考虑考虑灵魂不朽的问题啊！"因为金司莱的地位很高，人格是很可敬的，所以赫胥黎也很诚恳地写了一封长信答复他。这信里面有几句话，值得我引来作讲方法自觉的材料。他说："灵魂不朽这个说法，我并不否认，也不承认，因为我找不出充分的证据来接受它。我平常在科学室里的时候，我要相信别的学说，总得要有证据。假使你金司莱先生能够给我充分的证据，同样力量的证据，那么，我也可以相信灵魂不朽这个说法。但是，我的年纪越大，越感到人生最神圣的一件举动，就是口里说出和心里觉得'我相信某件事物是真的'；我认为说这一句话是人生最神圣的一件举动，人生最大的报酬和最大的惩罚都跟着这个神圣的举动而来的。"赫胥黎是解剖学专家。他又说："假如我在实验室做解剖、做生理学试验的时候，遇到一个小小的困难，我必须要严格的不信任一切没有充分证据的东西，我的工作才可以成功。我对于解剖学或者生理学上小小的困难尚且如此；那么，我对人生的归宿问题，灵魂不朽问题，难道可以放弃我平常的立场和方法吗?"我在好几篇文章里面常常引到这几句话。今天摘出来作为说方法自觉的材料。赫胥黎从嘴里说出，心里觉得"我相信某件事物是真的"这件事，看作人生最神圣的一种举动。无论是在科学上的小困难，或者是人生上的大问题，都得要严格的不信任一切没有充分证据的东西：这就是科学的态度，也就是做学问的基本态度。

在文史方面和社会科学方面的研究，还没有能够做到这样严格。我们以美国今年的大选同四年前的大选来做说明。1948 年美国大选有许多民意测验研究所，单是波士顿一个地方就有七个民意测验研究所。他们用社会科学家认为最科学的方法来测验民意。他们说：杜鲁门一定失败，杜威一定成功。到了选举的时候，杜鲁门拿到总投票百分之五十点四，获得了胜利。被社会科学家认为最科学、最精密的测验方法，竟告不灵；弄得民意测验研究所的人，大家面红耳赤，简直不敢见人，几乎把方法的基础都毁掉了。许多研究社会科学、自然科学、统计学的朋友说，不要因为失败，就否认方法；这并不是方法错了，是用方法的人不小心，缺乏自觉的批评和自觉的检讨。今年美国大选，所有民意测验机构都不敢预言谁能得胜了；除了我们平时不挂“民意测验”“科学方法”招牌的人随便谈的时候还敢说“我相信艾森豪会得胜”外，连报纸专栏作家和社论专家都不敢预言，都说今年大选很不容易推测。结果，艾森豪获得了百分之五十五的空前多数。为什么他们的测验含有这样的错误呢？他们是向每一个区域，每一类有投票权的人征询意见，把所得到的结果发表出来，比方今年，有百分之四十九的人赞成共和党艾森豪，百分之四十七赞成民主党史蒂文生，还有百分之四没有意见，1948 年的选举，百分之五十点四便可以胜利——其实百分之五十点一就够了，百分之五十点零零一也可以胜利。所以这百分之四没有表示意见的人，关系很大。在投票之前，他们不表示意见，当投票的时候，就得表示意见了。到了这个时候，不说百分之一，就是千分之一也可以影响全局。没有计算到这里面的变化，就容易错误了。以社会科学最精密的统计方法，尚且有漏洞，那么，在文史的科学上面，除了考古学用实物做证据以及很严格的历史研究之外，普通没有受过科学洗礼的人，没有严格的自己批评自己的人，便往往把方法看得太不严格，用得太松懈了。

有一个我平常最不喜欢举的例子，今天我要举出来简单地说一说。社会上常常笑我，报纸上常常挖苦我的题目。就是《水经注》的案子。为什么我发了疯，花了五年多的工夫去研究《水经注》这个问题呢？我得声明，我不是研究《水经注》本身。我是重审一百多年的《水经注》的案子。我花五年的工夫来审这件案子，因为一百多年来，有许多有名的学者，如山西的张穆，湖南的魏源，湖北的杨守敬和作了许多地理学说为现代学者所最佩服的浙江王国维以及江苏的孟森：他们都说我所最佩服的十八世纪享有盛名的考古学者、我的老乡戴震（东原）先生是个贼，都说他的《水经注》的工作是偷了宁波全祖望、杭州赵一清两个人的《水经注》的工作的。说人家作贼，是一件大事，是很严重的一件刑事控诉。假如我的老乡还活着的话，他一定要提出反驳，替自己辩白。但是他是1777年死的，到现在已经死了一七五年，骨头都烂掉了，没有法子再跑回来替自己辩护。而这一班大学者，用大学者的威权，你提出一些证据，他提出一些证据，一百多年来不断地提出证据——其实都不是靠得住的证据——后来积非成是，就把我这位老乡压倒了，还加上很大的罪名，说他做贼，说他偷人家的书来作自己的书。一般读书的人，都被他们的大名吓倒了，都相信他们的“考据”，也就认为戴震偷人的书，已成定论，无可疑了。我在九年前，偶然有一点闲工夫，想到这一位老乡是我平常所最佩服的，难道他是贼吗？我就花了六个月的时间，把他们几个人提出的一大堆证据拿来审查，提出了初步的报告。后来觉得这个案子很复杂，材料太多，应该再审查。一审就审了五年多，才把这案子弄明白；才知道这一百多年的许多有名的学者，原来都是糊涂的考证学者。他们太懒，不肯多花时间，只是关起大门考证；随便找几条不是证据的证据，判决一个死人作贼；因此构成了一百多年来一个大大的冤狱！

我写了一篇关于这个案子的文章，登在美国国会图书馆的刊物上。英美法系的证据法，凡是原告或检察官提出来的证据，经过律师的辩论，法官的审判，证据不能成立的时候，就可以宣告被告无罪。照这个标准，我只要把原告提出来的证据驳倒，我的老乡戴震先生就可以宣告无罪了，但是当我拿起笔来要写中文的判决书，就感觉困难。我还得提出证据来证明戴震先生的确没有偷人家的书，没有做贼。到这个时候，我才感觉到英美法系的证据法的标准，同我们东方国家的标准不同。于是我不但要作考据，还得研究证据法。我请教了好几位法官：中国证据法的原则是什么？他们告诉我：中国证据法的原则只有四个字，就是“自由心证”。这样一来，我证明原告的证据不能成立，还不够，还得要做侦探，到处搜集证据；搜了五年，才证明我的老乡的确没有看见全祖望、赵一清的《水经注》。没有机会看见这些书，当然不会偷了这些书，也就没有做贼了。

我花了五年的工夫得着这个结论；我对于这个案件的判决书就写出来了。这虽然不能当做专门学问看，至少也可以作为文史考证的方法。我所以要做这个工作，并不是专替老乡打抱不平，替他做律师，做侦探。我上次说过，我借着小说的考证，来解说治学的方法。同样的，我也是借《水经注》一百多年的糊涂官司，指出考证的方法。如果没有自觉的批评、检讨、修正，那就很危险。根据五年研究《水经注》这件案子的经验，我认为作文史考据的人，不但要时时刻刻批评人家的方法，还要批评自己的方法，不但要调查人家的证据，还得要调查自己的证据。五年的审判经验，给了我一个教训。为什么这些有名的考证学者会有这么大的错误呢？为什么他们会冤枉一位死了多年的大学者呢？我的答案就是：这些做文史考据的人，没有自觉的方法。刚才说过，自觉就是自己批评自己、自己检讨自己、自己修正自己，这是最重要的一点。在文史科学、社会科学方面，我们不但要小心的求证，还得要批评证据。自然科学家就不会有这种毛病；因为他们在实验室的方法就是一种自觉的方法。所谓实验，就是用人工造出证据来证明一个学说、理论、思想、假设。比方天然界的水，不能自然的分成氢气和氧气。化学家在做实验的时候，可以用人工把水分成氢气和氧气各为若干成分。天然界不存在的东西，看不见的现状，科学家在实验室里面用人工的方法使他们产生出来。以证明某种假设：这就是所谓实验。文史科学，社会科学没有法子创造证据。我们的证据全靠前人留下来的；留在什么地方，我们就到什么地方去找。不能说找不到便由自己创造一个证据出来。如果那样，就是伪证，是不合法的。

我们既然不能像自然科学家一样，用实验的方法来创造证据，那么，怎么办呢？除了考古学家还可以从地下发掘证据以外，一般文史考证，只好在这本书里头去发现一条、在那本书里面去发现一条，来作为考证的证据。但是自己发现的证据，往往缺乏自己检讨自己的方法。怎么样才可以养成方法的自觉呢？今天我要提出一个答案；这个答案是我多年以来常常同朋友们谈过，有时候也见诸文字的。中国的考证学，所谓文史方面的考证，是怎么来的呢？我们的文史考证同西方不一样。西方是先有了自然科学。自然科学的方法已经应用了很久，并且已经演进到很严格的地步了，然后才把它应用到人文科学方面；所以他们所用的方法比较好些。我们的考证学已经发达了一千年，至少也有九百年，或者七百年的历史了。从宋朝朱子（殁于西历一千二百年）以来，我们就已经有了所谓穷理、格物、致知的学问，却没有自然科学的方法。人家西方是从自然科学开始；我们是从人文科学开始。我们从朱子考证《尚书》《诗经》等以来，就已经开了考证学的风气；但是他们怎么样得到考据的方法呢？他们所用的考证、考据这些名词，都是法律上的名词。中国的考据学的方法，都是过去读书人做了小官，在判决官司的时候得来的。在唐宋时代，一个中了进士的人，必须先放出去做县尉等小官。他们的任务就是帮助知县审判案子，以训练判案的能力。于是，一般聪明的人，在做了亲民的小官之后，就随时诚诚恳恳地去审判人民的诉讼案件；久而久之，就从判案当中获得了一种考证、考据的经验。考证学就是这样出来的。我们讲到考证学，讲到方法的自觉，我提议我们应参考现代国家法庭的证据法（Law of Evidence）。在西方证据法发达的国家，尤其是英美，他们的法庭中，都采用陪审制度，审案的时候，由十二个老百姓组成陪审团，听取两造律师的辩论。在陪审制度下，两造律师都要提出证人证物；彼此有权驳斥对方的证人证物。驳来驳去，许多证人证物都因此不能成立，或者减少了作证的力量。同时因为要顾到驳斥的关系，许多假的，不正确的和不相干的证据，都不能提出来了。陪审员听取两造的辩驳之后，开会判断谁有罪，谁无罪。然后法官根据陪审员的判断来定罪。譬如你说某人偷了你的表，你一定要拿出证据来。假如你说因为昨天晚上某人打了他的老婆，所以证明他偷了你的表；这个证明就不能成立。因为打老婆与偷表并没有关系。你要把这个证据提出来打官司，法官就不会让你提出来。就是提出来也没有力量。就算你修辞很好，讲得天花乱坠，也是没有用的。因为不相干的证据不算是证据。陪审制度容许两造律师各驳斥对方的证据，所以才有今天这样发达的证据法。

我们的考据学，原来是那些早年做小官的人，从审判诉讼案件的经验中学来的一种证据法。我今天的提议，就是我们作文史考据的人，用考据学的方法，以证据来考订过去的历史的事实，以证据来批判一件事实的有无、是非、真假。我们考证的责任，应该同陪审员或者法官判决一个罪人一样，有同等的严重性。我们要使得方法自觉，就应该运用证据法上允许两造驳斥对方所提证据的方法，来作为我们养成方法自觉的一种训练。如果我们关起门来做考据，判决这个人做贼，那个人是汉奸，是贪官污吏，完全用自己的判断来决定天下古今的是非、真伪、有无；在我们的对面又没有律师来驳斥我们：这样子是不行的。我们要假定有一个律师在那里，他随时要驳斥我们的证据，批评我们的证据是否可靠。要是没有一个律师在我们的面前，我们的方法就不容易自觉，态度也往往不够谨慎，所得的结论也就不够正确了。所以，我们要养成自觉的习惯，必须树立两个自己审查自己的标准：

第一，我们要问自己：你提出的这个证人可靠吗？他有做证人的资格吗？你提出来的证物可靠吗？这件证物是从哪里来的？这个标准是批评证据。

第二，我们还要问自己：你提出的这个证人或者证物是要证明本案的哪一点？譬如你说这个人偷了你的表，你提的证据却是他昨天晚上打老婆；这是不相干的证据，这不能证明他偷了你的表。像这种证据，须要赶出法庭之外去。

要做到方法的自觉，我觉得唯一的途径，就是自己关起门来做考据的时候，就要如临师保，如临父母。我们至少要做到上面所提的两个标准：一要审查自己的证据可靠不可靠；二要审查自己的证据与本案有没有相干。还要假定对方有一个律师在那里，随时要驳斥或者推翻我们的证据。如果能够做到这样，也许可以养成我开始所讲的那个态度，就是要严格的不信任一切没有充分证据的东西，这就是我的提议。

最后，我要简单说一句话：要时时刻刻自己检讨自己，以养成做学问的良好习惯。台大的钱校长和许多研究自然科学，历史科学的人可以替我证明：科学方法论的归纳法、演绎法，教你如何归纳、如何演绎，并不是养成实验室的态度。实验室的态度，是天天在那里严格地自己检讨自己，创造证据来检讨自己；在某种环境之下，逼得你不能不养成某种好习惯。

刚才我说的英国大科学家洛奇先生，在实验室是严格的，出了实验室就不严格了。大科学家尚且如此！所以我们要注意，时时刻刻保持这种良好的习惯。

科学方法是怎么得来的呢？一个人有好的天资、好的家庭、好的学校、好的先生，在极好的环境当中，就可以养成了某种好的治学的习惯，也可以说是养成了好的做人的习惯。

比方明朝万历年间福建陈第先生，用科学方法研究中国的古音，证明衣服的“服”字古音读“逼”。他从古书里面，举出二十个证据来证明。过了几十年，江苏昆山的一个大思想家，也是大考据家——顾亭林先生，也作同样的考证；他举出一百六十二个证据来证明“服”字古音“逼”。那个时候，并没有归纳法、演绎法，但是他们从小养成了某种做学问的好习惯。所以，我们要养成方法的自觉，最好是如临师保，如临父母，假设对方有律师在打击我，否认我所提出的一切证据。这样就能养成良好的习惯。

宋人笔记中记一个少年的进士问同乡老前辈：“做官有什么秘诀？”那个老前辈是个参政（副宰相），约略等于现在行政院的副院长，回答道：“做官要勤、谨、和、缓。”后人称为“做官四字诀”。我在小孩子的时候，就听到这个故事；当时没有注意。从前我们讲治学方法，讲归纳法、演绎法；后来年纪老一点了，才晓得做学问有成绩没有，并不在于读了“逻辑学”没有，而在于有没有养成“勤、谨、和、缓”的良好习惯。这四个字不但是做官的秘诀，也是良好的治学习惯。现在我把这四个字分别说明，作为今天讲演的结论。

第一，勤。勤是不躲懒，不偷懒。我上次在台大讲演，提到台大前校长傅斯年先生两句口号：“上穷碧落下黄泉，动手动脚找东西。”那就是勤。顾亭林先生的证明“服”字古音是“逼”，找出一百六十二个证据，也是勤。我花了几年的工夫来考据《醒世姻缘》的作者；又为“审判”《水经注》的案子，上天下地去找材料。花了五年多的工夫：这都是不敢躲懒的意思。

第二，谨。谨是不苟且、不潦草、不拆滥污。谨也可以说是恭敬的“敬”。夫子说“执事敬”，就是教人做一件事要郑重的去做，不可以苟且，他又说“出门如见大宾，使民如承大祭”，都是敬事的意思。一点一滴都不苟且，一字一笔都不放过，就是谨。谨，就是“小心求证”的“小心”两个字。

刚才我引了赫胥黎的两句话：“人生最神圣的一件举动就是嘴里说出，心里觉得‘我相信某件事物是真的，’”。判断某人做贼，某人卖国，要以神圣的态度作出来；嘴里说这句话，心里觉得“相信是真的”。这真是要用孔夫子所谓“如见大宾，如承大祭”的态度的。所以，谨就是把事情看得严重、神圣，就是谨慎。

第三，和。和是虚心，不武断，不固执成见，不动火气。做考据，尤其是用证据来判断古今事实的真伪、有无、是非，不能动火气。不但不正当的火气不能动，就是正义的火气也动不得。做学问要和平、虚心，动了肝火，是非就看不清楚。赫胥黎说：“科学好像教训我们：你最好站在事实的面前，像一个小孩子一样；要愿意抛弃一切先入的成见，要谦虚的跟着事实走，不管它带你到什么危险的境地去。”这就是和。

第四，缓。宋人笔记：当那位参政提出“缓”字的时候，那些性急的人就抗议说缓要不得；不能缓。缓，是很要紧的。就是叫你不着急，不要轻易发表，不要轻易下结论；就是说“凉凉去吧！搁一搁、歇一歇吧！”凡是证据不充分或不满意的时候，姑且悬而不断；悬一年两年都可以。悬并不是不管，而是去找新材料。等找到更好的证据的时候，再来审判这个案子。这是最重要的一点。许多问题，在证据不充分的时候，绝对不可以下判断。达尔文有了生物进化的假设以后，搜集证据，反复实验，花了二十年的工夫，还以为自己的结论没有到了完善的地步，而不肯发表。他同朋友通信，曾讨论到生物的演化是从微细的变异积聚起来的，但是总不肯正式发表。后来到了 1858 年，另外一位科学家华立氏（Wallace）也得到了同样的结论，写了一篇文章寄给达尔文；要达尔文代为提出。达尔文不愿自己抢先发表而减低华立氏发现的功绩，遂把全盘事情交两位朋友处理。后来这两位朋友决定，把华立氏的文章以及达尔文在 1857 年写给朋友的信和在 1844 年所作理论的撮要同时于 1858 年 7 月 1 日发表。达尔文这样谦让，固然是盛德，但最重要的是他给了我们一个“缓”的例子。他的生物进化论，因为自己觉得证据还没有十分充足，从开始想到以后，经过二十年还不肯发表：这就是缓。我以为缓字很重要。如果不能缓，也就不肯谨，不肯勤，不肯和了。

我今天讲的都是平淡无奇的话。最重要的意思是：做学问要能够养成“勤、谨、和、缓”的好习惯；有了好习惯，当然就有好的方法，好的结果。

（本文为 1952 年 12 月 5 日胡适在台湾大学的演讲，原载 1952 年 12 月 6 日台北《中央日报》《新生报》。）

第三讲　方法与材料

钱校长，各位先生，各位同学：

在三百多年以前，英国有一位哲学家叫做培根（Francis Bacon）。他可以说是鼓吹方法论革命的人。他有一个很有趣的譬喻：他将做学问的人运用材料比做三种动物。第一种人好比蜘蛛。他的材料不是从外面找来，而是从肚里面吐出来的。他用他自己无穷无尽的丝做成很多很好看的蜘蛛网。这种人叫做蜘蛛式的做学问的人。第二种人好比蚂蚁。他也找材料，但是找得了材料不会用，而堆积起来；好比蚂蚁遇到什么东西就背回洞里藏起来过冬，但是他不能够自己用这种材料做一番制造的工夫。这种做学问的人叫做蚂蚁式的学问家。第三种人可宝贵了，他们好比蜜蜂。蜜蜂飞出去到有花的地方，采取百花的精华；采了回来，自己又加上一番制造的工夫，成了蜜糖。培根说，这是做学问人的最好的模范——蜜蜂式的学问家。我觉得这个意思，很可以作为我今天讲“方法与材料”的说明。

在民国十七年（西历1928年），台大前任校长傅斯年先生同我两个人在同一年差不多同时发表了两篇文章。他那时候并没有看见我的文章，我也没有看见他的文章。事后大家看见了，都很感兴趣，因为都是同样的注重在方法与材料的关系，傅先生那篇文章题目是《中央研究院历史语言研究所工作旨趣》，我那篇文章题目是《治学的方法与材料》，那是特别提倡扩大研究的材料的范围，寻求书本以外的新材料。

民国十五年，我第一次到欧洲，是为了去参加英国对庚子赔款问题的一个会议。不过那时候我还有一个副作用（我自己认为是主要的作用），就是我要去看看伦敦、巴黎两处所藏的史坦因（Stein）、伯希和（Pelliot）两位先生在中国甘肃省敦煌所偷去的敦煌石室材料。诸位想都听见过敦煌材料的故事；那是最近五十多年来新材料发现的一个大的来源。

在敦煌有一个地方叫千佛洞，是许多山洞。在这些山洞里面造成了许多庙，可以说是中古时期的庙。其中有一个庙里面有一个藏书楼——书库，原来是藏佛经的书库，就是后来报上常提起的“敦煌石室”。在这个书库里面藏有许多卷子——从前没有现在这样的书册，所有的书都是卷子。每一轴卷子都是把许多张纸用一种很妙的黏法连起来的。很妙的粘法！经过一千多年都不脱节，不腐蚀。这里面大概有一万多中国中古时代所写的卷子。有许多卷子曾由当时抄写的人写下了年月。照所记的年代看起来，早晚相去约为六百年的长时期。我们可以说石室里面所藏的都是由五世纪初到十一世纪时的宝贝。这里面除了中国文字的经以外，还有一些少数的外国文字的材料。敦煌是在沙漠地带，从前叫做沙洲，地方干燥，所以纸写的材料在书库里面经过了一千多年没有损坏。但是怎样能保存这么久没有被人偷去抢去呢？大概到了十一世纪的时候，敦煌有一个变乱，敦煌千佛洞的和尚都逃了。在逃走之前，把石室书库外面的门封起来。并且在上面画了一层壁画，所以不留心的人不知道壁画里面是门，门里面有书库，书库里面有一万多卷的宝贝。变乱经过很长的时期。平静了以后，千佛洞的和尚死的死了，老的老了，把书库这件事也忘了。这样便经过一个从十一世纪到十九世纪末年的长时期。到清末光绪庚子年，那时候中国的佛教已经衰败，敦煌千佛洞里面和尚没有了，住上了一个老道。叫王老道。有一天他要重整庙宇，到处打扫打扫；扫到石室前面，看到壁画后面好像有一个门；他就把门敲开，发现里面是一大堆佛经。这一个王老道是没有知识的，发现了这一大堆佛经后，就告诉人说那是可以治病的。头痛的病人向他求医，他就把佛经撕下一些来烧了灰，给病人吞下，说是可以治头痛。王老道因此倒发了一笔小财。到了西历1907年，英国探险家史坦因在印度组织了一个中亚细亚探险队，路过甘肃，听到了古经治病的传说，他就跑到千佛洞与王老道嘀咕嘀咕勾搭上了。只花了七十两银子，向王老道装了一大车的宝贝材料回到英国去。这一部分在英国伦敦大英博物馆内存着。史坦因不懂得中国文字，所以他没有挑选，只装了一大车走了。到了第二年——西历1908年——，法国汉学家，一个了不得的东方学家，伯希和，他听说这回事，就到了中国，跑到王老道那里，也和王老道嘀咕嘀咕，没有记载说他花了多少钱，不过王老道很佩服他能够看得懂佛经上的中外文字，于是就让他拿。但是伯希和算盘很精，他要挑选；王老道就让他挑。所以他搬去的东西虽然少一点，但是还是最精萃的。伯希和挑了一些有年月材料以及一些外文的材料，和许多不认识的梵文的经典，后来就从这些东西里面，发现很重要的中文以外的中亚细亚的文字。这一部分东西，现藏在法国国家图书馆。这是第二部分。伯希和很天真，他从甘肃路过北京时，把在敦煌所得材料，向中国学者请教。中国的学者知道这件事，就报告政府。那时候的学部——教育部的前身——，并没有禁止，任伯希和把他所得材料运往法国了。只是打电报给甘肃，叫他们把所有石室里剩余的经卷都运到北京。那些卷子有的长达几丈，有的又很短。到这时候，大家都知道石室的古经是宝贝了。于是在路上以及起装之前，或起装当中，大家偷的偷，夹带的夹带。有时候点过了多少件，就有人将长的剪开凑数。于是这些宝贝又短了不少。运到北京后，先藏在京师图书馆。后来改藏在北平图书馆。这是第三部分。第四部分就是散在民间的。有的藏在中国学者手里，有的在中国的各处图书馆中，有的在私人收藏家手中，有的流落到日本人手中。这是第四部分。在一万多卷古经卷里面，只有一本是刻本的书，是一本《金刚经》，是在第一批被史坦因运到英国去了。那上面注有年代，是唐懿宗年间（西历868年）。这是世界上最早的有日子可以确定的刻本书。此外都是卷子，大概在伦敦有五千多卷，在巴黎有三千多卷，在北平的有六千多卷，散在中国与日本民间收藏家手中的不到一百卷。

那时候（民国十五年）我正在研究中国佛教史——中国哲学史、中国思想史的一部分。我研究到唐朝禅宗的时候，想写一部禅宗史。动手写不到一些时候，就感觉到这部书写不下去，就是因为材料的问题。那个时候我觉得我在中国所能够找到的材料，尤其是在十一世纪以后的，都是经过宋人篡改过的。在十一世纪以前，十世纪末叶的《宋高僧传》里面，偶然有几句话提到那个时代唐朝禅宗开始的几个大师的历史，与后来的历史有不同的地方。这个材料所记载的禅宗历史中，有一个最重要的和尚叫做神会。照我那时候所找到的材料的记载，这个神会和尚特别重要。

禅宗的历史是怎么样起来的呢？唐朝初年，在广东的韶州（现在的韶关），有一个不认识字的和尚名叫慧能。这个和尚在南方提倡一种新的佛教教义，但是因为这个和尚不大认识字，他也没有到外边去传教，就死在韶州，所以还是一个地方性的新的佛教运动。但是慧能有一个徒弟，就是上面所讲的那个神会和尚。神会在他死后，就从广东出发北伐——新佛教运动的北伐，一直跑到河南的滑台。他在滑台大云寺的大庭广众中，指责当时在长安京城里面受帝王崇拜的几个大师都是假的。他说："他们代表一种假的宗派。只有我那个老师，在广东韶州的不认识字的老师慧能，才是真正得到嫡派密传的。"慧能是一个獦獠——南方的一个民族。他说："从前印度的达摩到中国来，他开了一个新的宗派，有一件袈裟以为法信。这件袈裟自第一祖达摩传给第二祖，第二祖传给第三祖，第三祖传给第四祖，第四祖传给第五祖，都以袈裟为证。到了第五祖，宗派展开了，徒弟也多了，我的老师，那个不认识字的獦獠和尚，本是在第五祖的厨房里舂米的。但是第五祖觉得他懂得教义了，所以在半夜里把慧能叫去，把法的秘密传给他，同时把传法的袈裟给他作为记号。后来他就偷偷出去到南方传布教义。所以我的老师才是真正嫡派的佛教的领袖第六祖。他已经死了。我知道他半夜三更接受袈裟的故事。现在的所谓'两京法祖三帝国师'（两京就是东京洛阳，西京长安；三帝就是武则天和中宗、睿宗），在朝廷受崇拜的那些和尚，都是假的。他们没有得到袈裟，没有得到秘密；都是冒牌的宗派。"神会这种讲演，很富有神秘性，听的人很多。起初在滑台，后来有他有势力的朋友把他弄到东京洛阳；他还是指当时皇帝所崇拜的和尚是假的，是冒牌的。因为他说话时，年纪也大了，口才又好，去听的人比今天还多。但是皇帝崇拜的那些和尚生气了，又因为神会说的故事的确动人，也感觉到可怕，于是就说这个和尚妖言惑众，谋为不轨，奏准皇帝，把神会流放充军。从东京洛阳一直流放到湖北。三年当中，换了三处地方，过着被贬逐的生活。但是在第三年的时候，安禄山造反，把两京都拿下了；唐明皇跑到四川。这时候由皇帝的一个太子在陕西甘肃的边界灵武，组织一个临时政府，指挥军队，准备平定乱事。那时最重要的一件事，就是筹款解决财政问题。有这么多的军队，而两京又都失陷，到哪里去筹款呢？于是那时候的财政部长就想出一个方法，发钞票——这个钞票，不是现在我们用的这种钞票，而是和尚尼姑必须得的度牒。《水浒传》中，鲁智深杀了人，逃到赵员外家里；赵员外就为他买了度牒，让他做和尚。也就是这种度牒。——但是这个度牒，一定要有人宣传，才可以倾销。必须举行一个会，由很能感动人的和尚去说法，感动了许多有钱的人，这种新公债才有销路。就在那时候，被放逐三年的神会和尚跑了回来；而那些曾受皇帝崇拜的和尚们都已跑走，投降了、靠拢了。神会和尚以八十岁的高龄回来，说："我来为国报效，替政府推销新的度牒。"据我那时候找到的材料的记载，这个神会和尚讲道的时候，有钱的人纷纷出钱，许多女人们甚至把耳环戒指都拿下来丢给他；没有钱的就愿意做和尚、做尼姑。于是这个推销政府新证券的办法大为成功。对于郭子仪、李光弼收复两京的军事，神会和尚筹款的力量是一个大帮助。当初被政府放逐的人，现在变成了拥护政府帮忙立功的大和尚。祸乱平定后，皇帝就把他请到宫里去，叫工部赶快给神会和尚建造禅寺。神会死时，已九十多岁，替政府宣传时，已将近九十岁了。神会和尚不但代表新佛教北伐，做了北伐总司令．而且做了政府里面的公债推销委员会的主席。他成功身死以后，当时的皇帝就承认他为禅宗第七祖。当然他的老师那个南方不认识字的獦獠和尚是第六祖了。那时候我得到的材料是如此。

神会虽然有这一段奋斗的历史，但在过了一二百年以后。他这一派并没有多少人。别的冒牌的人又都起来，个个都说是慧能的嫡派。神会的真真嫡派，在历史上没有材料了。所以当我在民国十五年到欧洲去的时候的副作用，就是要去找没有经过北宋人涂改过的真正的佛教史料。因为我过去搜集这些材料时，就知道有一部分材料在日本，另一部分也许还在敦煌石室里面保存。为什么呢？方才讲过，敦煌的卷子，是从五世纪起到十一世纪的东西。这六百多年恰巧包括我要找的时期，且在北宋人涂改史料以前；而石室里的材料，又差不多百分之九十九点九都是佛教材料。所以我要到伦敦、巴黎去，要找新的关于佛教的史料，要找神会和尚有没有留了什么东西在敦煌石室书库里面。这就是我方才说的副作用。到了英国，先看看大英博物院，头一天一进门就看见一个正在展览的长卷子，就是我要找的有关材料。后来又继续找了不少。我到法国的时候，傅斯年先生听说我在巴黎，也从德国柏林赶来。我们两个人同住在一个地方，白天在巴黎的国家图书馆看敦煌的卷子，晚上到中国馆子吃饭，夜间每每谈到一两点钟。现在回忆起当时一段生活，实在是很值得纪念的。在巴黎国家图书馆不到三天，就看见了一段没有标题的卷子。我一看，知道我要的材料找到了；那就是神会的语录，他所说的话和所做的事。卷子里面常提到“会”；虽然那还是没有人知道过，我一看就知道是神会，我走了一万多里路，从西伯利亚到欧洲，要找禅宗的材料；到巴黎不到三天就找到了。过了几天，又发现较短的卷子，毫无疑义的又是与神会有关的。后来我回到英国，住了较长的时期，又发现一个与神会有关的卷子。此外还有与那时候的禅宗有关系的许多材料。我都照了相带回国来。四年之后，我在上海把它整理出版，题为《神会和尚遗集》。我又为神会和尚写了一万多字的传记。这就是中国禅宗北伐的领袖神会和尚的了不得的材料。我在巴黎发现这些材料的时候，傅先生很高兴。

我所以举上面这个例子，目的是在说明材料的重要。以后我还要讲一点同类的故事——加添新材料的故事。我们用敦煌石室的史料来重新撰写了禅宗的历史，可以说是考据禅宗最重要的一段。这也是世界所公认的。现在有法国的哲学家把我发现后印出来的书全部译成法文，又拿巴黎的原本与我编的校看一次。美国也有人专研究这一个题目，并且也预备把这些材料译成英文。因为这些材料至少在中国佛教历史上是新的材料，可以纠正过去的错误，而使研究中国佛教史的人得一个新的认识。

就在那一年冬天，傅孟真先生从德国回到中国；回国不久，就往广东担任中山大学文学院院长，并办了一个小规模的历史语言研究所。后来又应蔡孑民先生之邀，担任中央研究院历史语言研究所所长。不久，在《历史语言研究所集刊》第一本发表了一篇文章，题目叫做《历史语言研究所工作旨趣》。因为我们平常都是找材料的人，所以他那篇文章特别注重材料的重要。这里面有几点是在他死后他的朋友们所常常引用的。他讲到中国三百多年的历史学、语言学的考据，与古韵古音的考据，从顾亭林、阎百诗这两个开山大师起，一直到十九世纪末年，二十世纪初年。在这三百多年当中，既然已经有人替我们开了一个新纪元，为什么到现在还这样倒霉呢？傅先生对于这个问题，提出了三个最精辟的解答：

一、凡是能直接研究材料的就进步；凡是不能直接研究材料，只能间接研究材料的，或是研究前人所研究的材料或只能研究前人所创造的材料系统的就退步。

二、凡一种学问能够扩充或扩张他的研究材料的便进步；凡不能扩张他的材料的便退步。

三、凡一种学问能够扩充他作研究时所应用的工具的便进步；凡不能扩充他研究时应用的工具的便退步（在这里，工具也视为材料的一种）。

所以傅先生在他这篇文章中的结论，认为中国历史学、语言学之所以能够在当年有光荣的历史，正是因为当时的顾亭林、阎百诗等大师能够开拓的用材料。后来所以衰歇倒霉，也正是因为题目固定了，材料不大扩充了，工具也不添新的了，所以倒霉下去。傅先生在那篇文章里为中央研究院历史语言研究所提出了三条工作旨趣：

一、保持顾亭林、阎百诗的遗训。要运用旧的新的材料，客观的处理实在的问题。因为解决问题而更发生新问题；因为新问题的解决更要求更多的材料。用材料来解决问题，运用旧的新的材料，客观地处理实在的问题，要保持顾亭林、阎百诗等三百多年前的开拓精神。

二、始终就是扩张研究材料，充分的扩张研究材料。

三、扩充研究用的工具。

以上是傅先生在民国十七年——北伐还没有完成，北伐军事还没有结束的时候——就已经提出的意见。他在这篇文章里面还发表了一个很伟大的梦想。他说我们最注意的是求新的材料。所以他计划要大规模地发掘新材料：

第一步，想沿京汉路，从安阳到易州这一带去发掘。

第二步，从洛阳一带去发掘；最后再看情形一步一步往西走，一直走到中亚西亚去。在傅先生那一篇并不很长的“工作旨趣”里面，在北伐革命军事还没有完成的时候，他已经在那里做这样一个扩大材料的梦想。而在最近这二十年来，中央研究院在全国学术机关内，可以说充分做到了他所提出的三大旨趣。我虽是中央研究院的一分子，却并不是在这里做广告。我们的确可以说，他那时所提出的工作旨趣，不但是全国，亦是全世界的学术界所应当惊异的。

我在民国十七年发表的一篇文章，题目是《方法与材料》，已收在《文存》第三集内，后来又收在《胡适文选》里面。我不必详细地讲它了。

大意是说：材料可以帮助方法；材料的不够，可以限制做学问的方法；而且材料的不同，又可以使做学问的结果与成绩不同。在那篇文章里面，有一个比较表，拿西历1600年到1675年，七十五年间的这一段历史，与东方的那段七十多年间的历史相比较，指出中国和西方学者做学问的工作，因为所用材料的不同，成绩也有绝大的不同。那时正是傅先生所谓顾亭林、阎百诗时代；在中国那时候做学问也走上了一条新的路，走上了科学方法的路。方法也严密了；站在证据上求证明。像昨天所说的顾亭林要证明衣服的"服"字古音读作"逼"，找了一百六十二个证据。阎百诗为《书经》这部中国重要的经典，花了三十年的工夫，证明《书经》中所谓古文的那些篇都是假的。差不多伪古文里面的每一句，他都找出它的来历。这种科学的求证据的方法。就是"大胆的假设，小心的求证"的方法。这种方法与西洋的科学方法，是同样的了不得的。

但是在同一个时期，——在1600—1675年这一段时期，——西洋做学问的人是怎么样呢？在十七世纪初年，荷兰有三个磨玻璃的工匠，他们玩弄磨好的镜子，把两片镜片叠起来，无意中发明了望远镜。这个消息传出去以后，意大利的一位了不得的科学家伽利略（Galilei），便利用这一个原理，自出心裁的制造成一个当时欧洲最完美的最好的望远镜。从这个望远镜中发现了天空中许多新的东西。同时在北方的天文学家，刻伯勒（Kepler）正在研究五大行星的运行轨道。他对于五大行星当中火星的轨道，老是计算不出来，但是收集了很多材料。后来刻伯勒就假设说，火星轨道不是平常的圆形的而是椭圆形的；不但有一个中心而且有两个中心。这真是大胆的假设；后来证实这个假设是对的，成为著名的火星定律。当时刻伯勒在北方，伽利略在南方，开了一个新的天文学的纪元。伽利略死了二三十年以后，荷兰有一位磨镜工匠叫做李文厚（Leeuwenhoek），他用简单的显微镜看毛细管中血液的运行和筋腱的纤维。他看见了血球、精虫，以及细菌学（1675年），并且绘了下来。我们可以说，微菌学是萌芽于西历1675年的。伽利略并且在物理学上开了新的纪元，规定了力学的几个基本原理。

就在伽利略去世的那一年（西历1642），一位绝大的天才科学家——牛顿（Newton）——在英国出世。他把刻伯勒与伽利略等人的发现总结起来，做一个更大胆的假设，可以说是世界上有历史以来最大胆的两三个假设中的一个，就是所谓万有引力的定律。整个宇宙所有这些大的星，小的星，以及围绕着太阳的各行星（包括地球），所以能够在空中，各循着一定的轨道运行，是什么原因呢？就是因为有万有引力的缘故。在这七十五年中，英国还有两位科学家我们必须提到的。一位是发现血液循环的哈维（Harvey），他的划时代的小书是1628年出版的。一位是了不得的化学家波耳（Boyle），他的在思想史上有名的著作《怀疑的化学家》是1661年出版的。

西方学者的学问工作，由望远镜、显微镜的发明，产生了力学定律、化学定律，出了许多新的天文学家、物理学家、化学家、生理学家。新的宇宙出现了。但是我们中国在这个时代，在学者顾亭林、阎百诗的领导下做了些什么呢？我们的材料是书本。顾亭林研究古韵，他的确是用新的方法，不过他所用的材料也还是书本。阎百诗研究古文《尚书》，也讲一点道理，有时候也出去看看，但是大部分的材料都是书本。这三百多年来研究语言学、文字学所用的材料都是书本。可是西方同他们同时代的人，像刻伯勒、伽利略、牛顿、哈维、波耳，他们研究学问所用的材料就不仅是书本；他们用作研究材料的是自然界的东西。从前人所看不清楚的天河，他们能看清楚了；所看不见的卫星，他们能看见了；所看不出来的纤维组织，他们能看出来了。结果，他们奠定了三百年来新的科学的基础，给人类开辟了一个新的科学的世界。而我们这三百多年来在学问上，虽然有了了不起的学者顾亭林、阎百诗做引导，虽然可以说也有“大胆的假设，小心的求证”的方法，但是因为材料的不同，弄来弄去离不开书本，结果，只有两部《皇清经解》做我们三百年来治学的成绩。这个成绩跟三百年来西方科学的成绩比起来，相差真不可以道里计。而这相差的原因，正可以说明傅先生的话：凡能够扩充材料，用新材料的就进步；凡是不能扩充新的材料，只能研究旧的，间接的材料的就退步。我在那篇文章里面有一张表，可以使我们从这七十五年很短的时间中，看出材料不但是可以限制方法的使用，而且可以规定研究的成绩如何。所以我那篇文章后面也有一个和傅先生相类似的意见，就是说：就纸上的考证学，也得要跳过纸上的材料——老的材料，去找新的材料，才可以创造出有价值的成绩。我那篇文章虽然没有他那一种远大的大规模的计划，但是也可以作为他那篇历史上很重要的宣言的小小注脚。我们的结论都是一样的；所不同的地方是我始终没有他那样大规模的梦想：做学问的团体研究，集团研究（Corporate Research）。培根在三百多年前曾有过这种梦想——找许多人来分工合作，大规模的发现新的真理、新的意思、新的原则、新的原理；在西洋各国已经逐渐实现了。中国方面，丁文江先生在北平创立了中国地质调查所，可以说是在北方的一个最重要的学术研究团体，为团体研究，以收集新材料开辟了一个新的领土。在民国十七年，中央研究院成立，尤其是历史语言研究所的成立，在中国的语言学、历史学、考古学、人类学各方面，充分的使用了傅先生的远大的见识，搜罗了全国第一流的研究人才，专家学者，实地去调查、去发掘。例如，安阳的十五次发掘，及其他八省五十五处的发掘，和全国各地语言语音的调查，这些工作，都是为扩充新的材料。除了地质调查所以外，历史语言研究所可以说是我们规模最大成绩最好的学术研究团体。我们也可以说，中国文史的学问，到了历史语言研究所成立以后才走上了完全现代化、完全科学化的大路，这是培根在三百年前所梦想的团体研究的一个大成绩。

不论团体研究也好，个人研究也好，做研究要得到好的成绩，不外上面所说的三个条件：一、直接的研究材料；二、能够随时随地扩张材料；三、能够扩充研究时所用的工具。这是从事研究学问而具有成绩的人所通有的经验。

我在开始讲“治学方法”第一讲的时候，因为在一个广场中，到的人数很多，没有黑板，没有粉笔，所以只能讲一些浅显的小说考证材料。有些人认为我所举的例太不重要了。不过今天我还要和诸位说一说，我用来考证小说的方法，我觉得还算是经过改善的，是一种“大胆的假设，小心的求证”的方法。我可以引为自慰的，就是我做二十多年的小说考证，也替中国文学史家与研究中国文学史的人扩充了无数的新材料。只拿找材料做标准来批评，我二十几年来以科学的方法考证旧小说，也替中国文学史上扩充了无数的新证据。

我的第一个考证是《水浒传》。大家都知道《水浒传》是七十一回，从张天师开始到卢俊义做梦为止。但是我研究中国小说，觉得可以分为两大类。像《红楼梦》与《儒林外史》是第一类，是创造的小说。另一类是演变的小说；从小的故事慢慢经过很长时期演变扩大成为整部小说：像《水浒传》《西游记》《隋唐演义》《封神榜》等这一类故事都是。我研究《水浒传》，发现是从《宣和遗事》这一本很小的小说经过很长的时期演变而来。在演变当中，《水浒传》不但有七十一回的，还有一百回的、一百二十回的。我的推想是：到了金圣叹的时候，他以文学的眼光，认为这是太长了；他是一个刽子手，又有文学的天才，就拿起刀来把后面的割掉了，还造出了一个说法，说他得到了一个古本，是七十一回的。他并且说《水浒传》是一部了不得的书，天下的文章没有比《水浒》更好的。这是文学的革命，思想的革命；是文学史上大革命的宣言。他把《水浒》批得很好，又做了一篇假的序，因此，金圣叹的《水浒》，打倒一切的《水浒》。我这个说法，那时候大家都不肯相信。后来我将我的见解，写成文章发表。发表以后，有日本方面做学问的朋友告诉我说：日本有一百回、一百二十回本的《水浒传》。后来我在无意中又找到了一百十五回本，一百二十四回本和一百十九回本的。台大的李玄伯先生也找到了一百回本。因为我的研究《水浒传》，总想得到新的材料，所以社会上注意到了，于是材料都出来了。这就是一种新材料的发现，也就是二十多年来因我的提倡考证而发现的新材料。

关于《红楼梦》，也有同样的情形。因为我提倡用新的观点考证《红楼梦》，结果我发现了两种活字版本，是乾隆五十六年和五十七年的一百二十回本。有人以为这个一百二十回本是最古的版本，但也有人说《红楼梦》最初只有八十回，后面的四十回是一个叫做高鹗的人加上去的。他也编造了一个故事说：是从卖糖的担子中发现了古本。我因为对于这个解释不能满意，总想找新的材料证明是非，结果我发现了两部没有排印以前的抄本，就是现在印行出来的八十回本。

因为考证《红楼梦》的关系，许多大家所不知道的抄本出现了。此外，还有许多关于曹雪芹一家的传记材料。最后又发现脂砚斋的评本《红楼梦》；虽然不完全，但的确是最早的本子——就是现在我自己研究中的一本。后来故宫博物院开放了，在康熙皇帝的一张抽屉里，发现曹雪芹的祖父曹寅的一大批秘密奏折。这个奏折证明当时曹家地位的重要。曹雪芹的曾祖、祖父、父亲、叔父三代四个人继续不断在南京做江宁织造五十年，并且兼两淮盐运使。这是当时最肥的缺。为什么皇帝把这个全国最肥的缺给他呢？因为他是皇帝的间谍，是政治特务；他替皇帝侦查江南地方的大臣，监视他们回家以后做些什么事，并且把告老回家的宰相的生活情形，随时报告皇帝。一个两江总督或江苏巡抚晋京朝圣，起程的头一天，江苏下雪或下雨：他把这个天气的情形用最快的方法传达给皇帝。等到那个总督或巡抚到京朝见时，皇帝就问他“你起程的头一天江苏是下雪吗？”这个总督或巡抚听到皇帝的这个问话，当然知道皇帝对于各地方的情形是很清楚的，因此就愈加谨慎做事了。

我所以以《红楼梦》的研究为例；是说明如果没有这些新的材料，我们的考证就没有成绩。我研究这部书，因为所用的方法比较谨严，比较肯去上天下地，动手动脚找材料，所以找到一个最早的“脂砚斋抄本”——曹雪芹自己批的本子——，和一个完全的八十回的抄本，以及无疑的最早的印本——活字本——，再加上曹家几代的传记材料。因为有这些新材料，所以我们的研究才能有点成绩。但是亦因为研究，我们得以扩张材料；这一点是我们可以安慰自己的。

此外如《儒林外史》，是中国的第一部小说。这本书是一个很有思想的吴敬梓做的。当我在研究时，还不知道作者吴敬梓是安徽全椒人。我为了考证他的人，要搜求关于他的材料。不到几个月的工夫，就找到了吴敬梓诗文集、全集，后面还附有他儿子的诗。这厚厚的一本书，在书店中别人都不要的，我花一块半钱就买到了。这当是一个海内孤本（我恐怕它失传，所以重印了几千册）。就拿这种考证来讲，方法与材料的关系是很重要的。如果没有材料，就没有法子研究；而因为考证时能够搜求材料，又可以增加了许多新材料。

我再用佛教史的研究说明扩张材料。我那年在英国大英博物院看敦煌卷子的时候，该院一位管理人告诉我说：有一位日本学者矢吹庆辉刚刚照了许多卷子的影片带回去。后来矢吹庆辉做了一本书叫《三阶教》。这是隋唐之间佛教的一个新的研究；用的材料，一部分是敦煌的卷子，一部分是日本从唐朝得来的材料。

我搜求神会和尚的材料，在巴黎发现敦煌所藏的两个卷子。我把它印出来以后，不到三年，日本有位石井实先生，买到了一个不很长的敦煌的卷子，也是与神会和尚有关的材料。这个卷子和我所发现的材料比较起来，他的前面一段比我发现的少，后面一段比我发现的多。这个卷子，他也印出来了。另外一位日本学者铃木，也有一卷关于神会的卷子；这和我所发现的是一个东西，但是抄写的不同，有多有少，可以互相补充。因为考证佛教史中禅宗这个小小的问题，增添了上面所说的许多材料。

日本的矢吹先生在伦敦博物院把敦煌所藏的卷子，照了许多影片带回日本以后，日本学者在这些照片里面发现了一件宝贝，就是上面讲到的，南方韶州地方不认识字的和尚，禅宗第六祖慧能的语录——《坛经》。这是从来没有的孤本，世界上最宝贵的本子。这本《坛经》只有一万一千言；在现在市面上流行的本子有两万两千言。这本《坛经》的出现，证明现在流行的《坛经》有百分之五十是后来的一千多年中和尚们你增一条、我添一章的加进去的，是假的。这也是佛教史上一个重要的发现。总之，因为我考证中国佛教新的宗派在八世纪时变成中国正统的禅宗的历史，我就发现了许多新的材料。

最后我感谢台湾大学给我这个机会——讲学。我很惭愧，因为没有充分准备。我最后一句话，还是我开头所说的“大胆的假设，小心的求证”。在求证当中，自己应当自觉的批评自己的材料。材料不满意，再找新证据。这样，才能有新的材料发现；有新材料才可以使你研究有成绩、有结果、有进步。所以我还是要提一提台大前任校长傅先生的口号：“上穷碧落下黄泉，动手动脚找东西。”

（本文为 1952 年 12 月 6 日胡适在台湾大学的演讲，原载 1952 年 12 月 7 日台北《中央日报》《新生报》。）

《水 经 注》考

几年来我在审一个案子——《水经注》。上次在监察院茶会席上，引了台大教授毛子水先生常常引用的明朝大哲学家又是一位好官吕坤的一句话“为人辩冤白谤是第一天理”。《水经注考》付印的时候，一定把这一句话摆在前面，我审这个案子实在是打抱不平。替我同乡戴震（东原）申冤。这个案子，牵涉全祖望、赵一清两个人。全祖望年纪最长，死得最早，1755 年死的。赵一清是 1764 年死的。戴东原在他们三个人当中死得最晚，1777 年死的。他们三个人都是十八世纪第一流学者，都弄《水经注》。三个人出了四部书。戴东原两部：一部是殿版，一部是自己刻的。三个人的书，刊出的时间不同。戴的两部，是 1775 年刊出来的。赵的书，是 1786 年刊出来的。全的书，在他死的时候，还没有弄好，死后稿子散失了。百年以后 1888 年，在我出生前三年，由他的宁波同乡，把他残缺的稿子硬凑成一本书刊出来。他们三个人的书，戴的出得最早，全祖望死得最早，而书出得最晚。三个人的书，对于《水经注》，都有很大的贡献。

他们三个人中间，全、戴两个人，有绝顶的天才，和我的老朋友傅斯年先生一样，理解力最强，记忆力也最强。赵一清没有全、戴两个人的天才，但他是一个很用功的人。他家里又是几代书香，是浙东几个大藏书家之一。年轻的时候，看了许多的书，中年又受了很好的教育，在乾隆九年看到从前的人没有看到过的明朝正德皇帝时代柳佥（大中）所藏的《水经注》，赵一清从马家（扬州人）把这本书借来校勘，校勘后，亲手写了一部。《水经注》本文是三十四万五千多字，加上注解同校勘说明，总在四十万字以上。赵一清写的一部，从头到尾，一字不错，一字不苟且。写成了，在北上的时候，送请他平生最佩服的全祖望先生看。这个时候，赵一清才三十几岁。过了几年不满意，又重新加了许多材料。

乾隆十五年全祖望在杭州养病，把赵一清写的本子拿来仔细地看，以他最高的天才来看赵一清花了几年工夫校勘的本子，发现许多的问题，就在原本上加了许多批。《水经注》是五世纪末六世纪初年的书，经过一千多年流传下来，不知道有多少错误残缺，其中最大的错误，是“经”同“注”混起来了。这是由于抄写的人不知道那一部分是“经”，那一部分是“注”，所以弄混了。

中国有一百二十三条大水道。以最大的水作纲领，从北方说起，最大的水是黄河，下为济水，再下淮水，再下长江。这四条水道，是最大的。此外渭水、洛水、沔水，也是很大的水道。沔水下面一段叫汉水，到汉口入长江。河、济、淮、江、渭、洛、沔，都是很长的水道。经、注混在一块的如果只是一条，还没有什么关系，可是错了五百多条。就是有五百多条的注在经里面，变成了经。弄到讲不通、看不懂。这个错误，古人从内容看出了一点，因为从历史的材料，尤其是地名的变迁，可以看出来，譬如北海是北魏时代的地名，绝不会跑到三国时代里面去，古人在这个地方发生了疑惑，疑惑经、注混合。乾隆十五年，全祖望校勘赵一清的抄本，看出这个漏洞，大胆地指出经、注可以重新划分。赵一清看到了从前的人没有看到过的柳大中抄本，把许多的困难补救了，全祖望根据赵一清的写本来校勘，又发现经、注混在一块的问题，每查明一条，就写信告诉赵一清及杭州湖州的朋友。但是改来改去，改了五年，还是没有改完全，不过找出了一条路。赵一清在离杭州三千多里路的北京，接到全祖望告诉他经、注有一个标准可以划分的信，赵一清很高兴。说他根据这个标准，在一个晚上，把全部改好了。这是一个神话。因为全祖望把赵一清的写本校勘了五次，经过五年，到乾隆二十年死的时候，还在改。赵一清在全祖望死后，继续改了九年，到乾隆二十九年死了，也是临死之前还在改。

全祖望五十一岁死的。他很穷。病的时候，没有钱买药，死了也没有钱买棺材，埋葬也没有钱。他死在大热天，不能久搁，家里的人遂把他所有的书卖给一个有钱的同乡，换得了几百两银子来买棺材并作埋葬的费用。在这个纷乱的时候，把他“五校赵一清”写的这个宝贝的本子混在其他的书里卖出去了。买书的同乡姓卢，他藏书的楼，称为“卢氏抱经楼”。卢氏是抱经不读的，只是有钱买书。因为自己不懂，买了不看，也不给人家看，摆在家里，一摆摆了百多年。最近才在天津发现。这个书从卖到卢家以后，任何人没有看过。到了我的手里，才一字一字地细细的校勘了一遍，因为这个本子是赵一清写的，全祖望校勘的，所以我称为“全璧归赵”。全祖望这一段故事如此。

赵一清在全祖望死了以后，继续不断的校勘，作了九年，到乾隆二十九年死了。他校勘的本子，在他死以前也没有刊出来，从前作书，没有版权保障，作书的人，都是秘密的作，只有少数几个好的朋友知道。赵一清的《水经注》，有几个本子。乾隆三十八年开四库全书馆，分两部分整理，一部分整理《永乐大典》遗书。一部分整理各省进来的遗书。当下令各省进送遗书以后，浙江省就把赵一清的《水经注》进上去了，同时在《永乐大典》中发现了一部《水经注》。《水经注》是北魏时代流传下来的，经过南北朝末期、隋朝、唐朝、五代，到了北宋才有刻本。北宋刻本，已经残缺，有许多错误。因为经过一千多年的流传，而真正宋本流传到元朝明朝的，也不容易找到。《永乐大典》中的《水经注》与柳大中抄本是从前的人没有看到过的。

《水经注》的案子是怎样发生的呢？明朝有三个大刻本，明朝嘉靖十三年（1534 年）黄省曾刻了一部《水经注》，这个本子这次在台中博物馆看到了四部，这个刻本，美国只有一部，这是第一个大刻本。过了一些时候，1585 年吴琯刻了一部，为第二个大刻本。再过一些时候，1615 年朱谋玮又刻了一部。四百多年的麻烦，就是这些刻本发生出来的。因为黄省曾没有看到《永乐大典》中的《水经注》，也没有看到柳大中抄本，而是把残缺的凑合起来，没有得到好的本子校勘。吴琯校勘，只有小小的修改。而且往往改错了。到了朱谋玮，看到一个姓谢的本子，拿来校勘，改正了不少。黄省曾刻本，大错十处，小错几千。

讲到《水经注》，是一个校勘学。校勘学有一个原则，就是用古本来校，要想法子找古本，最好是原本。如果找不到原本，要找最古的抄本刻本。没有古本，只好理校，以理想来推校，无论怎样聪明的人，没有法子校出大的错误。如果缺一句话，或者错一个字，掉一个字，聪明的人拿古书来比较，也许可以校得出来。但是大的错误，理校是没有法子校出来的。黄省曾的刻本，是整页的错误，头一卷二篇，掉了一个整页，四百一十八字，第九卷有两页跑到第十三卷去了，第十三卷有两页跑到第九卷。这样的错误，有十处。朱谋玮以姓谢的抄本来修改。把十大错误，补正了六处。所以朱谋玮的《水经注》，是划时代的，因为他看到前人没有看到的本子。但是还有四个大错误，百多年来没有法子补正。追赵一清看到柳大中抄本，补了三处半，柳大中本与《永乐大典》里面《水经注》不同之点，也就在这个地方。黄省曾刻本十大错误中，第十七卷掉了一个整页，四百一十八字，柳大中本补起来了。同卷后面又掉了半页，也补起来了。第二十二卷中两个错误，也补起来了。但《水经注》里面，郦道元的一篇自序，四百七十三字，柳大中本只补了二百五十四字，还缺了二百一十九字，所以说，补了三处半。如考分数，以黄省曾十个大错误作一百分。朱谋㙔补了六处，考了六十分。赵一清继续补了三处半，考了九十六分。乾隆三十八年《永乐大典》中发现的《水经注》，是外面没有看到过的，是完整的，《永乐大典》的《水经注》发现以后，派一个不相干的翰林抄，这个人的姓名不知道，大概是一个饭桶，不懂得《水经注》，匆匆地献给皇帝，皇帝看到非常高兴，在上面题了一首诗，四库全书馆，都是翰林，戴东原是一个举人，没有资格到四库全书馆，可是因为翰林不够用，主编的大总裁奏请皇帝调了五个不够资格的人——三个进士、两个举人——来协助。其中的一个举人，就是戴东原。举人当然不敢同翰林拼，他到馆，奉派两个大差事；一个整理《五经》中的《仪礼》，这个差事，已经够他忙几年了。还有一个大差事，整理古代算学。

四库全书馆，分东西两院，东院三十个翰林，西院也是三十个翰林。两院整理各省进来的遗书。《永乐大典》，是东院整理的。东西两院互相妒忌，东院不知道西院干些什么事，西院也不知道东院干些什么事。这种妒忌情形，可以找出许多证据，赵一清的书由浙江进到西院，戴东原无从看到，至于《永乐大典》中的《水经注》，戴东原也没有看到。因为戴东原听到说，《永乐大典》中发现《水经注》，皇帝题了一首诗，他是弄《水经注》已有很多年了的，得到这个消息非常高兴，就向总编纂纪晓岚说：“可不可以把这个宝贝给我看看”，这时戴东原到馆已经两年，总编纂从工作中认识他很高明，就答应说：“可以。”并说，你如有经验，就请你整理吧？可是这个书已经派了一位翰林整理，皇帝对这个发现很高兴，整理的人，也许可以得奖，现在换一个人整理，发生困难，这件事件，从大总裁宇文忠公与总编纂五十六封信当中，可以看出来，这五十六封信中有两封信专门讨论《水经注》由翰林手中拿出来给戴东原的问题。大致说：由翰林手里转给举人不行。因为这个原因，所以戴东原自己整理，以后又自己花钱去刊印，《四库全书》里的《水经注》，始终不承认是他弄的。

黄省曾刻本十个大错误，朱谋㙔改正了六个，得六十分；一清改正三个半，得九十六分，戴东原得一百分。赵一清的《水经注》由西院翰林整理，戴东原在东院，当然没有看到，戴东原死了好几年后，皇帝查出经、史、子、集里面有犯禁的书，把这些书抽出以后，有两库空了。要补一部书进去，赵一清同沈炳巽的两部《水经注》，遂补进去了，所以《四库全书》里面有三部《水经注》，从这个事实，可以看出全、赵、戴三个人的《水经注》，赵抄全的，都是得到全的同意，戴东原没有看到赵的书，更没有看到全的书。这有什么方法证明呢？刚才说过黄省曾的刻本，有十大错误。凡是弄《水经注》的人，没有不注意这十大错误的，但是不能靠聪明来校勘，必须以古本来校勘。戴东原有两个本子，一个自定《水经注》一卷。这是把一百二十三条水的经提出来写成的，这在他的年谱里面写得清清楚楚。这也是戴东原也看出经、注混在一起，把他改正过来的，这个改正，不是全祖望的关系，也不是赵一清的关系，而是学者一步一步找出来的，譬如河水到什么地方，再到什么地方，说得很清楚。还有渭水一篇文章，济水一篇文章，以及所有一百二十三条水的经，作成一百二十三篇文章，把它作成一卷。

我为了这个问题，在外国把所有的材料都翻了，但找到的材料很少，三十五年回国，想在国内大登广告找材料，所以船到中国，还没有进口，新闻记者乘海关汽艇到了船上问我："胡先生有什么话说。"我就告诉他，"这几年干《水经注》这个案子"。我说这个话的目的，是请他们代我登广告。不错，第二天各报都把我的话登出来了，大家便知道胡适之弄《水经注》。所以一到上海，一个朋友把他看到的《水经注》告诉我，那个朋友也把他收藏的《水经注》给我看，问我："你看到这个本子没有？"很短的时间，全上海所藏的《水经注》，我都看到了。到了北平，也是这样。于是各地的《水经注》都跑到我这里来了。在北平看到一个姓孔（继涵）的朋友，把他所藏的也就是刚才提到的戴东原自定《水经注》一卷（给我看）；过了一些时候，安徽周一良问我说："家父藏书里面有戴东原《水经注》一个本子，"并全给我看。这两个本子，一个是乾隆三十年出的，一个是乾隆三十七年出的。乾隆三十年的本子，没有看到《永乐大典》中的《水经注》。三十七年的本子，也没有看到。为什么知道他没有看到呢？黄省曾刻本十大错误，朱谋玮改正了六处，赵一清又改正了三处半。头一卷掉了一个整页四百一十八字，柳大中本补正了，《永乐大典》中《水经注》也补正了，如果看到赵一清的本子，《永乐大典》的本子，可以照抄下来，没有照抄可以断定没有看见。他自定《水经注》一卷里面，有一部分是他的序。有一部分叫做附考，他把每一条水发生的问题，都校勘了，缺少多少与补的东西，都记在附考里面。第十七卷渭水缺了一个整页，四百一十八字，他想法子补了一百六十三字。没有书，没有本子，到处去看，逗来逗去，补了一百六十三字，非常高兴，把经过写在附考里面，这就可以证明他决没有看到赵一清的东西，全祖望的东西，也没有看到柳大中本，《永乐大典》本，这是一个证明。

第二，《颍水篇》，朱谋玮说他看到宋本改的，他根本没有看到过宋本，是假宋本改的，改错了；戴东原改朱谋玮的，也改错了。

第三，《济水篇》掉了一页，朱谋玮没有看见，戴东原乾隆三十年的本子没有看出来，乾隆三十九年的本子也没有看出来。全祖望看见了，赵一清看见了。这三个证据，证明戴东原没有偷人家的书，是无可疑的了。

这个案子还有许多问题，大家说是戴东原偷书，我找材料，发现戴东原两个本子；这两个本子可以互相参证。这两个本子有三个大缺陷，以这三个缺陷，可以证明戴东原没有偷全、赵两个人的书，问题可以解决了。但是还有附带的问题。

第一，赵一清死在戴东原以前，不会偷戴东原的书，但是他的书是在戴东原的书出来以后十年出的，是他的儿子作河南归德知府，旋作淮扬道的时候，请学者刻的。替赵一清刻书的人，确用了戴东原的书来改。这是本案的第一个大问题。第二个大问题，不是戴偷赵的书，而是赵的家人偷戴的书，这有什么证明呢？戴东原的学生段玉裁写信给赵家刻书的梁玉绳，说梁把他老师的书去改赵的书。所不幸的没有看到回信，更不幸的是这一封信留在段的集子里，但是相信段玉裁收到回信的。从什么地方证明呢？因为段玉裁后来完全修正了他的话。他在晚年（八十岁的时候）替他老师戴东原作年谱，不说赵一清家里的人偷他老师的书，只说：杭州赵一清也是作这种学问——《水经注》，作了多少年，到后来不谋而合，得到同一的结论。段玉裁为什么这样修改过去的话呢？一定得到梁玉绳的回信，把赵一清著书的经过告诉了他，所以段玉裁才说“闭门造车，出而合辙”。段玉裁给梁玉绳的信，段玉裁死后，他的学生们、同乡们把它收在集子里面，惹起了许多的问题。因此认为我们所作的东西，决不可以让后人来编辑，甚至遗嘱不准后人编集子，最好自己编好。段玉裁这一封信惹起后人的反感，反过来控诉他的老师，说他的老师偷书。

第三，在六十几年前，1888 年，全祖望的宁波同乡刻全祖望的《七校水经注》，刻的人把赵一清的书，戴东原的书拿来校勘，简单地说，其中有恶意作伪的部分。我审这个案子，作了几年苦工，证明全祖望的书有一部分真是全祖望的材料，可是决没有看到全祖望的五校本。五校本中许多宝贝，所谓的“七校本”都没有的，又可以证明戴没有偷全的书。全的书是根据赵的，这是第三个问题。现在可以宣告判决，1888年全祖望《七校水经注》，有恶意作伪的痕迹，恶意冤枉戴的痕迹。

前次讲治学方法，最后说明，最要紧的要养成某种良好习惯，就是要勤，要谨，要和，要缓。比方考证赵一清的书，在赵家刻本的时候，究竟有没有改动，赵一清的书，是被收在《四库全书》以后的本子，一百五十年前，湖南魏源作了一本书说他看到了扬州《四库全书》、镇江《四库全书》，看到里面如何如何，并说戴东原偷赵一清的书，现在有许多东西证明魏源没有看见扬州《四库全书》、镇江《四库全书》。江苏孟森也说赵一清的本子不错的，说他拿《四库全书》里面赵一清的本子对了五条，一字没有改易。《水经注》三十四万五千字，加上注解与校勘说明四十多万字。只查了五条，就下判断，太随便了。我们看《水经注》第二卷一条“河水由南入葱岭山”。赵一清的本子下面没有了，就是河水入昆仑山，不出来了，戴东原的本子是，“河水由南入葱岭山，又从葱岭出而西南流”。赵家刻书，不好用戴东原“又从葱岭出而西南流”九个字，于是把入字改为出字，变为：“河水由南出葱岭山”，校勘不说明，这是恶意作伪的证明。这个案子审了多少年没有审出来，为什么到了我的手里可以审出来呢？因为当初审的人，不肯花多的工夫，我花了五年工夫，找出许多新材料，所以审出来了。同时又查明张穆，魏源，孟森，王国维他们为什么骂十八世纪一位了不得的大哲学家，大思想家戴东原是贼呢？因为戴东原是当时思想的一个叛徒，批评宋朝理学，批评程子，朱子。骂戴东原这一班人，又没有下多的工夫，做到勤，又不仔细的校勘，做到谨，同时动了正义的火气，没有做到和，稍为查了一下，就发表文章，也没有做到缓。我考证了五年，现在九年了，还不敢发表，此次纪念傅斯年先生，才第一次发表一小部分。我审这个案子一方面作法官，一方面做侦探，并作律师，我作这个工夫，的确很有兴趣。我认为五年的工夫，没有白费，今天以时间太短，不能把经过详细地告诉大家，只有把结论，作一个大概的说明。

（本文为1952年12月19日胡适在台湾大学文学院的演讲，收入《胡适言论集》甲编。）

搜集史料重于修史

——台湾省文献委员会欢迎会上讲词

我非常感谢台湾省文献委员会及台北市、基隆市、台北县、桃园县、新竹县、宜兰县等文献委员会的各位先生给我参加这样一个盛大的聚会。不过说到欢迎，我实在不敢当。刚才黄（纯青）先生要我对修志问题表示意见，台湾省文献委员会等七个机构却是做征文考献工作的，他们在台湾省各地保留资料，搜集资料，整理资料，以编修台湾省通志及各县市的方志，这是一件大工作，要我表示意见实在不敢当。况且在座的有台湾大学，中央研究院历史语言研究所以及师范学院的许多位文史先生，他们对于黄先生所提出的问题，无论在知识，学术见解，以及这几年来他们参加襄助各地搜集材料的工作，都比我知道得多，在这许多文史界权威学者面前，更不敢说话了。

不过黄先生说我是台湾人，的确台湾是我的第二故乡，幼年时我曾在台湾住过一年又十个月。这次我到台南、台东等地，曾种了一株榕树，两株樟树，据说这两种树都有很长的寿命，将来长大了，也许有一个小小掌故的地位，也可以说替将来的台湾文献捏造一些掌故。

我还要特别感谢文献会的黄先生，将先君在台湾留下的一点记录，一个是私人日记，一个是向他长官所作的报告，予以刊行。

关于黄先生所提的修志大问题，我刚才已经说过，我是不配提出有价值的意见的，不过大家知道我从前作过一部《章实斋（学诚）的年谱》，因为编这一部书，对于方志问题略曾注意，章实斋是一个史学家，是很有历史的眼光的学者，他的书中，一部分有关文史，一部分有关方志，特别对于方志部分还有许多意见。因为我编章实斋的年谱，所以引起我对方志的兴趣。平时我自己也搜集一些材料，但个人所搜集的材料当然有限，而且不免多是与个人有关的。但是我在国外，看到搜集方志最全的是美国国会图书馆，它搜集了全中国的方志，这实在是很了不得的，从前朱先生曾编有一个美国国会图书馆所藏中国方志的书目，可以作为参考。在国内除了北大图书馆和上海的涵芬楼以外，很少有一个地方像美国国会图书馆搜集得那样完备，而美国除了国会图书馆以外，尚有哈佛大学、哥伦比亚大学、普林斯顿敦大学的收藏亦甚丰富。因此，我有一个小小的意见，今天向七个专门考献的团体的先生以及文史专家面前提出。

我觉得文献委员会这几年来所做的搜集史料刊印史料的工作，也许比将来修志的工作还格外重要，这一句话并不是说对诸位修省通志或地方志的工作不领会，我的意思是说搜集资料，保藏原料，发表原料这些工作，比整理编志的工作更重要，有了原料，将它收集保藏起来，随时随地的继续搜集，随时出版，有一种材料就印一种，这个工作比修志编志书重要得多。为什么原因呢？因为志书经过一番制造整理，是一种制造品，台大前校长傅斯年先生曾说过，人家以为二十四史中《宋史》最多最麻烦，其实在二十四史中《宋史》的价值最高，这个见解我是很赞成的。因为《宋史》所保藏的原料最多，经过整理删除的最少，有人以为《宋史》不好，要重新写过一部，我却以为幸而《宋史》替我们保留了许多材料。再说大家都知道唐书有两部，一部《新唐书》，一部《旧唐书》，《新唐书》是宋时人作的，经过了一番整理，以做文章的方法来写历史，将材料改了很多，文章固然很谨严，一般做文章的人也许很恭维《新唐书》，但以历史的眼光看，《新唐书》是远不如《旧唐书》的，清朝学者王若虚就曾经写过《新唐书》不好，我们可以说《新唐书》不但文章不通，而且原始的材料都掉了，《旧唐书》就是因为材料较多，所以篇幅也较多，差不多比《新唐书》多了一倍。这是它的好处。

今天在座的七个团体，都是从事征文考献的工作，给台湾的历史保藏史料，原料越是保藏得多，搜集得多，比起将原料整理删除编整的工作，都远为重要。因为无论以什么方式编志，新方法也好，旧方法也好，都不免经过整理，许多材料不免受编志总纂主观的取舍。甚至毁去一部分材料，或隐藏一部分材料；经过这一阶段，往往将有价值的原料去掉，所以整理出来的东西就成为制造品，我们以现代新的眼光来看，与其编志不如做搜集材料发表材料，继续搜集材料，随时发表材料的工作。譬如说，“二·二八”事变是一个很不愉快的事，现在距离的时间很短，在台湾是一件很重要的问题，在这个时候不能不讨论这个问题，但讨论时不免有许多主观的见解，而关于这件事，就有许多材料不能用、不敢用，或者不便用。在这样的情形下，与其写一部志书，在方志中很简单的将二·二八事件叙述几遍，远不如不去谈它，不去写书，而注重在保藏史料这一方面。使真实的材料不致毁灭，而可以发表的就把它发表。这是举一个很极端的例子，来说明原料比制造品重要，说明过早提出结论，不如多保留各方面的材料，到可以发表的时候当做原料发表，不加以论断。不要使原料毁灭，我以为这个工作比编志更重要。希望各地文献委员会对于搜集资料保存资料的工作能够继续，而且要特别的看重。不要存一种搜集资料就要编志的观念。

还有今天我在台大参观人类考古学系，看到有关高山族的考据，这是很了不得的，把高山族分成七个大类，这个工作现在刚刚开始，只是在开始搜集材料，还没有到搜集齐全的时期，有关民族、语言、方音等等的调查记录，就我所知目前还是不够，尚待继续搜集，再以新的方式整理。在开始搜集的时候，很不容易有一个结论。征文考献亦复如此，应多搜集原料，研究原料，不必在几年中将各地通志都写起来。至少在我这个半个台湾人看来是不必如此的，而应扩大搜集材料的范围，请台大、师院及历史语言研究所各位先生就民族学、语言学、人类学各方面以新的方法来搜集新的材料。

这是我这半个台湾人回到第二故乡，向各位负征文考献责任的先生们，以我外行的一点小意见贡献给大家，我想许多文史专家一定有更好的意见，黄先生可以请他们多多发表，我只是以我粗浅的意见供大家的参考，作为一种抛砖引玉的意见。

（本文为1953年1月6日胡适在台湾文献委员会欢迎会上的演讲，收入《胡适言论集》甲编，1953年5月台北华国出版社出版。）

中国古代政治思想史的一个看法

我很感觉到不安。在大陆上的时候，我也常常替找我演讲的机构、团体增加许多麻烦；不是打碎玻璃窗，便是挤破桌椅。所以后来差不多二三十年当中，我总避免演讲。像在北平，我从来没有公开演讲过；只有过一次，也损坏了人家的椅窗。在上海有一次在八仙桥青年会大礼堂公开演讲，结果也增加他们不少损害。所以以后我只要能够避免公开演讲，就尽量避免。今天在台湾大学因为预先约定是几个学会邀约的学术演讲，相信不会太拥挤。但今天的情形——主席沈先生已向各位道歉——我觉得很不安。我希望今天不会讲得太长，而使诸位感觉得太不舒服。

那天台湾大学三个学会问我讲什么题目，当时我就说讲“中国古代政治思想史的一个看法”，而报纸上把下面的“一个看法”丢掉了。如果要我讲“中国古代政治思想史”，这个范围似嫌太大，所以我今天还只能讲“中国古代政治思想史的一个看法”。

今年是我的母校哥伦比亚大学创立二百周年纪念。他们在去年准备时，就决定要举行二百周年纪念的典礼。典礼节目中的一部分，有十三个讲演。这十三个讲演广播到全美洲；同时将广播录音送到全世界，凡是有哥伦比亚大学毕业生的地方都要广播。所以这十三个广播演讲，在去年十一二月间就已录音；全部总题目叫做“人类求知的权利”。这里边又分作好几个部分：第一部分（第一至第四个演讲）是讲“人类对于人的见解”；第二部分（第五至第八个演讲）是讲“人类对于政治社会的见解”；第三部分（第九至第十三个演讲）是讲“近代自由制度的演变”。他们要我担任第六个演讲，也就是第五至第八个演讲“人类对于政治社会的见解”中的一部分。我担任的题目是“亚洲古代威权与自由的冲突”。所谓亚洲古代，当然要把巴比伦、波斯、印度古代同中国古代都包括在内。但限定每个演讲只有二十五分钟录音。这样大的题目，只限定二十五分钟的演讲，使我得到一个很大的经验与教训。因为这个题目，要从亚洲西部到东部，讲好几百年甚至一两千年古代亚洲的政治思想史，讲起来是很费时的。因此我先把这些国家约略地研究了一下；但研究结果，认为限定二十五分钟时间，无论如何是不够的。我觉得限定二十五分钟时间的演讲，只能限于中国；同时对于这些亚洲西部古代国家关系政治、宗教、社会、哲学等方面的文献甚少；所以最后我自己只选择了中国古代，并且对于“中国古代政治思想史”这个题目又不能不加以限制。同时我因为这是一个很难得很重要的机会，所以把中国古代政治思想的几种观念——威权与自由冲突的观念——特别提出四点（也可说是四件大事）来讲。结果就成为二十五分钟的演讲。哪四件大事呢？

第一，是无政府的抗议，以老子为代表。这是对于太多的政府，太多的忌讳，太多的管理，太多的统治的一种抗议。这种中国古代的政治思想，能在世界上占有一个很独立的、比较有创见的地位。这一次强迫我花了四十多天时间，来预备一个二十五分钟的演讲；经我仔细地加以研究，感到中国政治思想在世界上有一个最大的、最有创见的贡献，恐怕就是我们的第一位政治思想家——老子——的主张无政府主义。他对政府抗议，认为政府应该学“天道”。“天道”是什么呢？“天道”就是无为而无不为。这可说是一个很重要的观念。他认为用不着政府；如其有政府，最好是无为、放任、不干涉，这是一种无政府主义的政治理想：有政府等于没有政府；如果非要有政府不可，就是无为而治。所以第一件大事，就是中国政治思想史上第一个放大炮的——老子——的无政府主义。他的哲学学说，可说是无政府的抗议。

第二件大事，是孔子、孟子一班人提倡的一种自由主义的教育哲学。孔子与孟子首先揭橥这种运动。后世所谓“道家”（其实中国古代并没有“道家”的名词；此是后话，不在此论例），也可以说是这个自由主义运动的一部分。后来的庄子、杨朱，都是承袭这种学说的。这种所谓个人主义、自由主义的教育哲学和个人主义的起来，是由于他们把人看得特别重，认为个人有个人的尊严。《论语》中的“不降其志，不辱其身”，就是这个道理。个人主义、自由主义的教育哲学，教育人参加政治，参加社会；这种人要有一种人格的尊严，要自己感觉到自己有一种使命，不能随便忽略他自己。这个个人主义、自由主义的教育哲学，是第二件值得我们纪念的大事。

第三件大事，可算是中国古代极权政治的起来，也就是集体主义（极权主义）的起来。在此期间，墨子“上同”的思想，（这个“上”字，平常是用高尚的“尚”字，其实是上下的“上”字。）就是下面一切要上同，所谓“上同而不下比者”，——就是一种极权主义。以现在的新名词说，就叫“民主集权”。墨子的这种理论，影响到纪元前四世纪出来了一个怪人——商鞅。他在西方的秦国，实行这种“极权政治”；后来商鞅被清算死了，但这种极权制度还是存在，而且在一百年之内，把当时所谓天下居然打平，用武力来统一中国，建立所谓“秦帝国”。帝国成立以后，极权制度仍继续存在，焚书坑儒，毁灭文献，禁止私家教育。这就是第三件大事。所谓极权主义的哲学思想：极权国家不但起来了，而且是大成功。

第四件大事是，这个极权国家的打倒，无为政治的试行。秦王政统一天下之后，称他自己为秦始皇，以后他的儿子为二世，孙子为三世，以至于十世、百世、千世、万世、无穷世。殊不知非但没有到万世、千世、百世，所谓“秦帝国”，只到了二世就完了。这一个以最可怕的武力打成功的极权国家，不但十五年就倒下去了。第一个“秦帝国”没有安定，第二个帝国的汉朝却安定了。什么力量使他安定的呢？在我个人的看法，就要回到我说的第一件大事。我以为这是那个无政府主义、无为的政治哲学思想来使他安定的。秦始皇的帝国只有十五年；汉朝的帝国有四百二十年：为什么那个帝国站不住而这个帝国能安定呢？最大的原因，就是汉朝的开国领袖能运用几百年以前老子的无为的政治哲学。汉朝头上七十年工夫，就是采用了这种无为而治的哲学。秦是以有为极权而亡；而汉朝以有意的、自觉的实行无为政治，大汉帝国居然能安定四百二十年之久。不但安定了四百二十年，可说两千年来到现在。今天我们自己称“汉人”，这个“汉”字就是汉朝统治四百二十年后留给我们的。在汉朝以前，只称齐人、楚人、卫人，没有“中国人”这个名词。汉朝的四百二十年，可说是规定了以后两千多年政治的规模，就是无为而治这个观念。这可说是两千多年前祖先留下来的无穷恩惠。这个大帝国，没有军备，没有治安警察，也没有特务，租税很轻（讲到这里，使我想起我在小时，曾从安徽南部经过浙江到上海。到了杭州，第一天才看到警察；以前走了七天七夜并没有看到一个警察或士兵，路上一样很太平）。所以第四件大事，可说是打倒极权帝国而建立一个比较安定的国家；拿以前提倡了而没有实行的无为而治的政治哲学，来安定四百二十年大汉帝国，安定几千年来中国的政治。

现在我就这四点来姑妄言之，诸位姑妄听之。

第一件大事是老子的无为主义。最近几十年来，我的许多朋友，从梁任公先生到钱穆、顾颉刚、冯友兰诸先生，都说老子这个人恐怕靠不住，《老子》这部书也恐怕靠不住。他们主张要把《老子》这部书挪后二三百年。关于这个问题，我也发表过一篇文章，批评这几位先生考订老子年代的方法。我指出他们提出来的证据都站不住（现在台湾版《胡适文存》第四集第二篇，就是讨论考证老子这个人的年代和《老子》这本书的年代的）。但这二三十年来中国学者的提倡，居然影响到外国学者。外国学者也在对老子年代发生怀疑。你看西洋最近出版的几种书，差不多老子的名字都不提了。在我个人的看法，这个问题很复杂；如果将来有机会，可再和各位详细的讨论。今天简单地说，我觉得老子这个人的年代和《老子》这本书的年代，照现在的材料与根据来说，还是不必更动。老子这个人恐怕要比孔子大二三十岁；他是孔子的先生。所谓“孔子问礼于老聃”是大家所不否认的；同时在《礼记·曾子问》中有明白的记载。那时孔子做老子的学徒，在我那篇很长的文章《说儒》里，老子是“儒”，孔子也是“儒”。“儒”的职业是替人家主持丧礼、葬礼、祭礼的。有人认为“儒”是到孔子时才有的，这是错误的观念。我为了一个“儒”字，写了五万多字的文章；我的看法，凡是“儒”，根据《檀弓》里所说，就是替人家主持婚丧祭祀的赞礼的。现在大家似乎都看不起这种赞礼。其实你要是看看基督教和回教，如基督教的牧师，回教的阿洪，他们也是替人家主持婚丧祭祀的。在古代二千五百年时，“儒”也是一种职业。在《礼记·曾子问》中都讲到孔子的大弟子和孔子的老师都是替人家“相”丧的。《礼记·曾子问》中记：孔子自说有一天跟着老子替人家主持丧礼，出丧到半路上，遇到日食，老子就发命令，要大家把棺材停在路旁，等到日食过去后再往前抬。下面老子又解释为什么送丧时遇到日食应该等到太阳恢复后再往前抬。各位先生想一想：送丧碰到日食，这是很少见的事；而孔子跟着老子为人家主持丧礼，在路上遇见日食，也是一件很少见的事，记载的人把这话记载下来，我相信这是不至于会假的。从前阎百诗考据老子到周去问礼到底是哪一年，就是根据这段史实来断定的。同时《檀弓》并不是一本侮蔑孔子的书；这是一本儒家的书。孔子的学生如曾子等，都是替人家送丧的。替人家送丧是当时的一种吃饭工具，是一种正当的职业。至于《老子》这部书，约有五千字左右，里边有四五个真正有创造的基本思想；后来也没有人能有这样透辟的观念。这部只有五千字左右的书，在我个人看起来，从文字上来看，我们也没有理由把他放得太晚。在思想上他的好几个观念，可说是影响了孔子。譬如老子说“无为”，孔子受其影响甚大。如《论语》中的“无为而治者，其舜也欤！”“为政以德，譬如北辰，居其所而众星拱之！”这些话都是受了老子“无为而治”的影响的。还有孔子说，我话说得太多，我要“无言”。这也是老子的思想。孔子说：“天何言哉？四时行焉；百物生焉；天何言哉？”这就是自然主义的哲学。我们考证一部书的真假，从一个人的著作中考据另一个人，并不是我一个人的办法。譬如希腊古代在哲学方面有许多著作，后来的人考据哪几部著作是真的，哪几部著作是假的，用什么标准呢？文字当然是一种标准；但是重要的，就是如果要辨别柏拉图著作的真伪，须看柏拉图的学生亚里士多德是否曾经引过他老师的话，或者看亚里士多德是否曾提到柏拉图某一部书里的话。这是考据的一种方法。我们再看孔子说的“以德报怨”。这完全是根据老子所说的“报怨以德”。诸如此类的话多得很；如“以能问于不能，以多问于寡，有若无，实若虚，犯而不校。”等都可以说是老子的基本观念；尤其“犯而不校”，就是老子提倡的一个很基本的观念，所谓“不争主义”，亦即是“不抵抗主义”（我就是犯了这个毛病：说不考据，现在又谈考据了。不过我现在说这些话，只是替老子申申冤而已）。

老子的主张，所谓无政府的抗议，是中国政治思想史上第一件大事。他的抗议很多。大家总以为老子是一位拱起手来不说话的好好先生，绝对不像个革命党、无政府党。我们不能太污蔑他。你只要看他的书，就知道老子不是好好先生。他在那里抗议，对于当时的政治和社会抗议。他说：“民之饥，以其上食税之多，是以饥。民之难治，以其上之有为，是以难治。民之轻死，以其求生之厚，是以轻死。”“民不畏死，奈何以死惧之。”“天下多忌讳，而民弥贫。民多利器，国家滋昏。人多伎巧，奇物滋起。法令滋彰，盗贼多有。”这就是提倡无政府主义的老祖宗对于当时政治和社会管制太多、统制太多、政府太多的一个抗议。所以大家不要以为老子是一位什么事都不管的好好先生、太上老君；他是一位对于政治和社会不满而要提出抗议的革命党。而且他仅仅抗议还不够；他还提出一种政治基本哲学。就是说，在世界政治思想史上，自由中国在两千五百年以前产生了一种放任主义的政治哲学，无为而治的政治哲学，不干涉主义的政治哲学。在西方恐怕因为直接间接的受了中国这种政治思想的影响，到了十八世纪才有不干涉政治思想哲学的起来。近代的民主政治，最初的一炮都是对于政府的一个抗议：不要政府，要把政府的力量减轻到最低，最好做到无为而治。我想全世界人士不会否认：在全世界的政治思想史上，中国提出无为而治的思想、不干涉主义，这个政治哲学，比任何一个国家要早二千三百年。这是很重要的一件大事。老子说：我们不要自己靠自己的聪明；我们要学学天，学学大自然。“自然”这两个字怎样解释呢？“然”是如此，“自然”就是自己如此。天地间的万物，都不是人造出来的，也不是由玉皇大帝造一个男的再造一个女的，而都是无为，都是自己如此。一切的花，不管红黄蓝白各种颜色的花，绝不是一个万能的上帝涂上了各种颜色才这样的，都是自己如此。也就是老子的所谓“天道”，孔子所谓“天何言哉？四时行焉，百物生焉，天何言哉？”“天道”就是无为，无为而无不为。老子说：“故圣人云：我无为而民自化；我好静而民自正；我无事而民自富；我无欲而民自朴。”这就是无为的政治。而老子最有名的一句话，就是“太上，不知有之”。就是说：最高的政府，使下面的人仅仅知道这个政府。另外一个本子把这句话多加了一个字，作“太上下不知有之”。就是说：上面有个政府，下面的人民还不知道有政府的存在。下面又说：“其次，亲之誉之；其次，畏之；其次，侮之。”就是，比较次一等的政府，人民亲近他，称誉他；第三等政府，人民畏惧他；第四等政府，人民看不起他。所以第一句“太上，不知有之”六个字是很了不得的，是人类政治思想史上最早有这个观念。这种政治思想，比世界上任何一个有思想文化的民族都还要早；同时，由这个观念而影响到我们后来的思想。所以我们中国在政治思想上舍不得把《老子》这部书抹杀掉，我们历史上第一个政治思想家，就是提倡无政府主义、不干涉主义的老子。同时，我颇疑心十八世纪的欧洲哲学家已经有老子的书的拉丁文翻译本：因为那时他们似乎已经受到老子学说的影响。

第二件大事是孔子以下的自由思想，个人主义。孔子与老子不同。孔子是教育家，而老子反对文化，认为五音、五色、五味的文化是太复杂了，最好连车船等机器都不用，文字也不必要。这种反文化的观念，在欧洲十八世纪时的卢梭，十九世纪时的托尔斯泰也曾提出；而老子的反文化观念要比任何世界上有文化的民族为早。老子不但反文化，而且反教育，认为文明是代表人民的堕落。而孔子恰恰相反。他是一个教育家、历史家。虽然做老子的学生，受无为思想的影响，孔子在政治思想上的成就比较平凡，并没有什么创造的见解。但是孔子是一个了不得的教育家。他提出的教育哲学可以说是民主自由的教育哲学，将人看做是平等的。《论语》中有“性相近也，习相远也，唯上智与下愚不移。”就是说，除了绝顶聪明与绝顶笨的人没有法教育以外，其他都是平等的；可教育的能力一样。孔子提出四个字，可以说是中国的民主主义教育哲学，就是：“有教无类”。“类”是种类，是阶级。若是看了墨子讲的“类”和荀子讲的“类”然后再来解释孔子的“有教无类”，可以知道此处的“类”就是种类，就是阶级。有了教育就没有种类，就没有阶级。后世的考试制度，可以说是根据这种教育哲学为背景的。

孔子的教育哲学是“有教无类”，但他的教育“教”什么呢？孔子提出一个很重要的字，就是“仁”字。孔子的着重“仁”字，可以说前无古人后无来者。这是了不得的地方。这个“仁”就是人的人格，人的人性，人的尊严。孔子说：“修己以敬。”孔子的学生问“这就够了吗?”孔子又说：“修己以安人。”孔子的学生又问：“这就够了吗?”孔子又说：“修己以安百姓。”这句话就是说教育并不是要你去做和尚，去打坐念经那一套。“修己”是做教育自己的工作；但是还有一个社会目标，就是“安人”。“安人”是给人类以和平、快乐。这一个教育观念是新的。教育并不是为自己，不是为使自己成为菩萨、罗汉、神仙。修己是为了教育自己，为的社会目标。所以后来儒家的书《大学》里的“格物、致知、诚意、正心、修身”，是修身的工作；而后面的“齐家、治国、平天下”，都是社会的目标。所以孔子时代的这种“修己以安人”“修己以安百姓”的观念就是将教育个人与社会贯连起来。教育的目标不是为自己自私自利，不是为升官发财，而是为“安人”“安百姓”，为齐家、治国、平天下。因为有这个使命，就感觉到“仁”——受教育的“人”，尤其是士大夫阶级，格外有一种尊严。人本来有人的尊严，到了做到自己感觉有“修己以安人”“修己以安百姓”的使命时，就格外感觉到有一种责任。所以《论语》中说：“志士仁人，无求生以害仁，有杀身以成仁。”就是说，遇必要时，宁可杀身以完成人格。这就是《论语》中的“不降其志，不辱其身”。孔子的大弟子曾子说：“士不可以不弘毅，任重而道远。仁以为己任，不亦重乎！死而后已，不亦远乎！”就是说受教育的人要有大气魄，要有毅力。为什么呢？因为“任重而道远”。“任”就是担子。把“仁”拿来做担子，担子自然很重；到死才算是完了，这个路程还不远吗？这一个观念，是我们所谓有孔孟学派的精神的：就是将个人人格看得很重，要自己挑起担子来，“修己以安人”“修己以安百姓”。孟子常说：“自任以天下之重。”曾子说：“仁以为己任。”以整个人类视为我们的担子，这是两千五百年以来的一个了不得的传统。后来宋朝范仲淹也说：“先天下之忧而忧，后天下之乐而乐。”这就是因为“修己以安人”而感觉到“任重而道远”的缘故。明末顾亭林以为：“天下兴亡，匹夫有责”，也是这个道理。

所以自由民主的教育哲学产生了健全的个人主义。个人主义就是将自己看作一个有担子的人，不要忘了自己有使命，有责任。不但孔子如此，孟子也讲得很清楚：“富贵不能淫，贫贱不能移，威武不能屈：此之谓大丈夫。”就是说大丈夫的人格要自己感觉到自己有“修己以安人”的使命。再讲到杨、朱、庄子所提倡的个人主义，也不过是个人人格的尊严。庄子主要的是说：“举世誉之而不加劝；举世非之而不加沮。”这就是最健全的个人主义。老子、庄子都是如此。到了汉朝才有人勉强将他们跟孔、孟分了家，称为道家。秦以前的古书中都没有“道家”这个名字（哪一位先生能在先秦古书里找到“道家”这个名字的，我愿意罚钱）。所以韩非子在秦末年时说：“天下显学二，儒、墨而已。”他只讲到儒、墨，没有提及道家。杨、朱的学说也是个人主义。这个个人主义的趋势是一个了不得的趋势；以健全的民主自由教育哲学作基础，要做到“不降其志，不辱其身”；提倡人格，要挑得起人类的担子，挑得起天下的担子。宁可“杀身以成仁”，不可“求生以害仁”。这个健全的个人主义，是第二个重要的运动。

第三件大事发生在纪元前五世纪以后，在孔子以后，自四世纪起到三世纪时，正是战国时代。原来春秋时代有一个大国——晋。晋国文化很高，但在西历纪元前403年即被权臣分裂为韩、赵、魏三国。这一年历史学家算作战国的第一年。那时南方的楚也很强大。因为晋国三分，亦便没有可畏的强邻了。当时的秦孝公是一个英主，用了一个大政治家商鞅。两人合作而造成了一个极权国家。不过极权主义的思想原则远在商鞅之前就已发生；在《墨子》的《上同》篇中已有这个思想。关于中国古代思想的三个大老——老子、孔子、墨子，我在《中国哲学史》上卷，提倡百家平等；认为他们受了委屈，为被压迫了几千年的学派打抱不平。现在想想，未免矫枉过正。当时认为墨家是反儒家的；儒家是守旧的右派，而墨家是革新的左派。但这几十年来——三十五年来的时间很长，头发也白了几根，当然思想也有点进步——我看墨子的运动是替民间的宗教辩护，认为鬼是有的，神是有的。这种替民间宗教辩护的思想，在当时我认为颇倾向于左；但现在看他，可以算是一个极右的右派——反动派。尤其是讲宗教政治的部分，所说的话是右派的话。在政治思想上，只要看他的《上同》篇。《上同》篇中说：

> 古者民始生未有政长之时，盖其语人异义。是以一人则一义，二人则二义，十人则十义。其人兹众，其所谓义者亦兹众。是以人是其义以非人之义，故交相非也。……天下之乱，若禽兽然。

义就是对的；一个人认为自己是对的，十个人认为他们各是对的，结果互相吵起来而“交相非也”。拿我的“义”打人家的“义”，结果天下大乱而“若禽兽然”。有了政府时，政府中，上面是天子，有三公、诸侯——乡长、里长，政府成立了。然后由天子发布命令给天下百姓，说你们凡是听见好的或不好的事都要报告到上面来，这是民主集权制。《上同》篇中说：

> 夫明乎天下之所以乱者生以无政长，是故选天下之贤可者立以为天子。天子立，以其力为未足，又选择天下之贤可者置立之以为三公。……政长既已具，天子发政于天下之百姓，言曰，闻善而不善（王引之读“而”为“与”），皆以告其上。上之所是，必皆是之；所非，必皆非之。……上同而不下比者，此上之所赏而下之所誉也。

只要上面说是对的，下面的人都要承认是对的：这就是“上同”，“上同而不下比”。

> 里长发政里之百姓，言曰，闻善而不善，必以告其乡长。乡长之所是，必皆是之；乡长之所非，必皆非之。……乡长唯能一同乡之义，是以乡治也。……乡长发政乡之百姓，言曰，闻善而不善者，必以告国君。国君之所是，必皆是之；国君之所非，必

> 皆非之。……国君唯能一同国之义，是以国治也。

天子的功用就是能够一同天下之义。但是这还不够；天子上面还有上帝。所以

> 国君发政国之百姓，言曰，闻善而不善，必以告天子。天子之所是，皆是之；天予之所非，皆非之。……天子唯能一同天下之义，是以天下治也。……天下之百姓，皆上同于天子，而不上同于天，则灾犹未去也。

这才算是真正的上同。但是怎样才能达到上同呢？拿现代的名词讲，就是用“特务制度”，也就是要组织起来。这样才能够收到在数千里外有人做好事坏事，他的妻子邻人都不知道，而天子已经知道。《上同》篇中有一段说：

> 古者圣王唯能审以尚同以为政长，是故上下情通（依毕王诸家校）。上有隐事遗利，下得而利之；下有蓄怨积害，上得而除之。是以数千万里之外，有为善者，其室人未遍知，乡里未遍闻，天子得而赏之。数千万里之外，有为不善者，其室人未遍知，乡人未遍闻，天子得而罚之。是以举天下之人皆恐惧振动，惕栗不敢为淫暴，曰，“天子之视听也神！”

就是说天子的看与听都是神。然后又说：

> 非神也，夫唯能使人之耳目助己视听，使人之（唇）吻助己言谈，使人之心思助己思虑，使人之股肱助己动作。助之视听者众，则其德音之所抚循者博矣；助之思虑者众，则其举事速成矣。故古者圣人之所以济事成功垂名于后世者，无他故异物焉，曰唯能以上同为政者也。

这就是一种最高的民主集权制度。这种思想真正讲起来也可以说是一种神权政治，也是极权政治的一种哲学。所以我们从政治方面讲，老子是站在左

派，而墨子是站在极右派。不过后来墨子并没有机会实行他的政治哲学。

秦孝公的西方国家本来是一个贫苦的国家，但是经过商君变法，提倡“农”“战”，这是一种政治上、经济上、军事制度上的大改革、大革新。这个革新有两大原则：一是提倡“农”，生产粮食；一是提倡“战”。有许多古代的哲学，古代的书籍，因为离开我们太久远了，我们对它的看法有时看不大懂。在三十五年前我写《中国哲学史大纲》时，就很不注意《商君书》和韩非子的书。这种书因为在那时候，没有能看得懂，觉得有许多东西好像靠不住。等到这几十年来，世界上有几个大的极权政府，有几个已经倒了，有的还没有倒。因为这个缘故，我们再回头看墨子、商君的书，懂了。这是经过三十多年的变化而生的转移。举例来说：譬如关于“战”，关于极权政治，在《商君书》第十七章里有一节：“圣人之为国也，一赏、一刑、一教。一赏则民无敌；一刑则令行；一教则下听。”这个“一赏、一刑、一教”，真正是极权的国家主义。最重要的是一教。一教之义，就是无论什么学问，无论什么行为，都比不了富贵；而富贵的得来，并不靠你的知识，也不靠你的行为，也不是因为名誉；靠什么呢？靠战争。“所谓一教者，博闻辩慧，信廉礼乐，修行群党，任誉清浊，不可以富贵。……富贵之门，要存战而已矣。”能够作战的才能践富贵之门；因为这个缘故，父兄、子弟、朋友、婚姻的谈话中最重要的事是战争。“彼能战者，践富贵之门。……是父兄昆弟知识婚姻合同者，皆曰，务之所加，存战而已矣。故当壮者务于战，老弱者务于守。死者不悔，生者务劝。此……所谓一教也。”“民之欲富贵也，共阖棺而后出。而富贵之门必出于兵。是故民闻战而相贺也。起居饮食所歌谣者，战也。……圣人治国也，审一而已矣。”像这样使人认为战争是可贺的，在家中在外面所唱的歌都是战争；这样才能做到使百姓听到战争的名字，看到战争，有如饿狼看见了肉。这样老百姓才可以用了。“民之见战也，如饿狼之见肉，则民用矣。凡战者，民之所恶也。能使民乐战者，王。”这些书籍，我们在当时看不懂；到了最近几十年来，回头看一看《史记》《商君书》，才都懂了。那时的改革政治是怎样呢？就是将人民组织起来，分为什伍的组织，要彼此相纠发。《史记·商君列传》：

令民为什伍，而相收司（相纠发）连坐（一家有罪而九家连举发。若不纠举，则十家连坐）。不告奸者腰斩。告奸者，与斩

> 敌首同赏。匿奸者与降敌同罚。……有军功者，各以率受上爵。……大小僇力本业耕织；致粟帛多者，复其身。事末利及怠而贫者，举以为收孥。

这是西方的秦建设了一个警察国家，一个极权的国家，而且成绩特别好。在不到一百年之内，居然用武力统一了当时的所谓天下。始皇二十六年统一天下；过了八年后又发生了问题。就是当时还有许多人保留了言论自由。于是三十四年丞相李斯议曰："……古者天下散乱，莫之能一，是以诸侯并作，语皆道古以害今，饰虚言以乱实。人善其私学，以非上之所建立。"就是百姓以批评来反对政府所建立的政策。接着又说：

> 今皇帝并有天下，别黑白而定一尊，私学而（乃）相与非法教。人闻令下，则各以其所学议之。入则心非，出则巷议。夸主以为名，异取以为高，率群下以造谤。如此弗禁，则主势降乎上，党羽成乎下。禁之便。

主张还是禁止言论自由为对。于是就具体建议："臣请史官非秦纪皆烧之；非博士官所职，天下敢有藏诗书百家语者，悉诣守尉杂烧之。"将书烧了以后，如果还有人敢批评政府的就杀头。"有敢偶语诗书，弃市。""吏见知不举者与同罪"。"所不去者，医药卜筮种树之书。……"这是秦始皇三十四年的大烧书。

总而言之，第三件大事就是秦朝创立一个很可怕的极权国家，而且大成功，用武力统一了全中国，建立了统一的帝国。

第四件大事就是极权国家的打倒，与无为政治的试行。汉高祖是百姓出身，项燕、项羽与张耳一班人都是贵族。汉高祖是一个地地道道的百姓，知道民间的疾苦，所以当他率领的革命军到达咸阳时，就召集父老开大会，将所有秦代所定的法律都去掉，只留约法三章。其实只有两章："杀人者死；伤人及盗抵罪。"汉朝的几个大领袖都能继续汉高祖的这种政策。当时的曹参是战功最高的，比韩信的战功还高。汉高祖将项羽打倒后，立私生子做齐王，派曹参去做相国。曹参当时就说，我是军人，而齐国的文化程度最高，经济程度也高。情形很复杂，我干不了；还是请一班读书人去吧！于是大家告诉他，山东有一个人叫盖公，可以请他指导。于是曹参就去请教盖公。盖公说：我相信老子的哲学。要治理齐国很容易；只要“无为”就可以治好齐国。于是曹参就实行“无为之治”。在齐国做了九年宰相，实行无为的结果，齐国大治，政治成绩为全国第一。所以在萧何死后，朝廷又请曹参回到中央政府做宰相。曹参到了中央任丞相以后，也还是喝酒不管国事。当时的惠帝就遣曹参的儿子去问曹参。曹参打了儿子一顿。及曹参上朝，惠帝向他说，你为什么打你的儿子？是我叫他问的。曹参便脱帽谢罪，向惠帝说：“陛下比高皇帝何如？”惠帝说：“我哪可以比高皇帝！”参又问：“陛下看我比萧何哪个能干？”惠帝说：“君似乎不及萧何。”参曰；“陛下说得是。既然陛下比不上高祖，我比不上萧何，我们谨守他们的成规，无为而治岂不好？”惠帝就说“很好”。不但如此，以后吕后闹了一个小政变，结果一班大臣请高祖的一个小儿子代王恒来做皇帝，这就是汉文帝。文帝的太太窦后是一个了不得的皇后。文帝死后，景帝登位，窦后是皇太后。景帝死后，武帝登位，窦后是太皇太后。前后三度，当权四十五年。窦太后最相信老子的哲学，他命令刘家、窦家全家大小都以老子的书作必修教科书。所以汉朝在这四十五年中实行无为而治的政治。对外方面，北对匈奴，南对南越，都是避免战争。对内是减轻租税，减轻刑罚；废止肉刑，废止什伍连坐罪；租税减轻至三十分之一，这是从古以来没有的，以后也没有的。人民经过战国时代的多少战争，又经过楚汉的革命战争，在汉高祖以后，七十年的无为政治使人民得了休息的机会。无为而治的政治使老百姓觉得统一的帝国有好处而没有害处。为什么有好处呢？这样大的一个帝国，没有战事，没有常备军队，没有警察，租税又轻：这自然是老百姓第一次觉得这个政策是值得维持、值得保存的。

由于汉朝这七十年的有意实行的无为而治，才造成了四百年的汉帝国，才留下无为而治的规模，使我们中国两千多年来的政治思想，政治制度，政治行为都受了这“无为而治”的恩典。这是值得我们想想的。这是我对于中国古代政治思想的一个看法。

今天因为广播公司控制得不严格，所以超过了时间，要向诸位道歉。

（本文为 1954 年 3 月 12 日胡适在台湾大学的演讲，原载 1954 年 3 月 13 日台北《中央日报》《中华日报》和《新生报》，又载 1954 年 4 月 1 日台北《自由中国》第 10 卷第 7 期。）

历史科学的方法

今天本人能参加这次中国地质学会年会，甚感荣幸。同时看到内容丰富的会刊，更觉高兴。本人对地质是外行，没有什么可讲；但因我和地质界许多位老前辈们都有深交，所以对过去地质学会的工作情形，特别清楚，本人尤其赞佩地质学会在国际上的崇高地位，对贵会前途寄予无限的期望。

地质学、古生物学皆属于历史科学，本人特在此提出1880年赫胥黎（Thomas Henry Huxley）关于研究古生物的一篇有名的讲词“柴狄的方法”（On the Method of Zadig）的故事来谈谈。

赫氏所讲故事里的“柴狄”是法国一位大哲人伏尔泰（Voltaire）做的小说里的主人翁，在这书中柴狄是一位巴比伦的哲学家，他喜欢仔细观察事物。有一天他在森林中散步，恰巧王后的小狗走失了，仆人正在找寻，问柴狄曾否看到。柴狄当时说那只狗是一只小母狗，刚生了小狗，并且一只脚微跛。仆人以为那只狗一定被他偷藏了，就要逮捕他。这时又有一群人来找寻国王失了的马，柴狄又说出那马是一匹头等快跑的马，身高五尺，尾长三尺半，马蹄上带着银套，嘴衔勒上有二十三“开”金子的饰品。于是他就以偷窃王家的狗和马的嫌疑被捕了。在法庭上柴狄为自己辩护，他指出，他根据沙上的痕迹就可以判断那狗是刚生小狗的母狗，左后足是跛的；又根据路旁树叶脱落的情形，可以判断马的高度，根据路的宽度和两旁树叶破碎的情形，可以判断马尾的长度；马嘴曾碰石头，那石头上的划痕，可以推知马衔勒是二十三开金制成；根据马的足迹，可以判断这是一匹头等快跑的马。随后狗和马都在别处找到了，柴狄无罪被释。赫胥黎说，古生物学的方法其实就是“柴狄的方法”。

历史学家、考古学家、古生物学家、地质学家以及天文学家所用的研究方法，就是这种观察推断的方法，地质学和古生物学都是“历史的科学”，同样根据一些事实来推断造成这些事实的原因。

历史的科学和实验的科学方法有什么分别呢？实验的科学可以由种种事实归纳出一个通则。历史的科学如地质学等也可以说是同样用这种方法。但是实验科学归纳得通则之后，还可以用演绎法，依照那通则来做实验，看看某些原因具备之后是否一定发生某种预期的结果。实验就是用人工造出某种原因来试验是否可以发生某种结果。这是实验科学和历史科学最不同的一个要点。地质学和其他历史的科学，虽然也都依据因果律，从某些结果推知当时产生这些结果的原因，但历史科学的证据大部分是只能搜求，只能发现，而无法再造出来反复实验的（天文学的历史部分可以上推千万年的日月食，也可以下推千万年的日月食，也还可以推知某一个彗星大约在某年可以重出现。但那些可以推算出来的天文现象也不是用人工制造出来的。但我曾看见一位欧洲考古学家用两块石头相劈，削成“原始石器”的形状）。

正因为历史科学上的证据绝大部分是不能再造出来做实验的，所以我们做这几门学问的人，全靠用最勤劳的工夫去搜求材料，用最精细的工夫去研究材料，用最谨严的方法去批评审查材料。

这种功夫，这种方法，赫胥黎在八十年前曾指出，还不过是“柴狄的方法”。柴狄的方法，其实就是我们人类用常识来判断推测的方法。赫胥黎说：“游牧的民族走到了一个地方，看见了折断了的树枝，踏碎了的树叶，搅乱了的石子，不分明的脚印，从这些痕迹上，他们不但可以推断有一队人曾打这里经过，还可以估计那一队的人数有多少，有多少马匹，从什么方向来，从什么方向去，过去了几天了。”

历史科学的方法不过是人类常识的方法，加上更严格的训练，加上更谨严的纪律而已。

（本文为1958年4月26日胡适在中国地质学会年会的演讲，原载1959年3月台北《中国地质学会会刊》第2期。）

墨家哲学

一、墨子略传

墨子名翟姓墨氏（近人江瑔作《读子卮言》辨墨子不姓墨。其实这事不成问题，毋庸深辨）。有人说他是宋人，有人说他是鲁人。今依孙诒让说，定他为鲁国人。

欲知一家学说传授沿革的次序，不可不先考定这一家学说产生和发达的时代。如今讲墨子的学说，当先知墨子生于何时。这个问题，古今人多未能确定。有人说墨子“并孔子时”，（《史记·孟荀列传》）有人说他是“六国时人，至周末犹存”，（毕沅《墨子序》）这两说相差二百多年，若不详细考定，易于使人误会。毕沅的话已被孙诒让驳倒了（《墨子间诂·非攻中》），不用再辨。孙诒让又说：

> 窃以今五十三篇之书推校之，墨子前及与公输般鲁阳文子相问答，而后及见齐太公和（见《鲁问》篇，田和为诸侯，在周安王十六年）与齐康公兴乐（见《非乐》上。康公卒于安王二十年），与楚吴起之死（见《亲士》篇。在安王二十一年）。上距孔子之卒（敬王四十一年）几及百年。则墨子之后孔子益信。审核前后，约略计之，墨子当与子思同时，而生年尚在其后（子思生于鲁哀公二年，周敬王二十七年也）。盖生于周定王之初年，而卒于安王之季，盖八九十岁。（《墨子年表序》）

我以为孙诒让所考不如汪中考的精确。汪中说：

> 墨子实与楚惠王同时，《耕柱》篇、《鲁问》篇、《贵义》篇……其年于孔子差后，或犹及见孔子矣。……《非攻中》篇言知伯以好战亡。事在“春秋”后二十七年。又言蔡亡，则为楚惠王四十二年。墨子并当时，及见其事。《非攻下》篇言“今天下好战之国，齐晋楚越”又言“唐叔、吕尚邦齐晋今与楚越四分天下。”《节葬下》篇言“诸侯力征，南有楚越之王，北有齐晋之君。”明在句践称霸之后（《鲁问》篇越王请裂故吴地方五百里以封墨子亦一证），秦献公未得志之前，全晋之时，三家未分，齐未为陈氏也。
>
> 《檀弓》下，“季康子之母死，公输般请以机封”。此事不得其年。季康子之卒在哀公二十七年。楚惠王以哀公七年即位。般固逮事惠王。《公输》篇，“楚人与越人舟战于江。公输子自鲁南游楚作钩强以备越”。亦吴亡后楚与越为邻国事。惠王在位五十七年，本书既载其以老辞墨子，则墨子亦寿考人欤？（《墨子序》）

汪中所考都很可靠。如今且先说孙诒让所考的错处。第一，孙氏所据的三篇书，《亲士》《鲁问》《非乐上》，都是靠不住的书。《鲁问》篇乃是后人所辑其中说的“齐大王”，未必便是田和。即使是田和，也未必可信。例如《庄子》中说庄周见鲁哀公，难道我们便说庄周和孔丘同时么？《非乐》篇乃是后人补做的。其中屡用“是故子墨子曰，为乐非也”一句，可见其中引的历史事实，未必都是墨子亲见的。《亲士》篇和《修身》篇同是假书。内中说的全是儒家的常谈，那有一句墨家的话。

第二，《墨子》决不曾见吴起之死。《吕氏春秋·上德》篇说吴起死时，阳城君得罪逃走了，楚国派兵来收他的国。那时“墨者巨子孟胜”替阳城君守城，遂和他的弟子一百八十三人都死在城内。孟胜将死之前，还先派两个弟子把“巨子”的职位传给宋国的田襄子，免得把墨家的学派断绝了。

照这条看来，吴起死时墨学久已成了一种宗教。那时“墨者巨子”传授的法子，也已经成为定制了。那时的“墨者”，已有了新立的领袖。孟胜的弟子劝他不要死，说：“绝墨者于世，不可。”要是墨子还没有死，谁能说这话呢。可见吴起死时，墨子已死了许多年了。

依以上所举各种证据，我们可定墨子大概生在周敬王二十年与三十年之间（民国纪元前2411至前2401年，西历纪元前500至前490年），死在周武烈王元年与十年之间（民国纪元前2336至前2327年，西历纪元前425至前416年）。墨子生时约当孔子五十岁六十岁之间（孔子生民国纪元前2462年）。到吴起死时（纪元前2292年），墨子已死了差不多四十年了。

以上所说墨子的生地和生时，很可注意。他生当鲁国，又当孔门正盛之时。所以他的学说，处处和儒家有关系。《淮南·要略》说：

> 墨子学儒者之业，受孔子之术，以为其礼烦扰而不悦，厚葬靡财而贫民，〔久〕服伤生而害事。

墨子究竟曾否“学儒者之业，受孔子之术”，我们虽不能决定，但是墨子所受的儒家的影响，一定不少（《吕氏春秋·当染》篇说史角之后在于鲁，墨子学焉。可见墨子在鲁国受过教育）。我想儒家自孔子死后，那一班孔门弟子不能传孔子学说的大端，都去讲究那丧葬小节。请看《礼记·檀弓》篇所记孔门大弟子子游、曾子的种种故事，哪一桩不是争一个极小极琐碎的礼节？（如“曾子吊于负夏”，及“曾子袭裘而吊，子游裼裘而吊”，诸条）再看一部《仪礼》那种烦琐的礼仪，真可令今人骇怪。墨子生在鲁国，眼见这种种怪现状，怪不得他要反对儒家，自创一种新学派。墨子攻击儒家的坏处，约有四端：

> 儒之道足以丧天下者四政焉。儒以天为不明，以鬼为不神，天鬼不说。此足以丧天下。又厚葬，久丧，重为棺椁，多为衣衾，送死若徙。三年哭泣，扶然后起，杖然后行，耳无闻，目无见。此足以丧天下。又弦歌鼓舞，习为声乐。此足以丧天下。又以命为有。贫富、寿夭、治乱、安危、有极矣，不可损益也。为上者行之，必不听治矣。为下者行之，必不从事矣，此足以丧天下。（《墨子·公孟》篇）

这个儒墨的关系是极重要不可忽略的。因为儒家不信鬼，孔子言“未知生，焉知死”。“未能事神，焉能事鬼。”又说：“敬鬼神而远之”。《说苑》十八记子贡问死人有知无知。孔子曰：“吾欲言死者有知耶，恐孝子顺孙妨生以送死也。欲言死者无知，恐不孝子孙弃亲不葬也。赐欲知死人有知无知也，死徐自知之，犹未晚也。”此犹是怀疑主义（Agnosticism）后来的儒家直说无鬼神。故《墨子·公孟》篇的公孟子曰：“无鬼神。”此直是无神主义［Atheism］。所以墨子倡“明鬼”论。因为儒家厚葬久丧，所以墨子倡“节葬”论。因为儒家重礼乐，所以墨子倡“非乐”论。因为儒家信天命，（《论语》子夏说：“死生有命，富贵在天。”孔子自己也说：“不知命，无以为君子也。”又说：“道之将行也欤，命也。道之将废也欤，命也。”）所以墨子倡“非命”论。

墨子是一个极热心救世的人，他看见当时各国征战的惨祸，心中不忍，所以倡为“非攻”论。他以为从前那种“弭兵”政策（如向戌的弭兵会），都不是根本之计。根本的“弭兵”，要使人人“视人之国，若视其国；视人之家，若视其家；视人之身，若视其身”。这就是墨子的“兼爱”论。

但是墨子并不是一个空谈弭兵的人。他是一个实行非攻主义的救世家。那时公输般替楚国造了一种云梯，将要攻宋。墨子听见这消息，从鲁国起程，走了十日十夜，赶到郢都去见公输般。公输般被他一说说服了，便送他去见楚王，楚王也被他说服了，就不攻宋了（参看《墨子·公输》篇）。公输般对墨子说：“我不曾见你的时候，我想得宋国。自从我见了你之后，就是有人把宋国送给我，要是有一毫不义，我都不要了。”墨子说：“……那样说来，仿佛是我已经把宋国给了你了。你若能努力行义，我还要把天下送给你咧。”（《鲁问》篇）

看他这一件事，可以想见他一生的慷慨好义，有一个朋友劝他道：“如今天下的人都不肯做义气的事。你何苦这样尽力去做呢？我劝你不如罢了。”墨子说：“譬如一个人有十个儿子。九个儿子好吃懒做，只有一个儿子尽力耕田。吃饭的人那么多，耕田的人那么少，那一个耕田的儿子便该格外努力耕田才好。如今天下的人都不肯做义气的事，你正该劝我多做些才好。为什么反来劝我莫做呢？”（《贵义》篇）这是何等精神！何等人格！那反对墨家最厉害的孟轲道：“墨子兼爱，摩顶放踵利天下，为之。”这话本有责备墨子之意，其实是极恭维他的话。试问中国历史上可曾有第二个“摩顶放踵利天下为之”的人么？

墨子是一个宗教家。他最恨那些儒家一面不信鬼神，一面却讲究祭礼丧礼，他说：“不信鬼神，却要学祭礼，这不是没有客却行客礼么？这不是没有鱼却下网么？”（《公孟》篇）所以墨子虽不重丧葬祭祀，却极信鬼神。还更信天。他的“天”却不是老子的“自然”，也不是孔子的“天何言哉？四时行焉，百物生焉”的天。墨子的天，是有意志的。天的“志”就是要人兼爱。凡事都应该以“天志”为标准。

墨子是一个实行的宗教家。他主张节用，又主张废乐，所以他教人要吃苦修行。要使后世的墨者，都要“以裘褐为衣，以跂屩为服，日夜不休，以自苦为极”。这是“墨教”的特色。《庄子·天下》篇批评墨家的行为，说：

> 墨翟、禽滑厘之意则是，其行则非也。将使后世之墨者，必自苦，以腓无胈胫无毛相进，而已矣。乱之上也，治之下也。

又却不得不称赞墨子道：

> 虽然，墨子真天下之好也。将求之不可得也，虽枯槁不舍也。才士也夫！

认得这个墨子，才可讲墨子的哲学。

二、《墨子》考

《墨子》书今本，有五十三篇，依我看来，可分作五组：

第一组　自《亲士》到《三辩》，凡七篇、皆后人假造的（黄震、宋濂所见别本，此七篇题曰经）。前三篇全无墨家口气。后四篇乃根据墨家的余论所作的。

第二组　《尚贤》三篇、《尚同》三篇、《兼爱》三篇、《非攻》三篇、《节用》两篇、《节葬》一篇、《天志》三篇、《明鬼》一篇、《非乐》一篇、《非命》三篇、《非儒》一篇、凡二十四篇。大抵皆墨者演墨子的学说所作的。其中也有许多后人加入的材料。《非乐》《非儒》两篇更可疑。

第三组　《经上、下》《经说上、下》《大取》《小取》六篇。不是墨子的书，也不是墨者记墨子学说的书。我以为这六篇就是《庄子·天下》篇所说的“别墨”做的。这六篇中的学问，决不是墨子时代所能发生的。

况且其中所说和惠施、公孙龙的话最为接近。惠施、公孙龙的学说差不多全在这六篇里面。所以我以为这六篇是惠施、公孙龙时代的“别墨”做的。我从来讲墨学，把这六篇提出，等到后来讲“别墨”的时候才讲他们。

第四组　《耕柱》《贵义》《公孟》《鲁问》《公输》这五篇，乃是墨家后人把墨子一生的言行辑聚来做的，就同儒家的《论语》一般。其中有许多材料比第二组还更为重要。

第五组　自《备城门》以下到《杂守》，凡十一篇。所记都是墨家守城备敌的方法。于哲学没什么关系。

研究墨学的可先读第二组和第四组，后读第三组。其余二组，可以不必细读。

三、墨子哲学的根本方法

儒墨两家根本上不同之处，在于两家哲学方法的不同，在于两家的“逻辑”不同。《墨子·耕柱》篇有一条最形容得出这种不同之处。

> 叶公子高问政于仲尼，曰：“善为政者若之何？”仲尼对曰：“善为政者，远者近之，而旧者新之。”（《论语》作“近者悦，远者来。”）
>
> 子墨子闻之曰：“叶公子高未得其问也。仲尼亦未得其所以对也。叶公子高岂不知善为政者之远者近之而旧者新之哉？问所以为之若之何也……”

这就是儒墨的大区别。孔子所说是一种理想的目的。墨子所要的是一个“所以为之若之何”的进行方法。孔子说的是一个“什么”，墨子说的是一个“怎样”。这是一个大分别。

《公孟》篇又说：

> 子墨子问于儒者，曰：“何故为乐？”曰：“乐以为乐也。”子墨子曰：“子未我应也。今我问曰：‘何故为室？’曰：‘冬避寒

> 焉，夏避暑焉，室以为男女之别也，’则子告我为室之故矣。今我问曰：‘何故为乐？’曰：‘乐以为乐也。’是犹曰：‘何故为室？’曰：‘室以为室也。’”

儒者说的还是一个“什么”。墨子说的是一个“为什么”。这又是一个大分别。

这两种区别，皆极重要。儒家最爱提出一个极高的理想的标准，作为人生的目的，如论政治，定说：“君君、臣臣、父父、子子；”或说：“近者悦，远者来；”这都是理想的目的，却不是进行的方法。如人生哲学（人生哲学，或译伦理学，伦理学之名不当，但可以称儒家之人生哲学耳。故不用）则高悬一个“止于至善”的目的，却不讲怎样能使人止于至善。所说细目，如“为人君，止于仁；为人臣，止于敬；为人父，止于慈；为人子，止于孝；与国人交，止于信”（《大学》）全不问为什么为人子的要孝，为什么为人臣的要敬；只说理想中的父子君臣朋友是该如此如此的。所以儒家的议论，总要偏向“动机”一方面。“动机”如俗话的“居心”。孟子说的“君子之所以异于人者，以其存心也。君子以仁存心，以礼存心”。存心是行为的动机。大学说的诚意，也是动机。儒家只注意行为的动机，不注意行为的效果。推到了极端，便成董仲舒说的“正其谊不谋其利，明其道不计其功”。只说这事应该如此做，不问为什么应该如此做。

墨子的方法，恰与此相反。墨子处处要问一个“为什么”。例如造一所房子，先要问为什么要造房子。知道了“为什么”，方才可知道“怎样做”。知道房子的用处是“冬避寒焉，夏避暑焉，室以为男女之别”，方才可以知道怎样布置构造始能避风雨寒暑，始能分别男女内外。人生的一切行为，都是如此。如今人讲教育，上官下属都说应该兴教育。于是大家都去开学堂，招学生。大家都以为兴教育就是办学堂，办学堂就是兴教育。从不去问为什么该兴教育，因为不研究教育是为什么的，所以办学和视学的人也无从考究教育的优劣，更无从考究改良教育的方法。我去年回到内地，有人来说，我们村里，该开一个学堂。我问他为什么我们村里该办学堂呢？他说，某村某村都有学堂了，所以我们这里也该开一个。这就是墨子说的“是犹曰，何故为室？曰：室以为室也”的理论。

墨子以为无论何种事物、制度、学说、观念，都有一个“为什么”。换言之，事事物物都有一个用处。知道那事物的用处，方才可以知道他的是非善恶。为什么呢？因为事事物物既是为应用的，若不能应用，便失了那事那物的原意了，便应该改良了。例如墨子讲“兼爱”，便说：

> 用而不可，虽我亦将非之。且焉有善而不可用者？（《兼爱下》）

这是说，能应“用”的，便是“善”的；“善”的便是能应“用”的。譬如我说这笔“好”，为什么“好”呢？因为能中写，所以“好”。又如我说这会场“好”，为什么“好”呢？因为他能最合开会讲演的用，所以“好”。这便是墨子的“应用主义”。

应用主义又可叫做“实利主义”。儒家说“义也者，宜也”。宜即是“应该”。凡是应该如此做的，便是“义”。墨家说：“义，利也”（《经上》篇，参看《非攻下》首段）。便进一层说，说凡事如此做去便可有利的即是“义的”。因为如此做才有利，所以“应该”如此做。义所以为“宜”，正因其为“利”。

墨子的应用主义，所以容易被人误会，都因为人把这“利”字“用”字解错了。这“利”字并不是“财利”的利，这“用”也不是“财用”的用。墨于的“用”和“利”都只指人生行为而言。如今且让他自己下应用主义的界说：

> 子墨子曰：“言足以迁行者常之。不足以迁行者勿常。不足以迁行而常之，是荡口也。”（《贵义》篇）
>
> 子墨子曰：“言足以复行者常之。不足以举行者勿常。不足以举行而常之，是荡口也。”（《耕柱》篇）

这两条同一意思。迁字和举字同意。《说文》说：“迁，登也。”《诗经》有“迁于乔木”，《易》有“君子以见善则迁”皆是“升高”“进步”之意，和“举”字“抬高”的意思正相同（后人不解“举”字之义，故把“举行”两字连读，作一个动词解。于是又误改上一“举”字为“复”字）。六个“行”字，都该读去声，是名词，不是动词，六个“常”字，都与“尚”字通用（俞樾解老子“道可道非常道”一章说如此）。“常”是“尊尚”的意思。这两章的意思，是说无论什么理论、什么学说，须要能改良人生的行为，始可推尚。若不能增进人生的行为，便不值得推尚了。

墨子又说：

> 今瞽者曰："巨者，白也（俞云：巨当作岂。岂者皑之假字）。黔者，黑也。"虽明目者无以易之。兼白黑。使瞽取焉，不能知也。故我曰："瞽不知白黑"者，非以其名也，以其取也，今天下之君子之名仁也，虽禹汤无以易之。兼仁与不仁，而使天下之君子取焉，不能知也。故我曰"天下之君子不知仁"者，非以其名也，亦以其取也。(《贵义》篇)

这话说得何等痛快？大凡天下人没有不会说几句仁义道德的话的。正如瞎子虽不曾见过白黑，也会说白黑的界说。须是到了实际上应用的时候，才知道口头的界说是没有用的。高谈仁义道德的人，也是如此。甚至有许多遭学先生一味高谈王霸义利之辨，却实在不能认得韭菜和麦的分别。有时分别义利，辨入毫芒，及事到临头，不是随波逐流，便是手足无措。所以墨子说单知道几个好听的名词或几句虚空的界说，算不得真"知识"。真"知识"在于能把这些观念来应用。

这就是墨子哲学的根本方法。后来王阳明的"知行合一"说，与此说多相似之点。阳明说："未有知而不行者。知而不行，只是未知。"很像上文所说"故我曰天下之君子不知仁者，非以其名也，亦以其取也"之意。但阳明与墨子有绝不同之处。阳明偏向"良知"一方面，故说："尔那一点良知是尔自家的准则。尔意念着处，他是便知是，非便知非。"墨子却不然，他的是非的"准则"，不是心内的良知，乃是心外的实用。简单说来，墨子是主张"义外"说的，阳明是主张"义内"说的（义外义内，说见《孟子·告子》篇）。阳明的"知行合一"说，只是要人实行良知所命令。墨子的"知行合一"说，只是要把所知的能否实行，来定所知的真假，把所知的能否应用，来定所知的价值。这是两人的根本区别。

墨子的根本方法，应用之处甚多，说得最畅快的，莫如《非攻上》篇。我且把这一篇妙文，抄来做我的"墨子哲学方法论"的结论罢：

> 今有一人，入人园圃，窃其桃李。众闻则非之，上为政者得则罚之，此何也？以亏人自利也。至攘人犬豕鸡豚者，其不义又

甚入人园圃窃桃李。是何故也？以亏人愈多，其不仁兹甚，罪益厚。至入人栏厩，取人牛马者，其不仁义又甚攘人犬豕鸡豚，此何故也？以其亏人愈多。苟亏人愈多，其不仁兹甚，罪益厚。至杀不辜人也，拖其衣裘，取戈剑者，其不义又甚入人栏厩取人马牛。此何故也？以其亏人愈多，苟亏人愈多，其不仁兹甚矣，罪益厚。当此天下之君子皆知而非之，谓之“不义”。今至大为“不义”攻国，则弗知非，从而誉之，谓之“义”。此可谓知义与不义之别乎？杀一人，谓之不义，必有一死罪矣，若以此说往，杀十人，十重不义，必有十死罪矣，杀百人，百重不义，必有百死罪矣。当此，天下之君子皆知而非之，谓之“不义”。今至大为不义攻国，则弗知非，从而誉之，谓之“义”。情不知其不义也。故书其言以遗后世。若知其不义也，夫奚说书其不义以遗后世哉？今有人于此少见黑曰黑，多见黑曰白，则以此人不知白黑之辩矣。少尝苦曰苦，多尝苦曰甘，则必以此人为不知甘苦之辩矣。今小为非则知而非之，大为非攻国，则不知非，从而誉之，谓之义。此可谓知义与不义之辩乎？是以知天下之君子辨义与不义之乱也。

四、三表法

上章讲的，是墨子的哲学方法。本章讲的，是墨子的论证法。上章是广义的“逻辑”，本章是那“逻辑”的应用。

墨子说：

言必立仪。言而毋仪。譬犹运钧之上而言朝夕者也。是非利害之辨不可得而明知也。故言必有三表。何谓三表？……有本之者，有原之者，有用之者。

于何本之？上本之于古者圣王之事。

于何原之？下原察百姓耳目之实。

于何用之？发以为刑政，观其中国家百姓人民之利。

此所谓言有三表也（《非命上》。参观《非命中、下》。《非命中》述三表有误。此盖后人所妄加）。这三表之中，第一和第二有时倒置。但是第三表（实地应用）总是最后一表。于此可见墨子的注重“实际应用”了。

这个论证法的用法，可举《非命》篇作例。

第一表　本之于古者圣王之事　墨子说：

> 然而今天下之士君子，或以命为有。盖（同盍）尝尚观于圣王之事？古者桀之所乱，汤受而治之。纣之所乱，武王受而治之。此世未易，民未渝，在于桀纣则天下乱，在于汤武则天下治，岂可谓有命哉？……先王之宪，亦尝有曰“福不可请而祸不可讳，敬无益，暴无伤”者乎？……先王之刑，亦尝有曰“福不可请而祸不可讳，敬无益，暴无伤”者乎？……先王之誓，亦尝有曰“福不可请而祸不可讳，敬无益，暴无伤”者乎？（《非命上》）

第二表　原察百姓耳目之实　墨子说：

> 我所以知命之有与亡者，以众人耳目之情知有与亡。有闻之，有见之谓之有。莫之闻莫之见谓之亡……自古以及今……亦尝有见命之物闻命之声者乎？则未尝有也。（《非命中》）

第三表　发以为刑政观其中国家百姓之利　最重要的还是这第三表。墨子说：

> 执有命者之言曰：“上之所赏，命固且赏，非贤故赏也。上之所罚，命固且罚，非暴故罚也。”……是故治官府则盗窃，守城则崩叛；君有难则不死，出亡则不送。……昔上世之穷民，贪于饮食，惰于从事，是以衣食之财不足，而饥寒冻馁之忧至。不知曰：“我罢不肖，从事不疾”；必曰“吾命固且贫”。昔上世暴王……亡失国家，倾覆社稷，不知曰：“我罢不肖，为政不善”；必曰：“吾命固失之。”……今用执有命者之言，则上不听治，下

不从事。上不听治，则政乱；下不从事，则财用不足。……此特凶言之所自生而暴人之道也。(《非命上》)

学者可参看《明鬼下》篇这三表的用法。

如今且仔细讨论这三表的价值。我们且先论第三表。第三表是“实际上的应用”。这一条的好处，上章已讲过了。如今且说他的流弊。这一条的最大的流弊在于把“用”字“利”字解得太狭了。往往有许多事的用处或在几百年后，始可看出；或者虽用在现在，他的真用处不在表面上，却在骨子里。譬如墨子非乐，说音乐无用。为什么呢？因为（一）费钱财；(二) 不能救百姓的贫苦；(三) 不能保护国家；(四) 使人变成奢侈的习惯。后来有一个程繁驳墨子道：

昔者诸侯倦于听治，息于钟鼓之乐；……农夫春耕夏耘秋收冬藏，息于瓴缶之乐。今夫子曰：“圣王不为乐”，此譬之犹马驾而不税，弓张而不弛，无乃非有血气者之所不能至邪？(《三辩》)

这一问也从实用上作根据。墨子生来是一个苦行救世的宗教家，性有所偏，想不到音乐的功用上去，这便是他的非乐论的流弊了。

次论第二表。这一表（百姓耳目之实）也有流弊。(一) 耳目所见所闻，是有限的。有许多东西，例如《非命》篇的“命”是看不见听不到的。(二) 平常人的耳目最易错误迷乱。例如鬼神一事，古人小说上说得何等凿凿有据。我自己的朋友也往往说曾亲眼看见鬼。难道我们就可断定有鬼么？(看《明鬼篇》) 但是这一表虽然有弊，却极有大功用。因为中国古来哲学不讲耳目的经验，单讲心中的理想。例如老子说的：

不出户，知天下。不窥牖，知天道。其出弥远，其知弥少。

孔子虽说“学而不思则罔，思而不学则殆”，但是他所说的“学”，大都是读书一类，并不是“百姓耳目之实”。直到墨子始大书特书的说道：

天下之所以察知有与无之道者，必以众之耳目之实知有与亡为仪者也。诚或闻之见之，则必以为有。莫闻莫见，则必以为

无。（《明鬼》）

这种注重耳目的经验，便是科学的根本。

次说第一表。第一表是“本之于古者圣王之事”。墨子最恨儒者“复古”的议论，所以《非儒》篇说：

儒者曰：“君子必古言服，然后仁。”

应之曰：“所谓古之言服者，皆尝新矣。而古人言之服之，则非君子也。”

墨于既然反对“复古”，为什么还要用“古者圣王之事”来作论证的标准呢？

原来墨子的第一表和第三表是同样的意思。第三表说的是现在和将来的实际应用。第一表说的是过去的实际应用。过去的经验阅历，都可为我们做一面镜子。古人行了有效，今人也未尝不可仿效。古人行了有害，我们又何必再去上当呢？所以说：

凡言凡动，合于三代圣王尧舜禹汤文武者，为之。

凡言凡动，合于三代暴王桀纣幽厉者，舍之。（《贵义》）

这并不是复古守旧。这是“温故而知新”，“彰往而察来”。《鲁问》篇说：

彭轻生子曰：“往者可知，来者不可知。”子墨子曰：“藉设而亲在百里之外，则遇难焉。期以一日也及之则生。不及则死。今有固车良马于此，又有驽马四隅之轮于此，使子择焉。子将何乘？”对曰：“乘良马固车，可以速至。”子墨子曰：“焉在不知来？”（从卢校本）

这一条写过去的经验的效用。例如“良马固车可以日行百里”、“驽马四隅之轮不能行路”，都是过去的经验。有了这种经验，便可知道我如今驾了“良马固车”，今天定可趋一百里路。这是“彰往以察来”的方法。一切科学的律令，都与此同理。

五、墨子的宗教

上两章所讲，乃是墨子学说的根本观念。其余的兼爱、非攻、尚贤、上同、非乐、非命、节用、节葬，都是这根本观念的应用。墨子的根本观念，在于人生行为上的应用。既讲应用，须知道人生的应用千头万绪，决不能预先定下一条“施诸四海而皆准，行诸百世而不悖”的公式。所以墨子说：

> 凡入国，必择务而从事焉。国家昏乱，则语之尚贤尚同。国家贫，则语之节用节葬。国家憙音湛湎，则语之非乐非命。国家淫僻无礼，则语之尊天事鬼。国家务夺侵凌，则语之兼爱非攻。故曰择务而从事焉。(《鲁问》)

许多儒生的大病，正在不讲应用，所以不讲“择务而从事”。例如南宋时国势危险极了，朱子还只知道“陛下但须正心”。

墨子是一个创教的教主。上文所举的几项，都可称为“墨教”的信条。如今且把这几条分别陈说如下：

第一，天志　墨子的宗教，以“天志”为本。他说：

> 我有天志，譬若轮人之有规，匠人之有矩。轮匠执其规矩以度天下之方圜，曰：中者是也，不中者非也。今天下之士君子之书不可胜载，言语不可胜计；上说诸侯，下说列士。其于仁义，则大相远也。何以知之？曰：我得天下之明法度以度之。(《天志上》。参考《天志中、下》及《法仪》篇)

这个“天下之明法度”便是天志。但是天的志是什么呢？墨子答道：

> 天欲人之相爱相利而不欲人之相恶相贼也。(《法仪》篇。《天志下》说：“顺天之意何若。曰：兼爱天下之人。”与此同意)

何以知天志便是兼爱呢？墨子答道：

以其兼而爱之兼而利之也。奚以知天之兼而爱之兼而利之也？以其兼而有之，兼而食之也。（《法仪》篇。《天志下》意与此同而语繁，故不引）

第二，兼爱　天的志要人兼爱。这是宗教家的墨子的话。其实兼爱是件实际上的要务。墨子说：

圣人以治天下为事者也。不可不察乱之所自起。当（通尝）察乱何自起？起不相爱。……盗爱其室，不爱其异室，故窃异室以利其室。贼爱其身，不爱人，故贼人以利其身。……大夫各爱其家，不爱异家，故乱异家以利其家。诸侯各爱其国，不爱异国，故攻异国以利其国。……察此何自起，皆起不相爱。若使天下……视人之室若其室，谁窃？视人身若其身，谁贼？……视人家若其家，谁乱？视人之国若其国，谁攻？……故天下兼相爱则治，交相恶则乱。（《兼爱上》）

《兼爱中、下》两篇都说因为要“兴天下之利，除天下之害”，所以要兼爱。

第三，非攻　不兼爱是天下一切罪恶的根本。而天下罪恶最大的，莫如“攻国”。天下人无论怎样高谈仁义道德，若不肯“非攻”，便是“明小物而不明大物”（读《非攻上》）。墨子说：

今天下之所〔以〕誉义（旧作善，今据下文改）者，……为其上中天之利。而中中鬼之利。而下中人之利。故誉之欤？……虽使下愚之人。必曰：将为其上中天之利，而中中鬼之利，而下中人之利，故誉之。……今天下之诸侯将犹多皆〔不〕免攻伐并兼，则是（有）（此字衍文）誉义之名而不察其实也。此譬犹盲者之与人同命黑白之名，而不能分其物也，则岂谓有别哉？（《非攻下》）（参看第三章所引瞽者一段）

墨子说：“义便是利。”（《墨经》上也说“义，利也”。此乃墨家遗说。）

义是名，利是实。义是利的美名，利是义的实用。兼爱是“义的”，攻国是“不义的”，因为兼爱是有利于天鬼国家百姓的，攻国是有害于天鬼国家百姓的。所以《非攻上》只说得攻国的“不义”，《非攻中、下》只说得攻国的“不利”。因为不利，所以不义。你看他说：

> 计其所自胜，无所可用也。计其所得，反不如所丧者之多。

又说：

> 虽四五国则得利焉，犹谓之非行道也。譬之医之药人之有病者然。今有医于此，和合其祝药之于天下之有病者而药之。万人食此，若医四五人得利焉，犹谓之非行药也。(《非攻中、下》)

可见墨子说的“利”不是自私自利的“利”，是“最大多数的最大幸福”。这是“兼爱”的真义，也便是“非攻”的本意。

第四，明鬼　儒家讲丧礼祭礼，并非深信鬼神，不过是要用“慎终追远”的手段来达到“民德归厚”的目的。所以儒家说：“有义不义，无祥不祥。”(《公孟》篇）这竟和“作善，降之百祥；作不善，降之百殃”的话相反了（《易·文言》“积善之家必有余庆，积不善之家必有余殃”，乃是指人事的常理，未必指着一个主宰祸福的鬼神天帝）。墨子是一个教主，深恐人类若没有一种行为上的裁制力，便要为非作恶。所以他极力要说明鬼神不但是有的，并且还能作威作福，“能赏贤而罚暴”。他的目的要人知道。

> 吏治官府之不洁廉，男女之为无别者，有鬼神见之；民之为淫暴寇乱盗贼，以兵刃毒药水火退（孙诒让云：退是迓之讹，迓通御）无罪人乎道路，夺人车马衣裘以自利者，有鬼神见之。(《明鬼》)

墨子明鬼的宗旨，也是为实际上的应用，也是要“民德归厚”。但是他却不肯学儒家“无鱼而下网”的手段，他是真信有鬼神的。

第五，非命　墨子既信天，又信鬼，何以不信命呢？原来墨子不信命定之说，正因为他深信天志，正因为他深信鬼神能赏善而罚暴。老子和孔子都把“天”看作自然而然的“天行”，所以以为凡事都由命定，不可挽回。所以老子说“天地不仁”，孔子说“获罪于天，无所祷也”。墨子以为天志欲人兼爱，不欲人相害，又以为鬼神能赏善罚暴，所以他说能顺天之志，能中鬼之利，便可得福；不能如此，便可得祸。祸福全靠个人自己的行为，全是各人的自由意志招来的，并不由命定。若祸福都由命定，那便不做好事也可得福；不作恶事，也可得祸了。若人人都信命定之说，便没有人努力去做好事了。（非命说之论证已见上章）

第六，节葬短丧　墨子深恨儒家一面不信鬼神，一面却又在死人身上做出许多虚文仪节。所以他对于鬼神，只注重精神上的信仰，不注重形式上的虚文。他说儒家厚葬久丧有三大害：（一）国家必贫，（二）人民必寡，（三）刑政必乱。（看《节葬》篇）所以他定为丧葬之法如下：

> 桐棺三寸，足以朽体。衣衾三领，足以覆恶。（《节葬》）
>
> 及其葬也，下毋及泉，上毋通臭。（节葬）无椁。（《庄子·天下》篇）
>
> 死无服，（《庄子·天下》篇）为三日之丧。（《公孟》篇）（《韩非子·显学》篇作“冬日冬服，夏日夏服，服丧三月”。疑墨家各派不同，或为三日，或为三月。）而疾而服事，人为其所能以交相利也。（《节葬》）

我们读墨子节葬短丧的议论，自然要想到中国现行的丧礼葬礼，也有许多应该改良之处。我们在北京所见的丧礼，自大总统的夫人一直到极贫苦的人家哪一件不是野蛮的礼节？出殡的时候，一大群叫花子，跟上一群道士，又跟上一群和尚，再跟上一群喇嘛。这是周公之礼呢？还是孔子之礼呢？至于种种奢侈的靡费，如盛宣怀出殡，至用几十万金，那更不消说了。墨子当时攻击儒家的丧礼如“扶而后起，杖而后行”，以为是“伤生害事”的制度，但是当时的孝子果真能如此哀痛，也还罢了。如今的人，既不能实行儒家的丧礼，却偏要说：“苫块昏迷”、“泣血稽颡”种种诳语，岂不是无耻吗？儒家的丧礼，三年丧期之内，男女不同室。墨子以为这种“败男女之交”的制度将使“人民必寡”。后世的道学先生，居官丁忧，妻妾有了孕，怕人笑话，往往用药堕胎，有时害及几条生命。这种丧礼不但养成一种说诳作伪的劣根性，简直是惨无人理的野蛮制度了！懂得此理，便知墨子当日提倡节葬短丧，真是当时的急务。

第七，非乐 墨子的非乐论，上文已约略说过。墨子所谓“乐”，是广义的“乐”。如《非乐上》所说：“乐”字包括“钟鼓琴瑟竽笙之声”、“刻镂文章之色”、“刍豢煎炙之味”、“高台厚榭邃野之居”。可见墨子对于一切“美术”，如音乐、雕刻、建筑、烹调，等等，都说是“奢侈品”，都是该废除的。这种观念固是一种狭义功用主义的流弊，但我们须要知道墨子的宗教“以自苦为极”，因要“自苦”，故不得不反对一切美术。

第八，尚贤 那时的贵族政治还不曾完全消灭。虽然有些奇才杰士，从下等社会中跳上政治舞台，但是大多数的权势终在一般贵族世卿手里，就是儒家论政，也脱不了“贵贵”“亲亲”的话头。墨子主张兼爱，所以反对种种家族制度和贵族政治。他说：

> 今王公大人有一裳不能制也，必借良工；有一牛羊，不能杀也，必借良宰。……逮至其国家之乱，社稷之危，则不知使能以治之。亲戚，则使之。无故富贵，面目姣好，则使之。（《尚贤中》）

所以他讲政治，要“尊尚贤而任使能。不党父兄，不偏贵富，不嬖颜色。贤者举而上之，富而贵之，以为官长。不肖者抑而废之，贫而贱之，以为徒役。”（《尚贤中》）

第九，尚同 墨子的宗教，以“天志”为起点，以“尚同”为终局。天志就是尚同，尚同就是天志。

尚同的“尚”字，不是“尚贤”的尚字。尚同的尚字和“上下”的上字相通，是一个状词，不是动词。“尚同”并不是推尚大同，乃是“取法乎上”的意思。墨子生在春秋时代之后，眼看诸国相征伐，不能统一。那王朝的周天子是没有统一天下的希望的了。那时“齐晋楚越四分中国”，墨子是主张非攻的人，更不愿四国之中哪一国用兵力统一中国。所以他想要用“天”来统一天下。他说：

> 古者民始生，未有刑政之时，盖其语，人异义。是以一人则一义，二人则二义，十人则十义。其人兹众，其所谓“义”者亦

> 兹众。是以人是其义，以非人之义，故交相非也，是以……天下之乱，若禽兽然。
>
> 夫明乎天下之所以乱者，生于无政长，是故选天下之贤可者，立以为天子。……又选择天下之贤可者，置立之以为三公。天子三公既已立，以天下为博大，远国异土之民，是非利害之辩，不可一二而明知，故划分万国，立诸侯国君。……又选择其国之贤可者，置立之以为正长。
>
> 正长既已具，天子发政于天下之百姓，言曰：闻善而不善，皆以告其上。上之所是，必皆是之；所非，必皆非之。上有过，则规谏之；下有善，则傍荐之（孙说傍与访通，是也。古音访与傍同声）。上同而不下比者，此上之所赏而下之所誉也。（《尚同上》）

“上之所是，必皆是之；所非，必皆非之；上同而不下比”，这叫做“尚同”。要使乡长“一同乡之义”；国君“一同国之义”；天子“一同天下之义”。但是这还不够。为什么呢？因为天子若成了至高无上的标准，又没有限制，岂不成了专制政体。所以墨子说：

> 夫既上同乎天子，而未上同乎天者，则天灾将犹未止也，……故古者圣王明天鬼之所欲，而避天鬼之所憎，以求兴天下之利，除天下之害。（《尚同中》。孙诒让本脱“利除天下之”五字。）

所以我说“天志就是尚同，尚同就是天志”。天志尚同的宗旨，要使各种政治的组织之上，还有一个统一天下的“天”。所以我常说：墨教如果曾经做到欧洲中古的教会的地位，一定也会变成一种教会政体；墨家的“巨子”，也会变成欧洲中古的“教王”（Pope）。

以上所说九项，乃是“墨教”的教条。在哲学史上，本来没有什么重要。依哲学史的眼光看来，这九项都是墨学的枝叶。墨学的哲学的根本观念，只是前两章所讲的方法。墨子在哲学史上的重要，只在于他的“应用主义”，他处处把人生行为上的应用，作为一切是非善恶的标准。兼爱、非攻、节用、非乐、节葬、非命，都不过是几种特别的应用。他又知道天下能真知道“最大多数的最大幸福”的，不过是少数人。其余的人，都只顾眼前的小利，都只“明小物而不明大物”。所以他主张一种“贤人政治”，要使人“上同而不下比”。他又恐怕这还不够，他又是一个很有宗教根性的人，所以主张把“天的意志”作为“天下之明法”，要使天下的人都“上同于天”。因此，哲学家的墨子便变成墨教的救主了。

《墨学传授考》：

> 自墨子之死也，有相里氏之墨，有相夫氏之墨，有邓陵氏之墨，（《韩非子·显学》篇）相里勤之弟子，五侯之徒；南方之墨者，苦获，已齿，邓陵子之属：俱诵墨经而倍谲不同，相谓“别墨”；以坚白同异之辩相訾，以觭偶不仵之辞相应。以“巨子”为圣人，皆愿为之尸，冀得为其后世，至今不决。（《庄子·天下》篇）
>
> 孔墨徒属弥众，弟子弥丰，充满天下。（《吕氏春秋·尊师》篇）

墨学的传授，如今已不可考了。孙诒让的《墨学传授考》（《墨子后语》三）共载墨子的弟子十五人，再传的弟子三人，三传的弟子一人，传授系次不明的十三人。学者可以参看。

六、《墨辩》

《墨子》书的《经上、下》《经说上、下》《大取》《小取》六篇：我从前说过，不是墨翟的书，也不是墨者记墨翟学说的书。我以为这六篇乃是后来的“别墨”的书。《庄子·天下》篇说：

> 相里勤之弟子，五侯之徒，南方之墨者，苦获，已齿，邓陵子之属：俱诵《墨经》而倍谲不同，相谓“别墨”；以坚白同异之辩相訾，以觭偶不仵之辞相应。（《说文》“訾，不思称意也。”又“呰，苛也”。（苛同诃）訾盖通呰。又“应，当也”。又“譍，应也”。觭即奇。《说文》“奇，异也。一曰不耦也。”《释文》云：“仵，同也。”）

有人说，那些“别墨”的时候已有了《墨经》，可见《墨经》不是“别墨”作的。我以为此段文字不当如此说。《天下》篇说的是“俱诵墨经而倍谲不同”。大概那时候的墨者有两派。一派是《韩非子》说的“相里氏之墨”，是相里勤的弟子，五侯一班人。一派是《韩非子》说的“邓陵氏之墨”，是苦获、已齿、邓陵子一班人。但是这两派的人，虽然都诵《墨经》，却有大相“倍谲不同”之处。所以你称我作“别墨”，我称你做“别墨”。依此看来，大概《墨经》乃是墨教的经典信条，如兼爱、非攻之类。后来的墨者渐渐的离开这“宗教的墨学”，却研究那“坚白同异之辩”和“觭偶不仵之辞”，因此便成了“墨家的名学”。正如公孙龙讲“偃兵”，惠施讲“泛爱万物”，都合墨家的教旨，然而他两人又都讲名学，便成了“别墨”了。如今的《经上、下》《经说上、下》《大取》《小取》六篇，有许多关于“坚白同异”和“觭偶不仵”的话。《小取》篇又两次说及“墨者”两字。所以我以为这六篇是讲名学的“别墨”所作之书。从今的人如汪中、孙诒让也说这六篇不是墨子的书，是名家的书（汪中《墨子序》。孙说见《间诂》卷十《经上》篇题下注）。但是诸家都把《经上、下》和《经说上、下》四篇认为《天下》篇所说的《墨经》（鲁胜也如此说）。我从前也如此想。后来细想，才知道错了。我如今以为《墨经》另是一书，所记的大抵是宗教的墨学，如兼爱、非攻、明鬼、非命之类。那讲“坚白同异，觭偶不仵”的《经上、下》《经说上、下》等六篇，所讲的是名家的墨学或墨家的名学，所以我用鲁胜（晋人。曾著《墨辩注》其书今亡，唯一序存，见《晋书》本传）所定的名字，把这六篇叫做“墨辩”。

至于这六篇决非墨子所作的理由，约有四端。

（一）文体不同。这六篇的文体，句法，字法，没有一项和《墨子》书的《兼爱》《非攻》《天志》……诸篇相像的。

（二）理想不同。墨子的议论，往往有极鄙浅可笑的。例如《明鬼》一篇，虽用“三表”法，其实全无论理。这六篇便大不同了。六篇之中，全没有一句浅陋迷信的话，全是科学家和名学家的议论。这可见这六篇书决不是墨子时代所能做得出的。

（三）“墨者”之称。《小取》篇两称“墨者”。

（四）此六篇与惠施、公孙龙的关系。这六篇中讨论的问题，全是惠施、公孙龙时代的哲学家争论最烈的问题，如坚白之辩，同异之论之类。还有《庄子·天下》篇所举惠施和公孙龙的许多议论，几乎没有一条不在这六篇之中讨论过的（例如“南方无穷而有穷”，“天下之中央，燕之北，越之南是也”，“火不热”，“目不见”“飞鸟之影未尝动也”，“一尺之棰，日取其半，万世不竭”之类，皆是也）。又如今世所传《公孙龙子》一书的《坚白》《通变》《名实》三篇，不但材料都在《经上、下》《经说上、下》四篇之中，并且连字句文章都和这四篇相同。于此可见《墨辩》诸篇若不是惠施、公孙龙作的，一定是他们同时的人作的。所以孙诒让说这几篇的“坚白同异之辩，则与公孙龙书及《庄子·天下》篇所述惠施之言相出入”。又说“据《庄子》所言，则似战国时墨家别传之学，不尽墨子之本指”。

这六篇《墨辩》乃是中国古代名学最重要的书。古代本没有什么“名家”，无论那一家的哲学，都有一种为学的方法。这个方法，便是这一家的名学（逻辑）。所以老子要无名，孔于要正名，墨子说“言有三表”，杨子说：“实无名，名无实”，公孙龙有《名实论》，荀子有《正名》篇，庄子有《齐物论》，尹文子有“刑名之论”；这都是各家的“名学”。因为家家都有“名学”，所以没有什么“名家”。不过墨家的后进如公孙龙之流，在这一方面，研究的比别家稍为高深一些罢了，不料到了汉代学者如司马谈、刘向、刘歆、班固之流，只晓得周秦诸子的一点皮毛糟粕，却不明诸子的哲学方法。于是凡有他们不能懂的学说，都称为“名家”。却不知道他们叫做“名家”的人，在当日却是墨家的别派。正如亚里士多德是希腊时代最注重名学的人，但是我们难道可以叫他做“名家”吗？（《汉书·艺文志》）九流之别是极不通的。说详吾所作《诸子不出于王官论》（《太平洋》第一卷七号）。

如今且说这六篇《墨辩》的性质。

第一，《经上》《经说上》　《经上》篇全是界说，文体和近世几何学书里的界说相像。原文排作两行，都要“旁行”读去。例如：

“故，所得而后成也。止，以久也。体，分于兼也。必，不已也。”须如下读法：

（1）故，所得而后成也。　（50）止，以久也。

（2）体，分于兼也。　（51）必，不已也。

《经说上》篇乃是《经上》的详细解释。《经上》全是很短的界说。不容易明白，所以必须有详细的说明，或举例设譬使人易晓，《经说上》却不是两行的，也不是旁行的。自篇首到篇中“户枢免瑟”一句（《间诂》

十，页十七至二十二下）都是《经上》篇上行的解释。自“止，无久之不止”（页二十二下）到篇末，是《经上》篇下行的解说。所以上文举例“故，所得而后成也”的解说在十七页，“止，以久也”的解说却在二十二页上。若以两行写之，可得下式：

经文上行	经说	经文下行	经说
故，所得而后成也。	故。小故，有之不必然，无之必不然，体也，若有端。大故，有之必无然，若见之成见也。	止，以久也。	止。无久之不止，当牛非马，若矢过楹。有久之不止，当马非马，若人过梁。

第二，《经下》、《经说下》　《经下》篇全是许多“定理”，文体极像几何学书里的“定理”。也分作两行，旁行读。《经说下》是经下的详细说明，读法如《经说上》。自篇首（页三十一下）到“应有深浅大常（适校当做‘大小不’）中”（页四十六止），说明《经下》上行的各条。此以下，说明下行各条。

第三，《大取》　《大取》篇最难读。里面有许多错简，又有许多脱误。但是里中却也有许多极重要的学说。学者可选读那些可读的。其余的不可读的，只好暂阙疑了。

第四，《小取》　《小取》篇最为完全可读。这一篇和前五篇不同，并不是一句一条的界说，乃是一篇有条理有格局的文章。全篇分九节。

一、至“不求诸人”总论“辩”。

二、至“吾岂谓也者异也”论“辩”之七法。共分七段。

三、至第一个，“则不可偏观也”。论辟、侔、援、推四法之谬误。

四、至“非也”共48字，衍22字。总论立辞之难，总起下文。

五、论“物或是而然”。

六、论“或是而不然”。

七、论“或不是而然”。原文作“此乃是而然”。似有误。

八、论“一周而一不周”。

九、论“一是而一非”。

七、《墨辩》论知识

中国古代哲学的“知识论”起于老子。老子说：

> 恍兮惚兮，其中有物。惚兮恍兮，其中有象。窈兮冥兮，其中有精。其精甚真，其中有信。自古及今，其名不去，以阅众甫。吾何以知众甫之状哉？以此。（以此的“此”字指“名”。旧注皆不当。）

此章说先有物，物有象，象即是《易·系辞》“天垂象”的象。有了象，便有一种把握，可以定名。例如人、牛、树、日、月之类。“名”就是概念的代表。有了“人”的概念，便有“人”的名。有了“人”的名，便可认识一切人。所以说：“吾何以能知众甫之状呢？原来都由于名的作用。”这是老子的知识论。

孔子讲“知识”之处甚多。最重要的是“学而不思则罔，思而不学则殆”两句。合思与学，才是知。单是思，不成知识；“吾尝终日不食，终夜不寝，以思，无益，不如学也。”单是学，也不是知识；“多闻，择其善者而从之，多见而识之，知之次也。”但是他也没有告人究竟知识是怎么一回事？

墨子教人知识并不在记得许多空名，要在能把所知的事物来做实际的应用。知与不知的分别，“非以其名也，以其取也”。但是他也不曾说明知识的来历状态。

到了“别墨”，才有详细的知识论出世。

《墨辩》论“知”，分为三层：

（一）“知，材也”。（《经上》）说曰：“知材。知也者，所以知也，而〔不〕必知。（旧脱不字，今据下文‘而不必得’语法增。）若明。”这个“知”是人“所以知”的才能。（材才通）有了这官能，却不必便有知识。譬如眼睛能看物，这是眼睛的“明”，但是有了这“明”，却不必有所见。为什么呢？因为眼须见物，才是见；知有所知，才是知。

（二）“知，接也”。（《经上》）说曰：“知。知也者，以其知过物而能貌之若见。”这个“知”是“感觉”（Sensation）。人本有“所以知”的官能，遇着外面的物事，便可以知道这物事的态貌，才可发生一种“感觉”。譬如有了眼睛，见着物事，才有“见”的感觉。

（三）“**恕**，明也”。（《经上》。旧作恕。今依顾千里校改。）说曰：“**恕**。**恕**（旧皆作恕）也者，以其知论物而其知之也著，若明。”这个“恕”是“心知”，是“知觉”（Knowledge or Mental Knowledge）。有了“感觉”，还不算知识。譬如眼前有一物瞥然飞过，虽有一种感觉，究竟不是知识。须要能理会得这飞过的是什么东西，须要明白这是何物（著，明也），才可说有了知觉。所以《经上》说：

> 闻，耳之聪也。循所闻而得其意，心之察也。言，口之利也。执所言而意得见，心之辩也。

所以“知觉”含有三个分子：一是“所以知”的官能，二是由外物发生的感觉，三是“心”的作用。要这三物同力合作，才有“知觉”。

知识的种类《墨辩》论“知识”的分别，凡有三种，

> 知：闻、说、亲。（《经上》）说曰，知。传受之，闻也。方不障，说也。身观焉，亲也。

第一种是别人传授给我的，故叫做“闻”。第二种是由推论得来的，故叫做“说”。（《经上》）“说，所以明也”。）第三种是自己亲身经历来的，故叫做“亲”。如今且分别解说如下：

闻　这个“闻”字有两种意思。《经上》说：

> 闻：传，亲。说曰：或告之，传也。身观焉，亲也。

一种是“传闻”，例如人说有鬼，我也说有鬼，这是“把耳朵当眼睛”的知识。一种是“亲闻”，例如听见一种声音，知道它是钟声，或是锣声；这是亲自经历来的知识，属于上文的第三种，不属于第一种。

说　亲　科学家最重经验，（墨子说的“百姓耳目之实”）但是耳目五官所能亲自经历的，实在不多。若全靠“亲知”，知识便有限了。所以须

有“推论”的知识。《经下》说：

> 闻所不知若所知，则两知之。说曰：闻。在外者，所不知也。或曰：“在室者之色，若是其色”，是所不知若所知也。犹白若黑也，谁胜是？若其色也若白者，必白。今也知其色之若白也，故知其白也。夫名：以所明正所不知，不以所不知疑（同拟。《经上》云：“拟，举实也。”）所明。若以尺度所不知长。
>
> 外，亲知也。室中，说知也。

此说一个人立屋子外，不知屋子里人是什么颜色。有人说屋里的人的颜色同这个人一样。若这个人是白的，我便知道屋里人也是白的了。屋外的白色，是亲自看见的；屋里的白色，是由“推论”得知的。有了推论，便可坐在屋里推知屋外的事；坐在北京推知世界的事；坐在天文台上，推知太阳系种种星球的事。所以说：“方不瘴，说也。”这是《墨辩》的一大发明。

实验主义（应用主义）　墨子的“应用主义”，要人把知识来应用。所以知与不知的分别，“非以其名也，以其取也”。这是墨子学说的精彩。到了“别墨”，也还保存这个根本观念。《经下》说：

> 知其所以不知，说在以名取。说曰：我有若视曰知。杂所知与所不知而问之，则必曰，是所知也，是所不知也。取去俱能之，是两知之也。

这和前文所引《墨子·贵义》篇瞽者论黑白一段相同。怎样能知道一个人究竟有知无知呢？这须要请他去实地试验。须用请他用他已知的“名”去选择。若他真能选择得当，“取去俱能之”，那才是真知识。

但是《墨辩》的人生哲学，虽也主张“知行合一”，却有二层特别的见解。这些“别墨”知道人生的行为不是完全受“知识”的节制的。“知识”之外，还有“欲望”，不可轻视。所以《经上》说：

> 为，穷知而縣于欲也。

“为”便是行为。他说行为是知识的止境，却又是倚赖着“欲”的。例如

《经说上》说这一条：

为。欲𩠳其指（孙说，𩠳是䵘之讹），智不知其害，是智之罪也。若智之慎之也无遗于害也，而犹欲𩠳之，则离之。（孙说，离即罹。）……是不以所疑止所欲也。

懂得这个道理，然后可懂得“别墨”的新“乐利主义”。墨子已有“义即是利”的意思，但是他却没有明白细说。到了“别墨”，才有完满的“乐利主义”。《经上》说：

义，利也。利，所得而喜也。害，所得而恶也。

这比说“善恶便是利害”又进一层，直指利害的来源在于人情的喜恶。就是说善恶的来源，在于人情的欲恶。所以一切教育的宗旨，在于要使人有正当的欲恶。欲恶一正，是非善恶都正了。所以《经上》说：

欲正，权利；恶正，权害。（《大取》篇云：“于所体之中而权轻重之谓权。”）

乐利主义之公式　但是如何才是正当的欲恶呢？《大取》篇有一条公式道：

利之中取大，害之中取小……利之中取大，非不得已也。害之中取小，不得已也。所未有而取焉，是利之中取大也。于所既有而弃焉，是害之中取小也。……害之中取小也，非取害也，取利也。其所取者，人之所执也。遇盗人而断指以免身，利也。其遇盗人，害也。断指与断腕，利于天下相若，无择也。死生，利若一，无择也。……于事为之中而权轻重之谓求。求，为之（之通是）非也。害之中取小，求为义为非义也。

细看这个公式的解说，便知“别墨”的乐利主义并不是自私自利，乃是一种为天下的乐利主义。所以说“断指与断腕，利于天下相若，无择也”。可以见“利之中取大，害之中取小”，原只是把天下“最大多数的最大幸福”作一个前提。

八、《墨辩》论“辩”

辩的界说　墨家的“辩”，是分别是非真伪的方法。《经上》说：

> 辩，争彼也。辩胜，当也。说曰：“辩、或谓之牛，或谓之非牛，是争彼也。是不俱当。不俱当，必或不当。不当若犬。”（校改本）

《经说下》说：

> **辩也者**，**或谓之是**，**或谓之非**，**当者胜也**。

“争彼”的“彼”字，当是“佊”字之误。其上有“攸”，不可两不可也。攸字亦佊字之误。形近而误。佊字，《广雅·释诂》二云：“衺也”。王念孙《疏证》云：“《广韵》引《埤苍》云，佊，邪也；又引《论语》“子西佊哉”。今《论语》作彼”。据此可见佊误为彼的例。佊字与“诐”通。《说文》“诐，辩论也。古文以为颇字。从言皮声。”诐、颇、佊，皆同声相假借。后人不知佊字，故又写作“驳”字。现在的“辩驳”，就是古文的“争佊”。先有一个是非意见不同，一个说是，一个说非，便“争佊”起来了。怎样分别是非的方法，便叫做“辩”。**辩的用处及辩的根本方法**　《小取》篇说：

> 夫辩者——将以明是非之分，审治乱之纪，明同异之处，察名实之理，处利害，决嫌疑，——焉（焉，乃也）摹略万物之然，论求群言之比；以名举实，以辞抒意，以说出故；以类取，以类予；有诸己，不非诸人；无诸己，不求诸人。（辩者是辩论的人。）

这一段说辩的用处，共有六条：（一）明是非，（二）审治乱，（三）明同异，（四）察名实，（五）处利害，（六）决嫌疑。

“摹略万物之然，论求群言之比”两句，总论“辩”的方法。“摹略”有探讨搜求的意义。《太玄》注：“摹者，索而得之”。又，“摹，索取也”，《广雅·释诂》三，“略，求也”。又《方言》二，“略，求也。就室曰搜，于道曰略”孙引俞正燮语未当。论辩的人先须要搜求观察万物的现象，比较各种现象交互的关系。然后把这些现象和这种种关系，都用语言文字表示出来。所以说“以名举实，以辞抒意，以说出故”。种种事物，都叫做“实”。实的称谓，便是“名”。所以《经说下》说：“所以谓，名也。所谓，实也”。例如说“这是一匹马。”“这”便是实。“一匹马”便是名。在文法上和法式的论理上，实便是主词（Subject），名便是表词（Predicate）。合名与实，才称为“辞”（Judgment or Proposition）（辞或译“命题”，殊无道理）。单是名，或单是实，都不能达意。有了“辞”，才可达意。但是在辩论上，单有了辞，还不够用。例如我说：“《管子》一部书不是管仲做的。”人必问我“何以见得呢”？我必须说明我所以发这议论的理由。这个理由，便叫做“故”。明“故”的辞，便叫做“说”（今人译为“前提”（Premise））。《经上》说：“说，所以明也”。例如：

“《管子》”（实）不是“管仲做的”，（名）

何以故呢？

因为《管子》书里有许多管仲死后的事。

怎么叫做“以类取，以类予”呢？这六个字又是“以名举实，以辞抒意，以说出故”的根本方法。取是“举例”，予是“断定”。凡一切推论的举例和断语，却把一个“类”字作根本。“类”便是“相似”。《孟子》“故凡同类者举，相似也。”例如我认得你是一个“人”，他和你相似，故也是“人”。那株树不和你相似，便不是“人”了。即如名学书中最普通的例：

孔子亦有死。为什么呢？

因为孔子是一个“人”。

因为凡是“人”都有死。

这三个“辞”和三个“辞”的交互关系，全靠一个“类”字。（参看附图）印度因明学的例，更为明显，

声是无常的，（无常谓不能永远存在）……（宗）

因为声是做成的，……（因）

凡是做成的都是无常的，例如瓶。……（喻{喻体 喻依}）

如下图

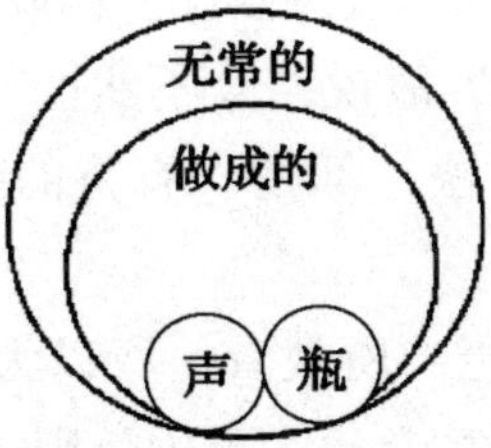

“声”与“瓶”同属于“做成的”一“类”；“做成的”又属于“无常的”一类；这叫做“以类予”。在万物之中单举“瓶”和“声”相比，这是“以类取”。一切推论无论是归纳是演绎都把一个“类”字做根本，所以《大取》篇说：

夫辞以类行者也。立辞而不明于其类，则必困矣。

一切论证的谬误大概都由于“立辞而不明于其类”。

辩的七法　《小取》篇说：

或也者，不尽也。

假也者，今不然也。

效也者，为之法也。所效者，所以为之法也。故中效，则是也；不中效，则非也。此效也。

辟也者，举也物而以明之也。

侔也者，比辞而俱行也。

援也者，以其所不取之同于其所取者，予之也。是犹谓“也者同也”，吾岂谓“也者异也”。

这七种，可分说如下。

（一）或也者，不尽也　《经上》说：“尽，莫不然也。”或字即古域字，有限于一部分的意思。例如说“马或黄或白”，黄白都不能包举一切马的颜色，故说“不尽”，即是“限于一部分，不能莫不然”的意思。

《易·文言》说："或之者，疑之也。"不能作"总举之辞"，故有疑而不决之意。如说："他今天或来或不来"，"这瓶中或是酒或是水"，都属此类。

（二）假也者，今不然也　假是假设。如说"你若来，他也来"。这是假设的话，现在还没有做到，故说"今不然也"。

这两种是两种立辞的方法，都是"有待的辞"。这种辞，因为不曾斩截断定，故未必即引起辩论。

（三）效也者，为之法也　所效者，所以为之法也。故（故即"以说出故"之故，即前提）中效则是也，不中效则非也。这是"演绎法"的论证，又名外籀法。"效"是"效法"之效。《经上》说："法，所若而然也。"若即是"如"。依了做去，便可如此；不依了做，便不如此；这便是"法"。法字本义有模范之意。如铸钱的模子便是钱的法。例如说：

这是圆形。何以故？

因为这是"规写交"的。

"这是圆形"是斩截的断辞，所以须要举出立辞之"故"。效的论证法，先须立下一个立辞之"法"来做"故"（前提）。如上文"因为这是规写交的"，便是"这是圆形"一句的"法"。仿效这"法"做去，便可生出同样的断辞。如用规写交，自然会成圆形。这才是正确的"故"。所以说："故中效，则是也；不中效，则非也。""中效"便是仿效做去可以生出同样的结果。不能如此，便是"不中效"。这种论证，先立通则，再由通则推到个体的事物，故是演绎法。

《经下》说：

> 一法音之相与也尽类，若方之相合也。说在方。《经说》曰：一方尽类，俱有法而异，或木或石，不害其方之相合也。尽类犹方也。物俱然。

同法的物事，必定同类矩交作方，同为"方"类；规交作圆，同为"圆"类。所以上文所说"效也者，为之法也"，其实只是求一个立辞之"类"。例如：

（甲）孔子必有死，因孔子是"人"故。　　（乙）孔子必有死，因凡"人"皆有死故。

这两个前提都能“中效”，因为两处都点出“孔子”的“类名”。求得类名，即是“为之法也”。

平常论证用演绎法时，大概都如上列两式，或单举“小前提”（即“因”，如甲式），或单举“大前提”（即“喻”，如乙式），便够了，正不必每次都用“三支式”（三段论法）。章太炎说墨家的“辩”也有三支（说见《国故论衡》下《原名》篇），其实不必有。因为推论的根据只是“以类取，以类予”，一条大法，这个“类”字便是大前提的小前提，小前提的大前提。故不必全用三支已可够用。除了名学教科书之外，何尝处处有三支式的论证呢？

（四）辟也者，举也（即他字）物而以明之也　辟即是譬。把他物来说明此物，叫做譬。《说苑》有一段惠施的故事，可引来说明这一节。

> 梁王谓惠子曰：“愿先生言事则直言耳，无譬也。”惠子曰：“今有人于此，而不知弹者，曰，弹之状何若？应曰：弹之状如弹，则谕乎？”王曰：“未谕也。”“于是更应曰”，“弹之状如弓，而以竹为弦，则知乎？”王曰：“可知矣。”惠子曰：“夫说者固以其所知谕其所不知而使人知之。今王曰无譬，则不可矣。”

（五）侔也者，比辞而俱行也　侔与辟都是“以其所知谕其所不知而使人知之”的方法。其间却有个区别。辟是用那物说明那物；侔是用那一种辞比较这一种辞。例如公孙龙对孔穿说：

> 龙闻楚王……丧其弓，左右请求之。王曰：“止。楚王遗弓，楚人得之，又何求乎？”仲尼闻之曰：“……亦曰人亡之，人得之，而已。何必楚？”若此，仲尼异“楚人”于所谓“人”。夫是仲尼异“楚人”于所谓“人”，而非龙异“白马”于所谓“马”，悖。（《公孙龙子》一）

这便是“比辞而俱行”。

辟与侔皆是“使人知之”的方法。说话的人，已知道那相比的两件，那听的人却知道一件。所以那说话的人须要用那已知的来比喻那不知道的。因此这两种法子，但可说是教人的方法，或是谈说的方法，却不能作为科学上发明新知识的方法。

（六）援也者，曰子然我奚独不可以然也　《说文》“援，引也”。现今人说“援例”，正是此意。近人译为类推（Analogy）。其实“类推”不如“援例”的明白切当。援例乃是由这一件推知那一件，由这一个推知那一个。例如说：

> 《广韵》引《论语》“子西佊哉”。今《论语》作“彼哉”。因此可见《墨辩》“辩争彼也”的“彼字”或者也是“佊”字之误。

又如说：

> 《庄子》《列子》“人又反入于机。万物皆出于机皆入于机”。这三个“机”字皆当作“几”。

《易·系辞传》“圣人之所以极深而研几也”，《释文》云：“几本或作机”。这是几误为机的例。“援例”的推论的结果，常是一个“个体”事物的是非，不能得一条“通则”。但是“援例”的推论，有时也会有与“归纳”法同等的效能，也会由个体推知通则。例如见张三吃砒霜死了，便可知李大若吃砒霜也会死。这种推论含有一个“凡吃砒霜的必死”的通则。这种由一个个体推知通则的“援例”，在《墨辩》另有一个名目，叫做“擢”。《经下》说：

> 擢虑不疑，说在有无。说曰：擢，疑无谓也。臧也今死，而春也得之又死也，可。（之又两字旧作“文文”。今以意改。）

《说文》“擢引也”，与“援”同义。此类的推论，有无易见，故不用疑。例如由臧之死可推知春的死。与上文吃砒霜的例相同。（孙诒让读擢为榷非也。）

（七）推也者，以其所不取之同于其所取者予之也。是犹谓“也者同也”，吾岂谓“也者异也”“也者同也”，“也者异也”，上两也字，都是“他”字。这个“推”便是“归纳法”，亦名“内籀法”，上章说过，“取”

是举例，“予”是断定。归纳法的通则是：

观察了一些个体的事物，知道他们是如此，遂以为凡和这些已观察了的例同样的事物，也必是如此。那些已观察了的例，便是“其所取者”。那些没有观察了的物事，便是“其所未取”。说那些“所未取”和这些“所取者”相同，因此便下一个断语。这便是“推”。我们且把钱大昕发明“古无轻唇音只有重唇音”一条通则的方法引来作例。（轻唇音如 f. v. 等音。重唇音如 p. b. 等音。）

一、举例（以类取）

1.《诗》“凡民有丧，匍匐救之”。《檀弓》引作“扶服”，《家语》引作“扶伏”。

又“诞实匍匐”。《释文》本亦作“扶服”。

《左传》昭十二年，“奉壶觞以蒲伏焉”。《释文》“本又作匍匐。蒲本又作扶”。

昭二十一年，“扶伏而击之”。《释文》“本或作匍匐”。……

2. 古读扶如酺，转为蟠。（证略）

3. 服又转为犕。……

4. 服又转为謈。（音暴）……

5. 伏菢互相训，而声亦相转，此伏羲所以为庖牺……

6. 伏又与逼通。……

7. 古音负如背，亦如倍。……《书·禹贡》“至于陪尾”，《史记》作“负尾”，《汉书》作“倍尾”。……

8. 古读附如部。……

9. 苻即蒲字。……

10. 古读佛如弼。……

11. 古读文如门。……

12. 古读弗如不。……

13. 古读拂如弼。……

14. 古读繁如鞶。……

15. 古读蕃如卞。……读藩如播。……

16. 古读偾如奔。……读纷如豳。……

17. 古读甫如圃。……

18. 古读方如旁。……

19. 古读逢如蓬。……
20. 古读封如邦。……
21. 古读勿如没。……
22. 古读非如颁。……
23. 古读匪如彼。……
24. 古文妃与配同。……
25. 腓与膑同。……
26. 古音微如眉。……
27. 古读无如模。……又转如毛。……又转为末。……
28. 古读反如变。……
29. 古读馥如苾。……（下略）

二、断语（以类子）

凡轻唇之音，（非敷奉微）古读皆为重唇音。（帮滂并明）我把这一条长例，几乎全抄下来，因为我要读者知道中国“汉学家”的方法，很有科学的精神，很合归纳的论理。

“推”的界说的下半段“是犹谓他者同也，吾岂谓他者异也”，又是什么意思呢？人说“那些不曾观察的，都和这些已观察了的相同”（他者同也），我若没有正确的“例外”，便不能驳倒这通则，便不能说“那些并不和这些相同”（他者异也）。例如上文“古无轻唇音”一条，我若不能证明古有轻唇音，便不能说“这二三十个例之外的轻唇音字古时并不读重唇”。

以上为七种“辩”的方法。“或”与“假”系“有待的”辞，不很重要。“效”是演绎法。由通则推到个体，由“类”推到“私”。“辟”与“侔”都用个体说明别的个体。“援”由个体推知别的个体。“推”由个体推知通则。这四种——辟、侔、援、推——都把个体的事物作推论的起点，所以都可以叫做“归纳的论辩”。

这七种之中，“推”最为重要。所以现在且把“推”的细则详说于下。

“推”（归纳）的细则　自密尔（mill）以来，归纳的研究法，大概分为五种：

（一）求同，（二）求异，（三）同异交得，（四）求余，（五）共变这五术，其实只有同异两件。“求余”便是“求异”，“共变”也就是“同异交得”的一种。《墨辩》论归纳法，只有（一）同，（二）异，（三）同异交得，三法。

（甲）同　《经上》说“同，异而俱于之一也。”（之同“是”）此言观察的诸例，虽是异体，却都有相同的一点。寻得这一点，便是求同。

（乙）异　《墨辩》没有异的界说。我们可依上文“同”的界说，替他补上一条道：

> 异，同而俱于是二也。

所观察的诸例，虽属相同，但有一点或几点却不相同。求得这些不同之点，便是求异法。

（丙）同异交得　《经上》云“同异交得知有无”这是参用同异两术以求知有无的方法。物的“同异有无”很不易知道，须要参用同异两种才可不致走入迷途。《经上》说：

> 法同则观其同，法异则观其宜止，因以别道。说曰，法取同，观巧转。法取彼择此，问故观宜。以人之有黑者有不黑者也，止黑人；与以人之有爱于人，有不爱于人，止爱〔于〕人：是孰宜止？彼举然者，以为此其然也，则举不然者而问之。

《经说下》云：

> 彼以此其然也，说“是其然也”。我以此其不然也，疑“是其然也”。

这两段都说该用“否定的例”（不然者）来纠正推论的错误。例如人说“共和政体但适用于小国，不适用于大国”，又举瑞士法兰西……为证。我们该问：“你老先生为什么不举美国呢?”这里面便含有“同异交得”的法子。

《经下》又说：

> 狂举不可以知异，说在有不可。说曰狂举。牛马虽异，（旧作“牛狂与马惟异”。此盖由举字初误作与牛两字。后之写者，误删一牛字，以其不成文，又误移牛字于句首耳。惟通虽字。）以“牛有齿，马有尾”，说牛之非马也，不可。是俱有，不偏有

偏无有。曰牛之与马不类，用“牛有角，马无角”，是类不同也。

这一段说只有“同异交得”的法子，可以求出“偏有偏无有”的“差德”。差德就是 Differentia。《墨辩》叫做“类不同”。

《小取》篇后面还讲演绎归纳各法的许多谬误。现今不及细讲了，读者可以参看。

九、惠施

一、惠施传略　惠施曾相梁惠王。梁惠王死时，惠施还在，（《战国策》）惠王死在民国纪元前 2230 年（此据《纪年》，若据《史记》则在前 2246 年）。又据《吕氏春秋》（二十一）齐梁会于徐州，相推为王，乃是惠施的政策。徐州之会在纪元前 2245 年。据此看来，惠施大约生在前 2290 年与前 2210 年之间。《庄子·天下》篇说“惠施多方其书五车”。又说有一个人叫做黄缭的，问天地所以不坠不陷，和风雨雷霆之故，惠施“不辞而应，不虑而对，遍为万物说”。只可惜那五车的书和那“万物说”，都失掉了。我们所知道的，不过是他的几条残缺不完的学说。

二、惠施“历物之意”　惠施的学说，如今所传，尽在《庄子·天下》篇中。原文是：

惠施……历物之意（《释文》曰历古歷字，……分别歷说之）。曰：

（一）至大无外，谓之大一；至小无内，谓之小一。

（二）无厚不可积也，其大千里。

（三）天与地卑，山与泽平。（孙诒让曰，卑与比通，《广雅·释诂》曰，比，近也。）

（四）日方中方睨，物方生方死。

（五）“大同”而与“小同”异，此之谓“小同异”。万物毕同毕异，此之谓“大同异”。

（六）南方无穷而有穷。

（七）今日适越而昔来。

（八）连环可解也。

（九）我知天下之中央：燕之北，越之南，是也。

（十）泛爱万物，天地一体也。

三、十事的解说　这十事的解说，自古以来，也不知共有多少种。依我个人的意思看来，这十事只是“泛爱万物，天地一体也”，一个大主义。前九条是九种辩证，后一条是全篇的断案。前九条可略依章太炎《明见》篇（《国故论衡》下）分为三组：

第一组，论一切“空间”的分割区别都非实有。（1）（2）（3）（6）（7）（8）（9）

第二组，论一切“时间”的分割区别都非实有。（1）（4）（7）

第三组，论一切同异都非绝对的。（5）

三组的断案：“泛爱万物，天地一体也。”

第一，论“空间”一切分割区别都非实有　“空间”（Space）古人都叫做“宇”。《尸子》及《淮南子》注都说“上下四方”是宇。《墨辩》也说：

> 宇，弥异所也（《经上》）。《经说》曰：宇冡东西南北。（旧作“宇东西家南北。”王引之校删家字，非也。家是冡字之误。冡即蒙字。写者不识，误改为家，又以其不可通，乃移下两字，以成三字句耳。）

“宇”与“所”有别。“东方”“西南角”“这里”“那里”，都是“所”。“所”只是“宇”的一部分。弥满上下四方，总名为“宇”。故说“宇蒙东西南北”。宇是无穷无极，没有间断，不可分析的。所以惠施说：“其大无外，谓之大一”。此是“宇”的总体。但是平常人都把“宇”分成种种单位，如东方、西方、一分、一厘、一毫、一忽之类，故惠施又说：“其小无内，谓之小一。”这是“所”，都是“宇”的一部分。其实分到极小的单位，（小一）还只是这个“宇”。所以惠施又说：“无厚不可积也，其大千里。”分割“空间”到了一线，线又割成点，是“无厚不可积”了，却还是这“其大无外”的“宇”的一部分。所以那“无厚不可积”的和那“其大千里”的，只是一物，只是那无穷无极，不可割断的“空间”。

《墨辩》又说：

> 宇或徙（或即域字）。《经说》曰：宇，南北在旦，有（同又）在莫。宇徙久。
>
> 或，过名也。说在实。《经说》曰：或，知是之非此也，有（同又）知是之不在此也，然而谓此“南北”。过而以已为然。始也谓此“南方”，故今也谓此“南方”。

这两段说“宇”是动移不歇的。《经上》说“动，或徙也”。域徙为动，故“宇或徙”是说地动。我们依着指南针定南北东西，却不知道“空间”是时刻移动的。早晨的南北，已不是晚间的南北了。我们却只叫他做“南北”，这实是“过而以已为然”，不过是为实际上的便利，其实都不是客观的实在区别。

当时的学者，不但知道地是动的，并且知道地是圆的。如《周髀算经》（此是晚周的书，不是周初的书）说“日运行处极北，北方日中，南方夜半。日在极东，东方日中，西方夜半。日在极南，南方日中，北方夜半。日在极西，西方日中，东方夜半。”这虽说日动而地不动，但似含有地圆的道理。又如《大戴礼记·天员》篇（此篇不是曾子的书，当是秦汉人造出来的），辩“天圆地方”之说，说“如诚天圆而地方，则是四角之不揜也”。这分明是说地圆的。

惠施论空间，似乎含有地圆和地动的道理。如说“天下之中央，燕之北，越之南，是也。”燕在北，越在南。因为地是圆的，所以无论哪一点，无论是北国之北，南国之南，都可说是中央。又说“南方无穷而有穷”。因为地圆，所以南方可以说有穷，可以说无穷。南方无穷，是地的真形；南方有穷，是实际上的假定。又如“天与地卑，山与泽平”，更明显了。地圆旋转，故上面有天，下面还有天；上面有泽，下面还有山。又如“今日适越而昔来”，即是《周髀算经》所说“东方日中，西方夜半；西方日中，东方夜半”的道理。我今天晚上到越，在四川西部的人便要说我“昨天”到越了。

如此看来，可见一切空间的区别，都不过是我们为实际上的便利，起的种种区别，其实都不是实有的区别，认真说来，只有一个无穷无极不可分断的“宇”。那“连环可解也”一条，也是此理。《战国策》记秦王把一套玉连环送与齐国的君王后请他解开。君王后用铁锤一敲，连环都碎了，叫人答复秦王说连环已解了。这种解连环的方法，很有哲学的意义。所以连环解与不解，与“南方无穷而有穷”，同一意思。

以上说“空间”一切区别完了。

第二，**论“时间”一切分割区别都非实有**　“时间”（Time）古人或叫做“宙”，或叫做“久”。《尸子》与《淮南子》注都说“古往今来”是“宙”。《墨辩》说：

> 久，弥异时也（《经上》）。《经说》曰：久合古今旦莫。（旧作“今久古今且莫。”王引之改且为旦，又删上今字。适按今字是合字或亼字之误。写者误以为今字，又移于上，成三字句耳。今校正。）

“久”是“时”的总名。一时、一刻、千年、一刹那，是时。弥满“古今旦莫”、“古往今来”，总名为“久”。**久也是无穷无极不可割断的**，故也可说“其大无外，谓之大一；其小无内，谓之小一”。大一是古往今来的“久”，小一是极小单位的“时”。无论把时间分割成怎样小的“小一”，还只是那无穷无极不可分割的时间。所以一切时间的分割，只是实际上应用的区别，并非实。有惠施说：“日方中方睨，物方生方死。”才见日中，已是日斜；刚是现在，已成过去。即有上寿的人，千年的树，比起那无穷的“久”，与“方中方睨”的日光有何分别？竟可说“方生方死”了。“今日适越而昔来”，虽关于“空间”，也关于“时间”。东方夜半，西方日中；今日适越在西方人说来，便成昨日。**凡此都可见一切时分，都由人定，并非实有**。

第三，**论一切同异都非绝对的**　科学方法最重有无同异。一切科学的分类（如植物学与动物学的分类），都以同异为标准。例如植物的分类：

- 植物
  - 显花的
    - 被子的
      - 双子叶的
      - 单子叶的
    - 裸子的
  - 隐花的

但是这种区别，都不过是为实际上的便利起见，其实都不是绝对的区别。惠施说：“大同而与小同异，此之谓小同异。”例如松与柏是“大同”，松与蔷薇花是“小同”，这都是“小同异”。一切科学的分类，只是这种“小同异”。从哲学一方面看来，便是惠施所说：“万物毕同毕异。”怎么说“万物毕异”呢？原来万物各有一个“自相”，例如一个胎里生不出两个完全同样的弟兄；一根树上生不出两朵完全一样的花；一朵花上找不出两个完全同样的花瓣；一个模子里，铸不出两个完全同样的铜钱。这便是万物的“自相”。《墨辩》说：“二必异，二也。”这个“二性”便是“自相”。有自相所以“万物毕异”。但是万物虽各有“自相”，却又都有一些“共相”。例如男女虽有别，却同是人；人与禽兽虽有别，却同是动物；动物与植物虽有别，却同是生物；……这便是万物的“共相”。有共相，故万物可说“毕同”。毕同毕异，“此之谓大同异”。可见一切同异都不是绝对的区别。

结论　惠施说一切空间时间的分割区别都非实有；一切同异都非绝对，故下一断语道：“天地一体也。”天地一体即是后来庄子所说：

> 天下莫大于秋毫之末，而太山为小；莫寿于殇子，而彭祖为夭。天地与我并生，而万物与我为一。（《齐物论》）

因为“天地一体”，故“泛爱万物”。

“泛爱万物”，即是极端的兼爱主义。墨子的兼爱主义，我已说过，是根据于“天志”的。墨家的“宗教的兼爱主义”，到了后代，思想发达了，宗教的迷信便衰弱了，所以兼爱主义的根据也不能不随着改变，惠施是一个科学的哲学家，他曾做“万物说”，说明“天地所以不坠不陷，风雨雷霆之故”，所以他的兼爱主义，别有科学—哲学的根据。

十、公孙龙及其他“辩者”

一、公孙龙传略　《吕氏春秋》说公孙龙劝燕昭王偃兵（《审应览》七），又与《赵惠王》论偃兵（《审应览》一），说燕昭王在破齐之前。燕昭王破齐在民国纪元前2195至前2190年。《战国策》又说信陵君破秦救赵时（民国前2168年），公孙龙还在，曾劝平原君勿受封。公孙龙在平原君门下。这是诸书所共纪，万无可疑的。所以《战国策》所说，似乎可靠。依此看来，公孙龙大概生于民国前2235年和前2225年之间。那时惠施已老了。公孙龙死时，当在前2160年左右。

此说和古来说公孙龙年岁的，大不相同。我以为公孙龙决不能和惠施辩论，又不和庄子同时，《庄子》书中所记公孙龙的话都是后人乱造的。《庄子·天下》篇定是战国末年人造的。《天下》篇并不曾明说公孙龙和惠施辩论，但原文说：

> 惠施以此为大观于天下而晓辩者。天下之辩者，相与乐之，（此下纪辩者二十一事）……辩者以此与惠施相应，终身无穷。桓团、公孙龙，辩者之徒，饰人之心，易人之意，能胜人之口，不能服人之心。

此段明说“与惠施相应”的乃是一班“辩者”，又明说“桓团、公孙龙”乃是“辩者之徒”，可见公孙龙不曾和惠施辩论。此文的“辩者”，乃是公孙龙的前辈，大概也是别墨一派。公孙龙最出名的学说是“白马非马”“臧三耳”两条。如今这两条都不在这二十一事之中。可见与惠施相应的“辩者”，不是公孙龙自己，都是他的先生。后来公孙龙便从这些学说上生出他自己的学说来。后来这些“辩者”一派，公孙龙最享盛名，后人把这些学说笼统都算是他的学说了。（如《列子·仲尼》篇）我们既不知那些“辩者”的姓名，（桓团即《列子·仲尼》篇之韩檀，一音之转也。）如今只好把《天下》篇的二十一事和《列子·仲尼》篇的七事，一齐都归作“公孙龙及其他辩者”的学说。

二、《公孙龙子》　今所传《公孙龙子》有六篇。其中第一篇乃是后人所加的“传略”。第三篇也有许多的错误。第二篇最易读。第四篇错误更多，须与《墨子·经下》、《经说下》参看。第五第六篇亦须与《经下》、《经说下》参看，才可懂得。

三、《庄子·天下》篇的二十一事（《列子·仲尼》篇的七事附见）

> （1）卵有毛。
> （2）鸡三足（《孔丛子》有“臧三耳”。）
> （3）郢有天下。
> （4）犬可以为羊。
> （5）马有卵。
> （6）丁子有尾。
> （7）火不热。
> （8）山出口。

(9) 轮不蹍地。

(10) 目不见。

(11) 指不至，至不绝。(《列子》亦有“指不至”一条)

(12) 龟长于蛇。

(13) 矩不方，规不可以为圆。

(14) 凿不围枘。

(15) 飞鸟之影未尝动也。(《列子》亦有“影不移”一条)

(16) 镞矢之疾，而有不行不止之时。

(17) 狗非犬。(《列子》有“白马非马”，与此同意。说详下。)

(18) 黄马，骊牛，三。

(19) 白狗黑。

(20) 孤驹未尝有母。(《列子》作“孤犊未尝有母。”)

(21) 一尺之棰，日取其半，万世不竭。(《列子》作“物不尽”。)

此外《列子》尚有“意不心”、“发引千钧”两条。

四、总论　这些学说，前人往往用“诡辩”两字一笔抹杀。近人如章太炎极推崇惠施，却不重这二十一事。太炎说：

> 辩者之言独有“飞鸟”、“镞矢”、“尺棰”之辩，察明当人意。“目不见”、“指不至”、“轮不蹍地”，亦几矣。其他多失伦。夫辩说者，务以求真，不以乱俗也。故曰“狗无色”可，云“白狗黑”则不可。名者所以召实，非以名为实也。故曰“析狗至于极微则无狗”可，云“狗非犬”则不可。(《明见》篇)

太炎此说似乎有点冤枉这些辩者了。我且把这二十一事分为四组〔(8) 条未详故不列入〕，每组论一个大问题。

第一，论空间时间一切区别都非实有　(3)(9)(15)(16)(21)

第二，论一切同异都非绝对的　这一组又分两层：

(甲) 从“自相”上看来，万物毕异　(13)(14)(17)

(乙) 从“共相”上看来，万物毕同　(1)(5)(6)(12)

第三，论知识 （2）（7）（10）（11）（18）

第四，论名 （4）（19）（20）

五、第一，论空间时间一切区别都非实有 惠施也曾有此说，但公孙龙一般人的说法更为奥妙。（21）条“说一尺之棰，日取其半，万世不竭”。这一条可引《墨子·经下》来参证。《经下》说：

> 非半弗䉶则不动，说在端。《经说》曰：䉶半，进前取也。前则中无为半，犹端也。前后取，则端中也。䉶必半，毋与非半，不可䉶也。

这都是说中分一线，又中分剩下的一半，又中分一半的一半，……如此做去，终不能分完。分到“中无为半”的时候，还有一“点”在，故说“前则中无为半，犹端也”。若前后可取，则是“点”在中间，还可分析。故说“前后取，则端中也”。司马彪注《天下》篇云：“若其可析，则常有两；若其不可析，其一常在。”与《经说下》所说正合。《列子·仲尼》篇直说是“物不尽”。魏牟解说道：“尽物者常有”。这是说，若要割断一物（例如一线），先须经过这线的一半，又须过一半的一半，以此递进，虽则极小的一点，终有余剩，不到绝对的零点。因此可见一切空间的分割区别都非实有。实有的空间是无穷无尽，不可分析的。

（16）条说：“镞矢之疾，而有不行不止之时。”说飞箭“不止”，是容易懂得的。如何可说他“不行”呢？今假定箭射过百步需时三秒钟。可见他每过一点，需时三秒之几分之几。既然每过一点必需时若干，可见他每过一点必停止若干时，司马彪说：“形分止，势分行。形分明者行迟，势分明者行速。”从箭的“势”看去，箭是“不止”的。从“形”看去，箭是“不行”的。譬如我们看电影戏，见人马飞动；其实只是一张一张不动的影片，看影戏时，只见“势”，不见“形”，故觉得人马飞动，男女跳舞。影戏完了，再看那取下的影片，只见“形”，不见“势”，始知全都是节节分断，不联络，不活动的片段。

（15）条说：“飞鸟之影未尝动也。”《列子·仲尼》篇作“影不移”。魏牟解说道：“影不移，说在改也。”《经下》也说：

> 景不徙，说在改为。《经说》曰：景。光至景亡。若在，万古息。

这是说，影处处改换，后影已非前影。前影虽看不见。其实只在原处。若用照相快镜一步一步地照下来，便知前影与后影都不曾动。

（9）条“轮不蹍地”，与上两条同意，不过（9）条是从反面着想。从“势”一方面看来，车轮转时，并不蹍地；鸟飞时，只成一影箭行时，并不停止。从“形”一方面看来，车轮转处，处处蹍地；鸟飞时，鸟也处处停止，影也处处停止；箭行时，只不曾动。

（3）条“郢有天下”，即是庄子所说“天下莫大于秋毫之末，而太山为小”之意。郢虽小，天下虽大，比起那无穷无极的空间来，两者都无甚分别，故可说“郢有天下”。

这几条所说只要证明空间时间一切区别都是主观的区别，并非实有。

六、第二，论一切同异，都非绝对的（甲）从自相上看来，万物毕异。《经下》说：“一法者之相与也，尽类，若方之相合也。”这是从“共相”上着想，故可说，同法的必定相类，方与方相类圆与圆相类。但是若从“自相”上着想，一个模子铸不出两个完全相同的钱；一副规做不出两个完全相同的圆；一个矩做不出两个完全相同的方。故（13）条说“矩不方，规不可以为圆”。（14）条“凿不围枘”，也是此理。我们平常说矩可为方，规可为圆，凿恰围枘；这都不过是为实际上的便利，姑且假定如此，其实是不如此的。

（17）条“狗非犬”，也是这个道理。《尔雅》说“犬未成豪曰狗”。《经下》说：

> 狗，犬也。而“杀狗非杀犬也”可。

《小取》篇说：

> 盗人，人也。多盗，非多人也。无盗，非无人也。……爱盗，非爱人也。杀盗，非杀人也。

这几条说的只是一个道理。从“共相”上着想，狗是犬的一部，盗是人的一部分，故可说“狗，犬也”，“盗人，人也”。但是若从“自相”的区别看来，“未成豪”的犬（邵晋涵云：“犬子生而长毛未成者为狗”），始可叫做“狗”（《曲礼疏》云：通而言之，狗犬通名。若分而言之，则大者为犬、小者为狗）。偷东西的人，始可叫做“盗”。故可说：“杀狗非杀犬也”，“杀盗非杀人也”。

公孙龙的“白马非马”说，也是这个道理。《公孙龙子·白马》篇说：

> “马”者，所以命形也。“白”者，所以命色也。……求“马”黄黑马皆可致。求“白马”黄黑马不可致。……黄黑马一也，而可以应“有马”，不可以应“有白马”。是白马之非马，审矣。……“马”者，无取于色，故黄黑马皆可以应。“白马”者，有去取于色，黄黑马皆以所色去。故唯白马独可以应耳。

这一段说单从物体“自相”的区别上着想，便和泛指那物体的“类名”不同。这种议论，本极容易懂，今更用图表示上文听说（见下页）。

七、（乙）从共相上看来，万物毕同　（1）条说：“卵有毛。”这条含有一个生物学的重要问题。当时很有人研究生物学，有一派生物进化论说：

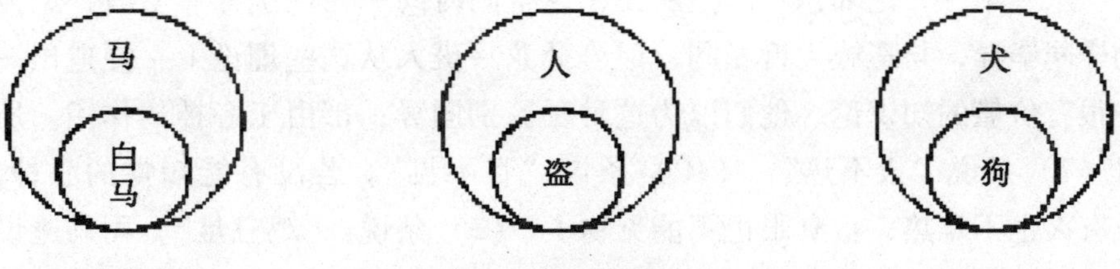

图甲　示共相同

图乙　示自相异

> 万物皆种也，以不同形相禅。（《庄子·寓言》）
>
> 种有几（几即是极微细的种子。几字从88，8字本象胚胎之

形）。……万物皆出于几（今作机，误。下几字同），皆入于几。（《庄子·至乐》）

这学说的大意是说生物进化都起子一种极微细的种子，后来渐渐进化，“以不同形相禅”，从极下等的微生物，一步一步地进到最高等的人（说详《庄子·至乐》篇及《列子·天瑞》篇）。因为生物如此进化，可见那些种子里面，都含有万物的“可能性”（亦名潜性），所以能渐渐的由这种“可能性”变为种种物类的“现形性”（亦名显性）。又可见生物进化的前一级，便含有后一级的“可能性”。故可说“卵有毛”。例如鸡卵中已含有鸡形；若卵无毛，何以能变成有毛的鸡呢？反过来说，如（5）条的“马有卵”，马虽不是“卵生”的，却未必不曾经过“卵生”的一种阶级。又如（6）条的“丁子有尾”。成玄英说楚人叫虾蟆作丁子。虾蟆虽无尾，却曾经有尾的。第（12）条“龟长于蛇”，似乎也指龟有“长于蛇”的“可能性”。

以上（甲）（乙）两组，一说从自性上看去，万物毕异；一说从根本的共性上看去，从生物进化的阶级上看去，万物又可说毕同。观点注重自性，则“狗非犬”，“白马非马”。观点注重共性，则“卵有毛”、“马有卵”。于此可见一切同异的区别都不是绝对的。

八、第三，论知识　以上所说，论空间时间一切区别都非实有，论万物毕同毕异，与惠施大旨相同。但公孙龙一班人从这些理论上，便造出一种很有价值的知识论。他们以为这种种区别同异，都由于心神的作用。所以（7）条说“火不热”，（10）条说“目不见”。若没有能知觉的心神，虽有火也不觉热，虽有眼也不能见物了。（2）条说：“鸡三足”。司马彪说鸡的两脚需“神”方才可动，故说“三足”。公孙龙又说“臧三耳”。依司马彪说，臧的第三只耳朵也必是他的心神了。《经上》篇说：“闻、耳之聪也。循所闻而意得见，心之察也。”正是此意。

《公孙龙子》的《坚白论》，也可与上文所说三条互相印证。《坚白论》的大旨是说，若没有心官做一个知觉的总机关，则一切感觉都是散漫不相统属的；但可有这种感觉和那种感觉，决不能有连络贯串的知识。所以说“坚白石二”。若没有心官的作用，我们但可有一种“坚”的感觉和一种“白”的感觉，决不能有“一个坚白石”的知识。所以说：

无坚得白，其举也二。无白得坚，其举也二。

> 视不得其所坚而得其所白者，无坚也。拊不得其所白而得其所坚者，无白也。……得其白，得其坚，见与不见离，〔见〕不见离一，二不相盈，故离。离也者，藏也（见不见离一，二不相盈故离。旧本有错误。今据《墨子·经说下》考正）。

古来解这段的人都把“离”字说错了。本书明说“离也者藏也”。离字本有“连属”的意思，如《易·彖传》说“离、丽也。日月丽乎天，百谷草木丽乎土”。又如《礼记》说“离坐离立，毋往参焉”。眼但见白而不见坚，手可得坚，而不见白。所见与所不见相藏相附丽，始成的“一”个坚白石。这都是心神的作用，始能使人同时“得其坚，得其白”。

（18）条“黄马骊牛三”，与“坚白石二”同意。若没有心神的作用，我们但有一种“黄”的感觉，一种“骊”的感觉和一种高大兽形的感觉，却不能有“一匹黄马”和“一只骊牛”的感觉，故可说“黄马骊牛三”。

最难解的是（11）条“指不至，至不绝”。我们先须考定“指”字的意义。《公孙龙子》的《指物》篇用了许多“指”字，仔细看来，似乎“指”字都是说物体的种种表德，如形色等等。《指物》篇说：

> 物莫非指，而指非指。天下无指，物无可以谓物。非指者，天下无物，可谓指乎？（无物之无，旧作而。今依俞樾校改。）

我们所以能知物，全靠形色、大小，等等“物指”。譬如白马，除了白色和马形，便无“白马”可知。故说“物莫非指”，又说“天下无指，物无可以谓物”。这几乎成了极端的唯心论了。故又转一句说：“而指非指”，又说：“天下无物，可谓指乎？”这些“指”究竟是物的指。没有指固不可谓物，但是若没有“物”，也就没有“指”了。有这一转，方才免了极端的唯心论！

（11）条的“指”字也作物的表德解。我们知物，只需知物的形色等等表德，并不到物的本体，也并不用到物的本体。即使要想知物的本体，也是枉然，至多不过从这一层物指进到那一层物指罢了。例如我们知水，只是知水的性质。化学家更进一层，说水是氢氧二气做的，其实还只是知道氢气氧气的重量作用等等物指。即使更进一层，到了氢气氧气的元子或电子，还只是知道元子电子的性质作用，终竟不知元子电子的本体。这就是（11）条的“指不至，至不绝”。正如算学上的无穷级数，再也不会完的。

以上所说，为公孙龙一班人的知识论。知识须有三个主要部分：一方面是物，一方面是感觉认识的心神，两方面的关系，发生物指与感觉，在物为“指”，在心为“知”（此知是《经上》“知，接也”之知），其实是一事。这三部分之中，最重要的，还只是知物的心神。一切物指，一切区别同异，若没有心神，便都不能知道了。

九、第四，论名　有了“物指”，然后有“名”。一物的名乃是代表这物一切物指的符号。如“火”代表火的一切性质，“梅兰芳”代表梅兰芳的一切状态性质。有了正确的“名”，便可由名知物，不须时时处处直接见物了。如我说“平行线”，听者便知是何物。故“正名”一件事，于知识思想上极为重要。古代哲学家，自孔子到荀子，都极注重“正名”，都因此故。《公孙龙子》有《名实论》，中说道：

> ……正其所实者、正其名也。其名正，则唯乎其彼此焉（唯，应也）。谓彼而不唯乎彼，则“彼”谓不行。谓此而不唯乎此，则“此”谓不行。……故彼彼止于彼，此此止于此，可彼此而彼且此，此彼而此且彼，不可夫名，实谓也。知此之非此也，知此之不在此也，则不谓也。

这段说“正名”极明白。《荀子·正名》篇说名未制定之时，有“异形离心交喻，异物名实互纽”的大害。上文（4）条说“犬可以为羊”，又（19）条说“白狗黑”，是说犬羊黑白，都系人定的名字。当名约未定之时，呼犬为羊，称白为黑，都无不可。这就是“异形离心交喻，异物名实互纽”；就是《公孙龙子》所说“彼此而彼且此，此彼而此且彼”了。

若有了公认正确的名，自然没有这种困难。（20）条说“孤驹未尝有母”，《列子》作“孤犊未尝未母”。魏牟解说道：“有母非孤犊也”。这是说“孤犊”一名，专指无母之犊。犊有母时，不得称孤；犊称孤时，决不会有母了。这便是“彼彼止于彼，此此止于此”。一切正确之名都要如此，不可移易。

十、结论　以上说公孙龙及“辩者”二十一事完了。这班人的学说，以为一切区别同异，都起于主观的分别，都非绝对的。但在知识思想上，这种区别同异却不可无有。若没有这些分别同异的“物指”，便不能有知识了。故这些区别同异，虽非实有，虽非绝对的，却不可细为辨别，要使

“彼彼止于彼，此此止于此”。有了正确之“名”，知识学术才可有进步。

公孙龙一班人的学说，大旨虽然与惠施相同，但惠施的学说归到一种“泛爱万物”的人生哲学，这班人的学说归到一种“正名”的名学。这是他们的区别。但公孙龙到处劝人“偃兵”，大概也是信兼爱非攻的人，可知他终是墨家一派。

（附言）鄙人两年来所作论公孙龙之文先后凡四次。每次都大有更动。此为最近改作之稿，亦不敢谓为定论，但觉此善于彼耳，所望国中学者，更有以匡正之。

十一、墨学结论

我们已讲了墨学的两派：一是宗教的墨学，一是科学—哲学的墨学。如今且讲墨学的灭亡和所以灭亡的原因。

当韩非之时，墨学还很盛。所以《韩非子·显学》篇说“世之显学，儒墨也”。韩非死于秦始皇十四年，当民国前 2144 年。到司马迁做《史记》时（民国前 2001 年），不过一百五十年，那时墨学早已消灭，所以《史记》中竟没有墨子的列传。《孟子荀卿列传》中说到墨子的一生，只有二十四个字。那轰轰烈烈，与儒家中分天下的墨家，何以消灭得这样神速呢？这其中的原因，定然很复杂，但我们可以悬揣下列的几个原因：

第一，由于儒家的反对　墨家极力攻击儒家，儒家也极力攻击墨家。孟子竟骂墨子兼爱为“无父”，为“禽兽”。汉兴以后，儒家当道，到汉武帝初年竟罢黜百家，独尊孔氏。儒家这样盛行，墨学自然没有兴盛的希望了（参看荀子攻击墨家之语，及《孔丛子·诘墨》篇）。

第二，由于墨家学说之遭政客猜忌　其实墨学在战国末年，已有衰亡之象。那时战争最烈，各国政府多不很欢迎兼爱非攻的墨家。《管子》（是战国末年的伪书）《立政》篇说：

> 寝兵之说胜，则险阻不守。兼爱之说胜，则士卒不战。

又《立政九败解》说：

> 人君唯毋（唯毋二字合成一语辞，有唯字义。说详《读书杂志》）听寝兵，则群臣宾客莫敢言兵。……人君唯毋听兼爱之说，则视天下之民如其民，视国如吾国（语略同《兼爱上》）。如是，则……射御勇力之士不厚禄，覆军杀将之臣不贵爵。

又《韩非子·五蠹》篇说：

> 故不相容之事，不两立也。斩敌者受赏，而高慈惠之行；拔城者受爵禄，而信兼爱之说，……举行如此，治强不可得也。

这都是指墨家说的。可见那时墨学不但不见容于儒家，并且遭法家政客的疾忌。这也是墨学灭亡的一个大原因。

第三，由于墨家后进的“诡辩”太微妙了。别墨惠施、公孙龙一般人，有极妙的学说。不用明白晓畅的文字来讲解，却用许多极怪僻的“诡辞”，互相争胜，“终身无穷”。那时代是一个危急存亡的时代，各国所需要的乃是军人政客两种人才，不但不欢迎这种诡辩，并且有人极力反对。如《韩非子·五蠹》篇说：

> 且世之所谓智者，微妙之言也。微妙之言，上智之所难知也。……夫治世之事，急者不得，则缓者非所务也。今所治之政，民间夫妇所明知者不用，而慕上知之论，则其于治反矣。故微妙之言，非民务也。

又《吕氏春秋》说：公孙龙与孔穿论“臧三耳”（本作藏三牙，今据《孔丛子》正），明日，孔穿对平原君说：

> 谓臧三耳甚难而实非也。谓臧两耳甚易而实是也。不知君得从易而是者乎？将从难而非者乎？

又《韩非子·问辩》篇说：

夫言行者，以功用为之的彀者也。……乱世之听言也，以难知为察，以博文为辩。……是以……坚白无厚之辞章，而宪令之法息。

这都是说别墨与公孙龙一般人的论辩，太“微妙”了，不能应用。墨学的始祖墨翟立说的根本在于实际的应用。如今别家也用“功用”为标准，来攻击墨学的后辈，可谓“以其人之道，还治其人之身”了。这不但可见墨学灭亡的一大原因，又可见狭义的功用主义的流弊了。

（本文为1918年3月24、31日，4月7、14日胡适在北京西城区手帕胡同教育部会场的演讲，1918年8月10日北京大学学术演讲会印行。）

谈谈实验主义

此番美国大教育家杜威博士到中国来，江苏省教育会请他明天后天到这儿来演说，又因为我是他的学生，所以叫我今天晚上先来演讲。方才主席说我是杜威博士的高足弟子，其实我虽是他的弟子，那“高足”二字可也不敢当，不过今天先要在诸君面前把杜威博士的一派学说，稍稍演述一番，替他先开辟出一条道儿，再加些洒扫的功夫，使得明天诸君听杜威博士的演说有些头绪，那也是做弟子的应尽的职分。

我今天所要讲的题目，是“实验主义”，英文中有人译做“实际主义”，我想这个名词也好用，并且实验主义在英文中，似当另外一个名词。那么，我何以要把实际主义改为实验主义呢？那也有个道理，原来实验主义的发达，是近来二十年间的事情，并且分为几派，有欧洲大陆派，有英国派，有美国派，英国派是“人本主义”。他的意思是万事万物都要以人为本位，不可离开了人的方面空去说的，所以是非、有无、利害、苦乐，都是以人为根本的。美国派又分两派，一派就是“实际主义”，为杜威博士那一班人所代表的。一派是“工具主义”，这派把思想真理等精神的产物都看做应用的工具，和那用来写字的粉笔，用来喝茶的茶杯一样。以上各派，虽则互有不同，然而有一点是共同的，那就是注重实验，所以我今天的题目叫做“实验主义”。

我们要明白实验主义是什么东西，先要知道实验的态度究竟是怎么样，实验的态度，就是科学家在试验室里试验的态度，科学家当那试验的时候，必须先定好了一种假设，然后把试验的结果来证明这假设是否正当。譬如科学家先有了两种液体，一是红的，一是绿的，他定了一个假设，说这两种液体拼合起来是要变黄色的。然而这句话不是一定可靠，必须把他试验出来，看看拼合的结果是否黄色，再来判定那假设的对不对。实验主义所当取的态度，也就和科学家试验的态度一样。

既然如此，我敢说实验主义是十九世纪科学发达的结果，何以见得实验主义和科学有关系呢？那么，我们不可不先明白科学观念的两大变迁。

一、科学律令　科学的律令，就是事物变化的通则，从前的人以为科学律令是万世不变，差不多可以把中国古时“天不变，道亦不变”的两句话，再读一句“科学律令亦不变”，然而五十年来，这种观念大为改变了。大家把科学律令看做假设的，以为这些律令都是科学家的假设，用来解释事变的。所以，可以常常改变。譬如几何学的定律说，从直线的起点上只有一条直线可以同原线平行。又说，三角形中的三个角相加等于二直角，这二律我们都以为不可破的。然而新几何学竟有一派说，从直线的起点上有无数的直线同原线平行；有的说，从直线的起点上没有一条直线可以同原线平行；有的说，三角形中的三角相加比二直角多；有的说，比二直角少。这些理论，都和现在几何学的律令不同，却也能“言之成理，持之有故”。连科学家也承认他们有成立的根据。不过照现在的境遇说，通常的几何学是最合应用，所以我们去从他的律令。假使将来发现现在的几何学不及那新几何学合用，那就要“以新代旧”了。我们对于科学律令的观念既改，那么研究科学的方法也改了，并且可以悟得真理不是绝对的。譬如我们所住的大地，起初人家以为是扁平的，日月星辰的出没，都因为天空无边，行得近些就见了，行得太远就不见了。这种说话现在看来固然荒谬，然而起初也都信为真理，后来事变发现得多了，这条真理不能解释他了。于是有“地圆”的一说，有“地球绕日”的一说，那就可见真理是要常常改变的。又譬如三纲五常，我们中国从前看做真理，但是这八年之中，三纲少了一纲，五常少了一常，也居然成个国家。那就可见不合时势的真理是要渐渐的不适用起来。

二、生存进化　起初的人以为种类是不变的，天生了这样就终古是这个样儿。所以他们以为古时的牛就是现在的牛，古时的马就是现在的马，到了六十年前达尔文著《种源论》，才说明种类是要改变的。人类也是猿类变的，我们人类有史的时代虽只有几千年，而从有人类以来至少有一万万年，假使把这一万万年中的生物，从地质学考究起来，不晓得种类变得多少了，那种类变化的根本，就是“物竞天择，适者生存”八个字。再简单说一句，就是“适应环境”罢了。譬如这块地方阳光太大，生物就须变得不怕阳光。那块地方天气太冷，生物就须变得不怕寒冷。能够这样的变化方可生存，不能变的或变得不完全适合的难免淘汰。而且这种变化，除了天然以外，人力也可做到的。譬如养鸡养鸭，我们用了择种的法子，把坏的消灭了，好的留起来，那么数世之后只有好种了。又譬如种桃，我们用了接木的法子，把桃树的枝接到苹果树上去，一二年中就会生出特种的桃子，可见生存进化的道理，全在适应环境的变化。

上面我说了两大段的话，现在把他结束起来，就是：一、一切真理都是人定的。人定真理不可徒说空话，该当考察实际的效果。二、生活是活动的，是变化的，是对付外界的，是适应环境的。我们明白了这两个从科学得来的重要观念，方才可以讲到杜威博士一派的实际主义了。

杜威博士所主张的实际主义，我们分三种来讨论。

一、方法论　二、真理论　三、实在论

一、方法论　实验主义和政治，经济，社会，教育，学理的种种方面都有关系，就因为他的方法和别个方法不同，他的方法，简单说起来，就是不重空泛的议论，不慕好听的名词。注意真正的事实，采求试验的效果，我们把这种方法应用到三方面去。

甲、应用到事物上去　我们要明白事物，必须先知道事物的真意义，不可因为晓得事物的名称就算完事。譬如瞎子，他也会说“白的”“黑的”。但是叫他把两样物件中间拣出那“白的”或“黑的”来，他就不能动手，因为他实在没有知道黑白的真意义。又譬如一个会说话的聋子，他也会说“小叫天”、“梅兰芳”，但是叫他说出小叫天或梅兰芳的声调怎样好法，他就不能开口，因为他并没有知道“谭迷”“梅迷”的真意义。所以要明白事物，第一须知道事物对于我发生怎样的感觉。譬如“黑”在我身上的感觉是怎么样，“电灯”在我身上的感觉是怎么样。第二须知道我对于事物发生怎样的反动。譬如“黑”了我将怎样做。“空气不好”我将怎样做。若仅仅如孔子所说的“多识鸟兽草木之名”，那就和实际主义大相反背了。

乙、应用到意思上去　实验主义的学者，把凡所有的意思都看做假设，再去试验他的效果。譬如甲有一个意思说这样方可以齐家，乙有一个意思说那样方可以治国。我们都不可立刻以为是的或否的，先得试验他的结果是否可以如此。然后再去批评他，捷姆斯博士把意思看作银行的支票一样，倘然我的意思是可行的，行了出去竟得到我所预期的结果。那就好比兑现的支票一样，不然，那就是不兑现的支票了。所以在实验主义看来，意思都是假设的，都是要待人家去试验的。

丙、应用到信仰上去　信仰比意思更进一层了，意思是完全假设的。

意思等到试验对了之后方成信仰，然而信仰并不是一定不易的，须得试验试验才好。譬如地球扁平的一说，当初也成为信仰，但是现在观察出来，地球并不是这样，所以这信仰就打破了。又譬如我们假使信仰上帝是仁慈的，但何以世界上有这样的大战，可见得信仰是并非完全靠得住，必得把现在的事情实地去考察一番，方才见得这种信仰是否合理。迷信的事姑且勿论，就是普通社会的信条也未必是完全合情合理的，在实际主义看来，那都要待人试验的。

上面所说的实际主义方法的应用，和教育究竟有什么关系呢？这个问题的答案就是，教育事业当养成实事求是的人才，勿可专读死书，却去教实在的事物，勿可专被书中意思所束缚，却当估量这种意思是否有实际的效果，勿可专信仰前人的说话，却当去推求这些信条是否合于实情。

二、真理论　实验主义关于真理的论据，前面已经讲得不少了。此处所要说明的，就是“真理都是工具”一句话。譬如三纲五常从前在中国成为真理，就因为在宗法社会的时候，这个“纲常”的理论，实在可以被我们用作工具来范围人心，并且着实见些功效。到了现在社会的情形变了，这个“纲常”也好像是没用工具一般，只好丢去，另寻别的适用的工具了。既然如此，所以真理是常常改变的。捷姆斯博士说过，大凡真理都是替我们做过媒来的，都是替我们摆过渡来的，因为倘然我们发现了一种事物的变化，不能用旧时的真理去解释他，就不得不另创新的真理去解释，这种新的真理就是替我们和事变做媒摆渡，而旧理的做媒摆渡的功用失去了。所以实际主义对于真理的观念，是要养成主动的思想，去批评真理的，不是养成被动的思想，做真理的奴隶。譬如“不孝有三，无后为大”、“妇者服于人也”，这些话都是中国前代的真理。但是我们要考察这些真理是否合于现在社会的情形，然后来定他们的是非。

三、实在论　实在论就是宇宙论，也就是世界观，那是哲学的问题。照实际主义说世界是人造的。所以各人眼光中的世界是大不相同，譬如同在一块地方，诗人的世界是风花雪月之类，工人的世界是桥梁屋宇之类，各人有各人注意的所在，也就是各人有各人的世界。并且世界是由小而大的，各人的生活经验越增加，那世界的范围越扩大，生活的乐趣也越增加。所以实际主义学者的世界是实在的世界，不是空虚的世界。那佛教所创造的“极乐国”、“天堂”、“涅槃世界”、“极乐世界”等都是空空洞洞不可捉摸的，并且他们看得世界是烦恼困苦，怕生活，怕经验，所以才创造这些世界来引诱人。但是实际主义学者像捷姆斯一般人都说世界是人造的，很危险的，很不平安的，人类该当由经验去找安乐，该当冒险去造世界。假使有上帝，那么仿佛上帝对我们说："我是不能为你们的安乐保险的，但是你们毕竟努力，或者可以得着安乐。"实际主义的意思，以为惟有懦夫是不敢生活的，否则都应该在这实在世界中讨生活。

现在我把实验主义的要点说起来作一总束，我们人类当从事实上求真确的知识，训练自己去利用环境的事务，养成创造的能力，去做真理的主人。

（本文为1919年5月2日胡适在上海的演讲，原载1919年5月《新教育》第1卷第3期。）

中国哲学的线索

我平日喜欢做历史的研究，所以今天讲演的题目，是《中国哲学的线索》。这个线索可分两层讲。一时代政治社会状态变迁之后，发生了种种弊端，则哲学思想也就自然发生，自然变迁，以求改良社会上、政治上种种弊端。所谓时势生思潮，这是外的线索。外的线索是很不容易找出来的。内的线索，是一种方法——哲学方法，外国名叫逻辑 Logic（吾国原把逻辑翻作论理学或名学。逻辑原意不是名学和论理学所能包含的，故不如直译原字的音为逻辑）。外的线索只管变，而内的线索变来变去，终是逃不出一定的径路的。今天要讲的，就专在这内的方法。

中国哲学到了老子和孔子时候，才可当得“哲学”两个字。老子以前，不是没有思想，没有系统的思想；大概多是对于社会上不安宁的情形，发些牢骚语罢了。如《诗经》上说：“苕之华，其叶青青。知我如此，不如无生。”这种语是表示对于时势不满意的意思。到了西历前第六世纪时，思想家才对于社会上和政治上，求根本弊端所在。而他们的学说议论终是带有破坏的、批评的、革命的性质。老子根本上不满意当时的社会、政治、伦理、道德。原来人人多信“天”是仁的，而他偏说：“天地不仁，以万物为刍狗。”天是没有意思的，不为人类做好事的。他又主张废弃仁义，入于“无为而无不为”的境界。这种极破坏的思想，自然要引起许多反抗。孔子是老子的门徒或是朋友。他虽不满意于当时风俗制度以及事事物物，可是不取破坏的手段，不主张革命。他对于第一派是调和的、修正的、保守的。老子一派对于社会上无论什么政治、法律、宗教、道德，都不要了，都要推翻他，取消他。孔子一派和平一点，只求修正当时的制度。中国哲学的起点，有了这两个系统出来之后，内的线索——就是方法——继续变迁，却逃不出这两种。

老子的方法是无名的方法。《老子》第一句话就说：“名可名，非常名；道可道，非常道。”他知道“名”的重要，亦知道“名”的坏处，所以主张“无名”。名实二字在东西各国哲学史上都很重要。“名”是共相（Universal），亦就是普遍性。“实”是“自相”，亦就是个性。名实两观念代表两大问题。从思想上研究社会的人，一定研究先从社会下手呢，还从个人下手？换句话讲，是先决个性，还是先决普遍之问题？“名”的重要可以举例明之。譬如诸君现在听讲，忽然门房跑来说——张先生，你的哥哥来了。这些代表思想的语言文字就是“名”。——倘使没有这些“名”，他不能传达他的意思，诸君也无从领会他的意思，彼此就很觉困难了。简单的知识，非“名”无从表他，复杂的格外要借“名”来表示他。“名”是知识上的问题，没有“名”便没有“共相”。而老子反对知识，便反对“名”，反对言语文字，都要一个个的毁灭他。毁灭之后，一切人都无知无识，没有思想。没有思想，则没有欲望。没欲望，则不“为非作恶”，返于太古时代浑朴状态了。这第一派的思想，注重个性而毁弃普遍。所以他说：“天下皆知美之为美，斯恶矣；皆知善之为善，斯不善矣。”美和不美都是相对的，有了这个，便有那个。这个那个都不要，都取消，便是最好。这叫做“无名”的方法。

孔子出世之后，亦看得“名”很重要。不过他以为与其“无名”，不如“正名”。《论语·子路》篇说：

> 子路曰：卫君待子而为政，子将奚先？子曰：必也正名乎。子路曰：有是哉！子之迂也！奚其正！子曰：野哉由也！君子于其所不知，盖阙如也。名不正，则言不顺。言不顺，则事不成。事不成，则礼乐不兴。礼乐不兴，则刑罚不中。刑罚不中，则民无所措手足。

孔子以为“名”——语言文字——是不可少的，只要把一切文字、制度，都回复到他本来的理想标准，例如：“政者，正也。”“仁者，人也。”他的理想的社会，便是“君君、臣臣、父父、子子”。做父亲的要做到父亲的理想标准，做儿子的亦要做到儿子的理想标准。社会上事事物物，都要做到这一步境地。倘使君不君、臣不臣、父不父、子不子，则君、臣、父、子都失掉本来的意义了。怎样说“名不正，则言不顺”呢？“言”是“名”组成的，名字的意义，没有正当的标准，便连话都说不通了。孔子说："觚不觚，觚哉觚哉！"觚是有角的形，故有角的酒器，叫做"觚"。后来把觚字用泛了，没有角的酒器亦叫做"觚"。所以孔子说："现在觚没有角了，这还是觚吗？这还是觚吗？"不是觚的都叫做觚，这就是"言不顺"。现在通用的小洋角子，明明是圆的，偏叫他"角"，也是同样的道理。语言文字（名）是代表思想的符号。语言文字没有正确的意义，便没有公认的是非真假的标准。要建设一种公认的是非真假的标准，所以他主张"正名"。老子主"无名"，孔子主"正名"。此后思想，凡属老子一派的，便要推翻一切制度，便要讲究制度文物，压抑个人。

第三派的墨子，见于前两派太趋于极端了，一个注重"名"，一个不注重"名"，都在"名"上面用功夫。"名"是实用的，不是空虚的，口头的。他说：

> 今瞽者曰："巨者，白也。黔者，黑也。"虽明目者无以易之。兼白黑，使瞽取焉，不能知也。故我曰："瞽者不知白黑者，非以其名也，以其取也。"

"取"就是实际上的去取，辨别。瞎子虽不曾见过白黑，亦会说白黑的界限。要到了实际上应用的时候，才知道口头的界说，是没有用的。许多高谈仁义道德的人也是如此。分别义利，辨入毫末，及事到临头，则便手足无措。所以墨子不主张空虚的"名"，而注重实际的应用。墨子这一派，不久就灭了。而他的思想和主义则影响及于各家。遗存下来的，却算孔子一派是正宗。老子一派亦是继续不断。如杨朱有"名无实，实无名。名者伪而已"等话，亦很重要。到了三国魏晋时代，便有嵇康那一般人，提倡个人，推翻礼法。宋明陆象山和王阳明那班人，无形中都要取消"名"。就是清朝的谭嗣同等思想，亦是这样，亦都有无名的趋向。正统派的孔子重"名"，重礼制，所以后来的孟子、荀子和董仲舒这一班人，亦是要讲礼法、制度。内部的线索有这两大系统。

还有一派近代的思想。九百多年前，宋朝的儒家，想把历代的儒家相传的学说，加上了佛家、禅宗和道家的思想，另成一种哲学。他们表面上要挂孔子的招牌，不得不在儒家的书里头找些方法出来。他们就找出来一本《大学》。《大学》是本简单的书，但讲的是方法。他上面说："致知在格物"。格物二字就变为中国近世思想的大问题。程朱一派解"格物"是到物上去研究物理。物必有理，要明物理，须得亲自到物的本身上去研究。今天格一物，明天格一物，今天格一事，明天格一事，天下的事物，都要一个个的去格他。等到后来，知识多了，物的理积得多了，便一旦豁然贯通。陆象山一派反对这种办法，以为这种办法很笨。只要把自己弄好了，就是“格物”。所以他主张：“吾心即是万物，万物即是吾心。”物的理都在吾的心中，能明吾心，就是明万物。吾心是万物的权衡，不必要像朱子那么样支支离离的格物。这种重视个性自我发展的思想，到了王阳明格外的明了。阳明说：他自己本来信格物是到物上去格的。他有一位朋友去格一枝竹，格了五天，病起来了。他就对这位朋友讲：你不能格，我自己去格。格了七天，也病了。因此，他不信格物是到物上去格。物的理在心中，所以他特别地揭出“良知”二字来教人。把良知弄好了，弄明白了，善的就是善，恶的就是恶，是的还他是，非的还他非，天下事物都自然明白了。程朱和陆王这两派支配九百余年的思想，中间“格物”的解说有七八十种；而实际上还是“名”和“实”的嫡派，不过改变他们的方向罢了——格物还是从内起呢，还是从外起？

思想必依环境而发生，环境变迁了，思想一定亦要变迁。无论什么方法，倘不能适应新的要求，便有一种新方法发生，或是调和以前的种种方法，来适应新的要求。找出方法的变迁，则可得思想的线索。思想是承前启后，有一定线索，不是东奔西走，全无纪律的。

（王伯明记录，原载 1921 年 10 月 17 日《时事新报·学灯》，又载 1921 年 11 月 20 日《教育杂志》第 13 卷第 11 号。）

哲学与人生

前次承贵会邀我演讲关于佛学的问题，我因为对于佛学没有充分的研究，拿浅薄的学识来演讲这一类的问题，未免不配；所以现在讲“哲学与人生”，希望对于佛学也许可以贡献点参考。不过我所讲的有许多地方和佛家意见不合，佛学会的诸君态度很公开，大约能够容纳我的意见的！讲到“哲学与人生”，我们必先研究它的定义：什么叫哲学？什么叫人生？然后才知道他们的关系。

我们先说人生。这六月来，国内思想界，不是有玄学与科学的笔战么？国内思想界的老将吴稚晖先生，就在《太平洋杂志》上发表一篇《一个新信仰的宇宙观及人生观》。其中下了一个人生定义。他说：“人是哺乳动物中的有二手二足用脑的动物。”人生即是这种动物所演的戏剧，这种动物在演时，就有人生；停演时就没人生。所谓人生观，就是演时对于所演之态度，譬如：有的喜唱花面，有的喜唱老生，有的喜唱小生，有的喜摇旗呐喊；凡此种种两脚两手在演戏的态度，就是人生观。不过单是登台演剧，红进绿出，有何意义？想到这层，就发生哲学问题。哲学的定义，我们常在各种哲学书籍上见到；不过我们尚有再找一个定义的必要。我在《中国哲学史大纲》上卷上所下的哲学的定义说：“哲学是研究人生切要的问题，从根本上着想，去找根本的解决。”但是根本两字意义欠明，现在略加修改，重新下了一个定义说：“哲学是研究人生切要的问题，从意义上着想，去找一个比较可普遍适用的意义。”现在举两个例来说明它：要晓得哲学的起点是由于人生切要的问题，哲学的结果，是对于人生的适用。人生离了哲学，是无意义的人生；哲学离了人生，是想入非非的哲学。现在哲学家多凭空臆说，离得人生问题太远，真是上穷碧落，愈闹愈糟！

现在且说第一个例：两千五百年前在喜马拉雅山南部有一个小国——迦叶——里，街上倒卧着一个病势垂危的老乞丐，当时有一个王太子经过，在别人看到，将这老乞丐赶开，或是毫不经意地走过去了；但是那王太子是赋有哲学的天才的人，他就想人为什么逃不出老、病、死，这三个大关头，因此他就弃了他的太子爵位、妻孥、便嬖、皇宫、财货，遁迹入山，去静想人生的意义。后来忽然在树下想到一个解决；就是将人生一切问题拿主观去看，假定一切多是空的，那么，老、病、死，就不成问题了。这种哲学的合理与否，姑不具论，但是那太子的确是研究人生切要的问题，从意义上着想去找他以为比较普遍适用的意义。

我们再举一个例：譬如我们睡到夜半醒来，听见贼来偷东西，我那就将他捉住，送县究办。假如我们没有哲性，就这么了事，再想不到“人为什么要作贼”等等的问题；或者那贼竟苦苦哀求起来，说他所以作贼的原故，因为母老，妻病，子女待哺，无处谋生，迫不得已而为之，假如没哲性的人，对于这种吁求，也不见有甚良心上的反动。至于富于哲性的人就要问了，为什么不得已而为之？天下不得已而为之的事有多少？为什么社会没得给他做工？为什么子女这样多？为什么老病死？这种偷窃的行为，是由于社会的驱策，还是由于个人的堕落？为什么不给穷人偷？为什么他没有我有？他没有我有是否应该？拿这种问题，逐一推思下去，就成为哲学。由此看来，哲学是由小事放大，从意义着想而得来的，并非空说高谈能够了解的。推论到宗教哲学、政治哲学、社会哲学等，也无非多从活的人生问题推衍阐明出来的。

我们既晓得什么叫人生，什么叫哲学，而且略会看到两者的关系，现在再去看意义在人生上占的什么地位？现在一般的人饱食终日，无所用心。思想差不多是社会的奢侈品。他们看人生种种事实，和乡下人到城里未看见五光十色的电灯一样。只看到事实的表面，而不了解事实的意义。因为不能了解意义的原故，所以连事实也不能了解了。这样说来，人生对于意义，极有需要，不知道意义，人生是不能了解的。宋朝朱子这班人，终日对物格物，终于找不到着落，就是不从意义上着想的原故。又如平常人看见病人种种病象，他单看见那些事实而不知道那些事实的意义，所以莫名其妙。至于这些病象一到医生眼里，就能对症下药；因为医生不单看病象，还要晓得病象的意义的原故。因此，了解人生不单靠事实，还要知道意义！

那么，意义又从何来呢？有人说：意义有两种来源：一种是从积累得来，是愚人取得意义的方法；一种是由直觉得来，是大智取得意义的方法。积累的方法，是走笨路；用直觉的方法是走捷径。据我看来，欲求意义唯一的方法，只有走笨路，就是日积月累的去做刻苦的工夫，直觉不过是熟能生巧的结果，所以直觉是积累最后的境界，而不是豁然贯通的。大发明家爱迪生有一次演说，他说，天才百分之九十九是汗，百分之一是神，可见得天才是下了番苦工才能得来，不出汗决不会出神的。所以有人应付环境觉得难，有人觉得易，就是日积月累的意义多寡而已。哲学家并不是什么，只是对于人生所得的意义多点罢了。

欲得人生的意义，自然要研究哲学史，去参考已往的死的哲理。不过还有比较更要的，是注意现在的活的人生问题，这就是做人应有的态度。现在我举两个可模范的大哲学家来做我的结论，这两大哲学家一个是古代的苏格拉底，一个是现代的笛卡尔。

苏格拉底是希腊的穷人，他觉得人生醉生梦死，毫无意义，因此到公共市场，见人就盘问，想借此得到人生的解决。有一次，他碰到一个人去打官司，他就问他，为什么要打官司？那人答道，为公理。他复问道，什么叫公理？那人便瞠目结舌不能作答。苏氏笑道：我知道我不知你，却不知道你不知呵！后来又有一个人告他的父亲不信国教，他又去盘问，那人又被问住了。因此希腊人多恨他，告他两大罪，说他不信国教，带坏少年，政府就判他的死刑。他走出来的时候，对告他的人说："未经考察过的生活，是不值得活的。你们走你们的路，我走我的路罢！"后来他就从容就刑，为找寻人生的意义而牺牲他的生命！

笛卡尔旅行的结果，觉到在此国以为神圣的事，在他国却视为下贱；在此国以为大逆不道的事，在别国却奉为天经地义，因此他觉悟到贵贱善恶是因时因地而不同的。他以为从前积下来的许多观念知识是不可靠的，因为他们多是趁他思想幼稚的时候侵入来的。如若欲过理性生活，必得将从前积得的知识，一件一件用怀疑的态度去评估他们的价值，重新建设一个理性的是非。这怀疑的态度，就是他对于人生与哲学的贡献。

现在诸君研究佛学，也应当用怀疑的态度去找出它的意义，是否真正比较得普遍适用？诸君不要怕，真有价值的东西，决不为怀疑所毁；而能被怀疑所毁的东西，决不会真有价值。我希望诸君实行笛卡尔的怀疑态度，牢记苏格拉底所说的"未经考察过的生活，是不值得活的"这句话。那么，诸君对于明阐哲学，了解人生，不觉其难了。

（本文为1923年11月胡适在上海商科大学佛学研究会的演讲，原载1923年12月10日《东方杂志》第20卷第23期。）

从历史上看哲学是什么

这个题目很重要，从人类历史上看哲学是什么，一方面要修正我在中国哲学史上卷里所下哲学的定义，一方面要指示给学哲学的人一条大的方向，引起大家研究的兴味。

我在今年一二月《晨报副刊》上发表杜威先生哲学改造的论文，今天所讲，大部分是根据杜威先生的学说；他的学说原是用来解释西洋哲学的，但杜威先生是一个实验主义者，他的学说要能够解释中国或印度的哲学思想，才能算是成立。

杜威先生的意思，以为哲学的来源，是人类最初的历史传说或跳舞诗歌迷信等等幻想的材料，经过两个时期，才成为哲学。

（一）整齐统一的时期，传说神话变成了历史，跳舞诗歌变成了艺术，迷信变成了宗教，个人的想象与暗示，跟了一定法式走，无意识的习惯与有意识的褒贬，合成一种共同的风尚。造成了种种制度仪节。

（二）冲突调和的时期，人类渐渐进步，经验多了，事实的知识分量增加，范围扩大。于是幻想的礼俗及迷信传统的学说，与实证的人生日用的常识，起了冲突，因而批评的调和的哲学发生，例如希腊哲人“Sophist”之勃兴，便是西洋哲学的起源。“Sophist”对于一切怀疑，一切破坏，当时一般人颇发生反感，斥哲人为诡辩，为似是而非。“Sophist”一字，至今成了恶名。有人觉得哲人过于激烈，应将传统的东西保存一部分，如Socrates辈。但社会仍嫌他过激，法庭宣告他的死刑。后来经过柏拉图、亚里士多德等的调和变化，将旧信仰洗刷一番，加上些论理学、心理学等等，如卫道护法的工具，于是成了西洋的正统哲学。

归纳起来说，正统哲学有三大特点：

1. 调和新旧思想，替旧思想旧信仰辩护，带一点不老实的样子。

2. 产生辩证的方法，造成论理的系统，其目的在护法卫道。

3. 主张二元的世界观，一个是经验世界，一个是超经验的世界，在现实世界里不能活动的，尽可以在理想的世界里玩把戏。

现在要拿杜威先生关于正统哲学的解释，来看是否适用于中国。我研究的结果，觉得中国哲学完全可以适用杜威的学说。

中国古代的正统哲学是儒墨两大派，中古时代是儒教，近世自北宋至今是宋明理学，尤其是程朱的理学。

现在分论古代中古近世三期。

中国古代的哲学原料，诗歌载在《诗经》，卜筮迷信载在《易经》，礼俗仪容载在《礼记》，历史传说载在《尚书》。在西历纪元前两千五百年，初民思想已经过一番整齐统一。一切旧迷信旧习惯传说已成了经典。

纪元前五六百年老子孔子等出，正当新旧思潮冲突调和的时期，古代正统哲学才算成立。老子是旧思想的革命家，过激党，攻击旧文化，攻击当时政治制度。古代以天为有意志有赏罚，而老子说天地不仁，将有意志的天变为无往而不在，无为而无不为的天，是一个自然主义的天道观。老子这样激烈的态度，自然为当世所不容。他很高明，所以自行隐遁。邓析比老子更激烈，致招杀身之祸，没有书籍流传后世，可见当时两种思想冲突的厉害。

于是调和论出来了，孔子一方面承认自然主义的天道观，他说："天何言哉，四时行焉，百物生焉，天何言哉；"一方面又承认有鬼神，他说："敬鬼神而远之。""祭如在，祭神如神在。""洋洋乎如在其上，如在其左右。"他总舍不得完全去掉旧信仰，舍不得完全去掉传统的宗教态度。但在一般人看来，他仍然是偏向革命党。偏向革命党的苏格拉底不免于死刑，偏向革命党的孔子不免厄于陈蔡，终身栖栖皇皇。这是第一派的调和论。

第二派的调和论是墨子，墨子明白提倡有鬼，有意志的天，非命，完全容纳旧迷信，完全是民间宗教的原型。但究竟旧思想经过动摇，不容易辩护，于是不得不发明辩证的方法，以逻辑为武器。我们看他用逻辑最多的地方，是《明鬼》和《非命》两篇。他提出论辩的三个标准：

（甲）我们曾经耳闻目见否，

（乙）古人说过没有，

（丙）有用没有用。

譬如说有鬼，第一曾经有人看见过鬼，或听见鬼叫的。第二古书载鬼的地方很不少，故古人是相信有鬼的。第三我们相信有鬼，则我们敬爱的人死了，我们尚可得到安慰，而且可以少做坏事。信鬼有利无弊是有用的。因此墨子是当时的正统哲学。

中古时代之整齐统一期分两个步骤，第一步是秦时，李斯别黑白，定一尊。第二步是汉初，宗教迷信统一于长安，秦巫晋巫各代表一个民间宗教，汉武封泰山，禅梁父，一般方士术士都来了，这是道教与古代迷信冲突时期。

带上儒家帽子的墨教出来调和，便是董仲舒所创之新儒教。以天人感应为基本观念，替民间宗教作辩护，可谓古代迷信传说之复活，故中古期的正统哲学是新儒教。

从东汉到北宋，儒释道三教都来了，没有十分冲突。唐时以老子姓李，道教几乎成为国教。到了北宋真宗，崇道教，拜天书，封禅老子庙。道教之盛，达于极点，以至仁宗神宗时代，产生了许多怀疑派。如欧阳修、苏轼、王安石、李觏等，对于思想制度古书都怀疑。对于迷信的道教是一种反动，对于极端个人主义的禅宗是一种调和。于是在古代诸大思想系统中找出儒家，以《五经》为旧经典，《四书》为新经典，《大学》里找出方法论，《中庸》里找出心理学。静坐不是学佛，是求敬，是注意，是为自己的修养。故自北宋以来，正统哲学是理学。理学调和的分子极多，以儒家为根据，容纳道家佛家一部分思想，且兼容古代的宗教。为涵养须用敬之“敬”，完全是宗教的态度。

结论：我所以讲这个题目，是要使大家知道，无论以中国历史或西洋历史来看，哲学是新旧思想冲突的结果。而我们研究哲学，是要教哲学当成应付冲突的机关。现在梁漱溟、梁任公、张君劢诸人所提倡的哲学，完全迁就历史的事实，是中古时代八百年所遗留的传统思想、宗教态度，以为这便是东方文明。殊不知西洋中古时代也有与中国同样的情形，注重内心生活，并非中国特有的。所以我们要认清楚哲学是什么，研究哲学的职务在那里，才能寻出一条大道。这是我们研究哲学的人应有的觉悟。

（本文为1925年5月17日胡适在北京大学哲学研究会的演讲，明宵笔记，原载1925年5月31日《国闻周报》第2卷第20期。）

思想的方法

一个人的思想，差不多是防身的武器，可以批评什么主义，可以避免一切纷扰。我们人总以为思想只有智识阶级才有，可是这是不尽然的；有的时候，思想不但普通人没有，就是学者也没有。普通人每天做事，吃饭，洗脸，漱口，……都是照着习惯做去，没有思想的必要，所以不能称为有思想；就是关着窗子，闭着门户，一阵子的胡思乱想，也绝对不是思想的本义。原来思想是有条理，有系统，有方法的。

我们遇着日常习惯的事，总是马马虎虎的过去；及至有一个异于平常的困难发生，才用思想去考虑和解决。譬如学生每天从宿舍到课堂，必须经过三岔路和电车站，再走过二行绿茵茵的柳树和四层楼的红房子，然后才至课堂。这在每天来往的学生，是极平常而不注意的事；但要是一个新考进来的学生，当他到了三岔路口的辰光，一定有一个问题发生：就是在这三条路中，究竟打哪一条路走能到目的地？那个时候，要解决这个困难，思想便发生了。

要管理我们的思想，照心理学上讲，须要用五种步骤：

1. 困难的发生　人必遇有歧路的环境或疑难问题的时候，才有思想发生。倘无困难，决不会发生思想。

2. 指定困难的所在　有的困难是很容易解决的，那就没有讨论和指定困难的所在的必要。要是像医生的看病，那就有关人命了。我们遇着一个人生病的时光，往往自己说不出病之所在；及至请了医生来，他诊了脉搏，验了小便，就完了事；后来吃了几瓶药水，就能够恢复原状。他所以能够解决困难，和我们所以不能解决困难的不同点，就在能否指定和认清困难之所在罢了。

3. 假设解决困难的方法　这就是所谓出主意了。像三岔路口的困难者，他有了主意，必定向电车站杨柳树那边跑。这种假说的由来，多赖平日的知识与经验。语云："养兵千日，用在一朝。"我们求学亦复如此。这一步实是最重要的一步。要是在没有思想的人，他在脑袋中，东也找不到，西也找不到，虽是他在平常，能够把书本子倒背出来；可是没有观察的经验和考虑的能力，一辈子的胡思乱想，终是不能解决困难的啊。

但是也有人，因为学识太足了，经验太富了，到困难来临的时候，脑海中同时生了许多不同的解决方法；有的时候，把对的主意，给个人的感情和嗜好压了下去，把不对的主意，反而实行了。及后铸成大错，追悔莫及。所以思想多了，一定还要用精密谨慎的方法，去选定一个最好的主意。

4. 判断和选定假设之结果　假若我脑海中有了三种主意：第一主意的结果是A. B. C. D，第二主意的结果是E. F. G，第三主意的结果是H. I，那个时候，就要考虑三个结果的价值和利害；然后把其中最容易而准确的结果设法证明。

还有我们做事，往往用主观的态度，而不用客观的态度；这就是我们常说的："某人说话，不负责任"的解释了。

此次五卅惨案，也有许多激烈的青年，主张和英国宣战，他们没有想到战争时和战争后，政治上，商业上，交通上，经济上，军事上的一切设备和结果。他们只知唱高调，不负责任的胡闹，只被成见和一时感情的冲动所驱使，没有想到某种条件有某种结果和某种结果有没有解决某种条件的可能。

5. 证实结果　既已择定一个解决困难的方法，再要实地实验，看他实效的如何以定是非与价值。遇有事实不易在自然界发生的，则用人力造成某种条件以试验之。例如欲知水是否为氢氧二元素所构成，此事在自然界不易发生，于是以人力合二原质于一处，加以热力，考察是否能成水。更以水分析之，看能否成氢氧二元素，即从效果上来证实水的成分。

从前我的父亲有一次到满洲去勘界。一天到了一个大森林，走了多天，竟迷了路；那个时候干粮也吃完了，马也疲乏了，在无可如何的时光，他爬上山顶，登高一望，只见翠绿的树叶，弥漫连续，他用来福枪放起来，再把枯树焦叶烧起来，可是等了半天，连救援人的影踪也找不到。他便着急起来了，隔一会儿，他想起从前古书里有一句话，叫做"水必出山"。他便选定了这个办法，找到了河，遵了河道，走了一日夜，竟达到了目的地。

又有一例。禅宗中有一位烧饭的，去问他的大法师道：“佛法是什么?”那大法师算了半天，才回答道：“上海的棉花，二个铜子一斤。”烧饭的便说道：“我问你的是佛法，你答我的是棉花，这真是牛头不对马面了。”隔了三年，他到了杭州的灵隐寺去做烧饭，他又乘便问那住持的和尚道：“佛法是什么?”那住持和尚道：“杭州的棉花，也是二个铜子一斤。”他更莫名其妙；于是他便跑到普陀山、峨眉山……途中饱尝了饥渴盗匪之苦，问了许多和尚法师，竟没有得到一个圆满的解决。有一天，他到了一个破庙房，碰到一个老年的女乞丐，口中咿唔的在自语着，他在不知不解间，听得一句不相干的话，忽然间竟觉悟了世界上怎样的困难，他也就明白了“佛法是什么”。他在几十年中所怀的闷葫芦，一旦竟明白了，不是偶然的。这就是孟子所说“资之深，则取之左右逢其源”，只要把自己的思想运用，把自己的脑筋锻炼，那么，什么东西都可以迎刃而解了！

在宋朝有一个和尚，名叫法贤，人家称他做五祖大师，他最喜欢讲笑话。他讲：从前有一个贼少爷，问贼老爷道：“我的年纪也大了，也不能天天玩耍了，爹爹也可以教我一点立身之道吗?”那贼老爷并不回答他，到了晚上，导他到一座高大的屋宇，进了门，便拿自己身边的钥匙，开了一个很大的衣橱，让他的儿子进去，待到贼少爷跨进衣橱，贼老爷把橱门啪的关上，并且锁着；自己连喊“捉贼，捉贼”的逃了。那时候，贼少爷在衣橱里是急极了，他想：“我的爹爹叫我来偷东西，那么他为什么把我锁在里边，岂不是叫他们活剥剥的把我捉住，送我到牢狱里去，尝铁窗风味吗?”可是他继而一想，“怎么样我可以出去?”便用嘴作老鼠咬衣服的声音，吱吱的一阵乱叫，居然有人给他开门了，他便乘着这个机会，把开门的人打倒，把蜡烛吹灭，等他仆人们来追赶他，他早已一溜烟地跑回家了。他看见父亲之后，第一声便问道：“你为什么把我关在橱里呢?”那贼老爷道：“我先要问你，你是怎么样出来的?”他便把实情一五一十地讲给贼老爷听，他听了之后，眉开眼笑的说道：“你也干得了！”要是这位贼少爷，在困难发生的时候，不用思想，他早已大声地喊道：“爹爹啊！不要关门啊”了。

我们读书不当死读，要讲合用；在书本之外，尤其要锻炼脑力，运用思想，和我的父亲，禅宗中的烧饭者和贼少爷一般无二。他们是能用有条理有系统有方法的思想，去解决他们的困难的。

我记得前几天有一个日本新闻记者问我：“现在中国青年的思想是什

么?”我便很爽快地答道：“中国的青年，是没有思想的。”这一句话，我觉得有一点武断，并且很对不起我国的青年，可是我也有不得已的苦衷。当我在北京大学教论理学的时光，我出了三个问题：

（一）照你自己经验上讲，有何可称为思想的事实?

（二）在福尔摩斯的侦探案中，用科学方法分析出来有何可称为思想的事实?

（三）在科学发明史上，有何可称为思想的事实?

到了后来，第二第三问题都能回答得很对，第一问题简直回答的不满十分之二，而他们所回答的，完全是答非所问，这便因为他们平时不注意于运用思想的缘故。

（本文为1925年10月28日胡适在光华大学的演讲，赵家璧记，原载1926年1月5日《学生杂志》第13卷第1期。）

哲学的将来（提要）

（一）哲学的过去

过去的哲学只是幼稚的、错误的或失败了的科学。

宇宙论→天文学、物理学、生物学、生物化学。

本体论→物理、化学、生物、物理化学、生物化学。

知识论→物理学、心理学、科学方法。

道德哲学→社会学、人类学、心理学、生物学、遗传学。

政治哲学→经济学、统计学、社会学、史学……

（二）过去的哲学学派只可在人类知识史与思想史上占一个位置，如此而已。

哲学既是幼稚的科学，自然不当自别于人类知识体系之外。

最早的 Democritus 以及 Epicurus 一派的元子论既可以在哲学史上占地位，何以近世发明九十元子的化学家，与伟大的 Mendelief 的元子周期律不能在哲学史上占更高的地位?

最早乱谈阴阳的古代哲人既列在哲学史，何以三四十年来发现阴电子（Electron）的 Thomson 与发现阳电子（Proton）的 Rutherford 不能算作更伟大的哲学家?

最早乱谈性善性恶的孟子、荀子既可算是哲学家，何以近世创立遗传学的 George J. Mendel 不能在哲学史上占一个更高的地位?

最早谈井田均产的东西哲学家都列入哲学史，何以马克思、布鲁东、亨利乔治（Henry George）那样更伟大的社会学说不能在哲学史占更高的地位?

（三）哲学的将来

1. 问题的更换　问题解决有两途：

（1）解决了。（2）知道不成问题，就抛弃了。

凡科学已解决的问题，都应承受科学的解决。

凡科学认为暂时不能解决的问题，都成为悬案。

凡科学认为成问题的问题，都应抛弃。

2. 哲学的根本取消

问题可解决的，都解决了。一时不能解决的，还得靠科学实验的帮助与证实。科学不能解决的，哲学也休想解决。即使提出解决，也不过是一个待证的假设，不足于取信现代的人。

故哲学家自然消灭，变成普通思想的一部分。在生活的各方面，自然总不免有理论家继续出来，批评已有的理论或解释已发现的事实，或指摘其长短得失，或沟通其冲突矛盾，或提出新的解释，请求专家的试验与证实。这种人都可称为思想家，或理论家。自然科学有自然科学的理论学，这种人便是将来的哲学家。

但他们都不能自外于人类的最进步的科学知识思想，而自夸不受科学制裁的哲学家。他们的根据必须是已证实的事实；自然科学的材料或社会科学的统计调查。他们的方法必须是科学实验的方法。

若不如此，但他们不是将来的思想家，只是过去的玄学鬼。

将来只有一种知识，科学知识。

将来只有一种知识思想的方法，科学证实方法。

将来只有思想家，而无哲学家，他们的思想，已证实的便成为科学的一部分，未证实的叫做待证的假设（Hypothesis）。

（本文为1929年6月3日胡适在上海大同中学演讲的提要，收入胡颂平编撰：《胡适之先生年谱长编初稿》第3册。）

中国禅学的发展

导　言

黎先生，各位同学！今天兄弟是来还债。以前李校长和黎先生同我说了多次，叫我来讲演，我因为事忙，时间不容许，虽然答应了，终没有办到，所以欠下这债来。到了这学期，定要我来讲四次，除了一次是原本，其余三次，好像是加了三倍利息似的。所以这一回，我可以说是受到黎先生的重利盘剥了！

“中国禅学的发展”这个题目，中国从来没有人很清楚地研究过。日本有许多关于禅学的书，最重要的，要推忽滑谷快天所著的《中国禅学史》，因为就材料而言，在东方堪称为最完备最详细的。这书前几年才出版。

凡是在中国或日本研究禅学的，无论是信仰禅宗，或是信仰整个的佛教，对于禅学，大都用一种新的宗教的态度去研究，只是相信，毫不怀疑，这是第一个缺点。其次是缺乏历史的眼光，以为研究禅学，不必注意它的历史，这是第二个缺点。第三就是材料问题：禅宗本是佛教一小宗，后来附庸蔚为大国，竟替代了中国整个的佛教，不过中国现在所有关于禅宗的材料，大都是宋代以后的；其实禅宗最发达的时候，却当西元七世纪之末到十一世纪——约从唐武则天到北宋将亡的时候，这四百年中间，材料最重要，可是也最难找；正统派的人，竟往往拿他们自己的眼光来擅改禅宗的历史。我十几年前研究禅宗，只能得到宋以后的材料，唐代和唐以前的很难得到。我想：要得到唐以前的材料，只有两种方法：一、从日本庙寺中去找，因为日本还保存着一部分唐代禅学。二、从敦煌石室写本中去找，因为三十年前所发现的敦煌石室里，有自晋到北宋佛教最盛时代的佛经古写本，现在这些古写本，世界上有三个地方保存着；一部分在北平图书馆，一部分在巴黎图书馆，一部分在伦敦博物馆。在北平图书馆的，都是不重要的东西，是人家不要的东西；重要的东西还是在伦敦和巴黎两处。从前的人，对于材料的搜集，都不注意，这是第三个缺点。

我研究禅宗，不能说完全没有上述的缺点；不过民国十五年（1926）我到巴黎，即存心搜集材料，我在那里发现了一些新的东西，从晋到北宋这一部分材料都曾经找到，非日本和中国的图书馆所能及。回国后七八年，我所找到的材料，只有一部分整理出版。当时日本研究禅学的，对于搜集材料，也很注意，也走上了这条道路；近几年来，日本也发现许多材料。所以现在研究禅学，比较便利多了。

这个禅宗问题，我曾在北大及燕大讲过，不过都不是有系统的讲演。将中国禅学的发展，作整个的系统的讲演，这还是第一次。

从前许多大师，对于禅宗的材料，都爱作假。所以经我揭穿之后，有许多人不高兴。不过我不是宗教家，我只能拿历史的眼光，用研究学术的态度，来讲老实话。

中国禅学的发展，是个总题目，我打算就分作四次来讲：一、印度禅；二、中国禅宗的起来；三、中国禅学的发展和演变；四、中国禅学的方法。

第一讲　印度禅

我何以要讲印度禅呢？禅学来自印度，虽然中国禅与印度禅不同，不过要懂得中国禅，须懂得印度禅。所以先讲印度禅，做一个引论。

关于研究印度禅的书籍，有以前香港大学校长 Sir Charles Eliot 所著的 *Hinduism and Buddlism*（Vol. I pp. 302—324），但是不幸书还没有完成，他就死了。我几年前也有一篇文章，篇名《从译本里研究佛教的禅法》，收在《胡适文存》三集中（pp. 423—448）。

在禅宗未起以前，印度便有“瑜伽”，梵文为 yoga。此字是印度文与日耳曼文的混合语，在英文中为牛轭，引申起来，是管束的意思。即如何才能管束我们的心，训练我们的心，使心完全向某一方向走，而能于身体上、精神上和知识上发生好的结果。

在印度未有佛教以前，即二千五百年前，已有许多人做这种“瑜伽”。释迦牟尼想到名山去学道的时候，遣人出外寻道者二人，即为瑜伽师。古代“瑜伽”的方法，在印度很流行；佛家苦修，即用“瑜伽”的方法。后来佛教走上新的道路——“智”的道路，于是“瑜伽”遂变成了佛教的一部分。但无论任何修行的人，都免不了要用“瑜伽”的方法。后来佛家给以名字，便是“禅”。

“禅”字起源很早，在小乘、大乘经中以及各种小说里，都有“禅”字。我记得幼年看《水浒》，看见花和尚鲁智深打了一根八十二斤的禅杖，把“禅”字读作“单”，后来才知道是读错了，其实并没有错，因为“禅”字的原文拼音是Dhyana，音近“单”（按：中国“禅”纽字古音多读入“定”纽）。

佛教有三大法门：（一）戒，（二）定，（三）慧。“戒”是守戒，最高限度为十戒（按：根本五戒，沙弥加五为十戒），后又有和尚戒（比丘僧具足二百五十戒），尼姑戒（三百五十戒），居士戒（即菩萨戒，重十，轻四十八），从戒生律，于是成为律宗。次为“定”，就是禅，也就是古代“瑜伽”传下来的方法，使我们心能定住不向外跑。第三部分为“慧”，所谓“慧”，就是了解，用知识上的了解，帮助我们去定。从表面上看，禅在第二，其实不然，禅实在能包括“定”、“慧”两部分。如说禅是打坐，那种禅很浅，用不着多说。因为要用“慧”来帮助“定”，“定”来帮助“慧”，所以有人合称“慧定”。在中国禅宗，“慧”包括“定”，“慧”的成分多，并且还包括“戒”；在印度，则“定”包括“慧”，“定”的成分多。

现在讲印度禅，先讲方法，后讲目的。

关于印度禅的方法，计有五种：第一个方法最浅显，便是“调息”，佛书中叫做“安般”法门。“安”（ana）是“入息”，“般”（Pana）是“出息”。“安般”的意思，就是用一定的方式——手和脚都有一定的方式，如盘膝打坐使人坐着舒服，以调和呼吸。这种调息的方法，又可分为四项：（一）“数”，就是从一到十来回地数着自己的呼吸，以避免四围环境的扰乱，使心能够专一。（二）“随”，便是心随鼻息跑，所谓念与息俱，使心不乱。（三）“止”，就是看鼻息停止在什么地方；中国道家向有所谓“视息丹田”，即此。（四）“观”，就是客观一点，把自己的元神提出来，看看自己到底怎样，比方牛在吃草，牧童却站在旁边看；又好像一个人站在门口，对于过路的人，某是张先生，某是李小姐，都能认识。总括一句，以上都是“安般”法门，其方法有“数”、“随”、“止”、“观”。

如果一天到晚，老是打坐，容易出乱子。譬如在打坐的时候，忽然设想某人欠我的债，或恋爱的事情，或可恶的人与可恶的事，心更不定了。在这时候，非数息所能为力，所以还要旁的方法来帮助，即靠“慧”——知识——来帮助。所以第二个方法叫做“不净观”。所谓“不净观”，就是用智慧想到一切都不干净。譬如当我们设想某某漂亮的小姐的时候，我们就要想到她身上是如何的不洁净，鼻子里都是鼻涕，嘴里都是唾沫，肚子里都是腥血等不洁之物；并且到她死后，桃色的脸庞也瘦成白皮夹腮了，乌云般的头发也干枯了，水汪汪的眼睛也陷落了；到了尸体烂了之后，更是怎样的腐臭，怎样的变成骷髅。如此，我们也就不想她了。漂亮的小姐，金钱，地位，都作如是观，自然这些念头都会消除净尽。

第三个方法叫做“慈心观”。所谓“慈心观”，便是训练你自己，不但要爱朋友，还要爱仇敌；不但爱人还要爱一切物。如当不安定的时候——生气的时候，一作“慈心观”，便会不生气了。但有时还不能制止，所以又有第四个方法。

第四个方法就是“思维观”，就是凭我们理智的了解力来解决一切。常言道“无常一到，万事皆休”，由此，我们可以知道，任何物件，都是不能永久存在的，都不过是九十几种元素所凑成，将来都要还为元素的。比方有人骂我是反动派，反革命，走狗，当我们听到，自然很生气，非要和他拼命不可。要是拿我们的思维力来一分析：骂，到底是什么呢？不过是由空气传来的一种音浪；对于音浪，自然用不着生气。至于骂我的人呢？依着化学的分析，也不过是几分之几的氢气氧气……等等的化合物；而被骂的我呢？也是和骂我的人一样，几种元素的化合物而已。等到死后，大家都物归原所。如此，则所有骂詈，不过是一种气体的流动，两个机关打无线电而已，有什么了不得？到此地步，就无人无我，四大皆空了。

以上均就智识略高的人说，至于智识太低的人，怎么办呢？就有一种“念佛法”，即第五个方法。所谓“念佛法”，就是想到佛的三十二种庄严相。“念”便是“想”，后来又念出声来，变成念书的“念”，从心中想而到口头上念。

从最低的数息，到最高的无常哲学，都是方法。一大部分属于“慧”，用“慧”帮助“定”，用“定”帮助“慧”，便是“瑜伽”。

上述五种，都是禅学的方法。现在讲印度禅的目的，即禅学的境界。此种境界，由各人自己去认识，其实都不一样；至于印度禅的究竟，谁也没有做到。

记得清初有一个大学者，颜习斋（元），他是保定府人，最初当蒙馆先生，学做圣人。他有一篇《柳下坐记》，叙述他自己在柳下打坐的情形。三百年前的圣人，在保定府打坐，到底到了什么境界呢？他说，在一个夏天，我坐在柳树之下，看着那柳叶，直变成了美丽的绿罗；太阳光从这绿罗似的柳叶透过来，都成了一颗一颗的珍珠；他听到苍蝇嗡嗡的声音，就好像听到尧舜时代所奏的九韶之乐一样，像他这样，可算到了他自己的理想境界了。却是到不了印度禅的究竟境界。

印度禅的境界到底怎样呢？计算起来，有好几种的说法，现在略述其重要的：

第一是“四禅”，也叫做“四禅定”。即：最初用种种法门帮助你消除种种烦恼欲望，到无忧无欲的境界，便是初禅。但初禅还有思想，还要用脑，再把一切觉、观都除去，自然得到一种“欢喜”（joy），便是第二禅。但第二禅还有欢喜，连欢喜也不要，只有一种心平气和、舒舒服服的“乐”的境界，便是第三禅。到了连这种舒舒服服的“乐”都没有了，即得“不动处”，只是一种“调”，即安稳调适，便到第四禅。

初禅还用思想，第二禅还要高兴，第三禅还觉舒服，第四禅则只有调和，要如何便如何，驾驭我们的心，好像马师之御良马，随所指挥，无不调适。

其次，四禅之外，还有四种境界，即“四念处”。此四处：

一、“空无边”，就是想到空处。如眼是空的，鼻是空的，一一 的想，想到只有空，譬如藕，只想其孔，越想越大，全不见白的藕了。想到全世界，也作如是观。

二、“识无边”，“空无边”还有想，便是一种印象；想到末了，不但是空，连这空的印象都没有了，便到“识无边”处。

三、“无所有”，一切都没有了，便到“无所有”处。

四、“非想非非想”，既到“无所有”处，你也没有了，我也没有 了，连想都没有了，连“没有想”也没有了，此名为“非想非非想”处。常言说，“想入非非”，不是想，也不是非想，此理难说，只可意会，不可言传。

四禅是一种说法，四念处又是一种说法，并不是先经四禅，而后到四念处。

又其次便是“五神通”。所谓四禅和四念处，都是解放人的心灵，以便得到神通。神通计有五种，合称“五神通”：

一、天耳通，就是顺风耳。比方现在南京开的五中全会，我们在这里就可以听到，可不是用无线电。

二、天眼通，就是千里眼。上观三十三天，下观一十八层地狱，一切都可看见。想到哪里就看到哪里。

三、如意通，就是想变什么就变什么，好像孙悟空的七十二变一样。

四、他心通，就是他人心里所想的，我都可以知道。

五、宿命通，不但知道现在和未来，而且知道过去无量劫前生的事。

总起来说，印度的掸，不过如此。此是粗浅的说法。从数息到“空无边”处，都是“入定”，都是用一种催眠方法达到“入定”。

再讲两个故事。

印度相传有一个很有趣的故事，在西历纪元三世纪（晋朝），即已有人译成中文。这个故事的目的，在教人专心致志做一件事情。故事是这样的：

某时代，有一个国王，想找一个宰相。后来找到一个可以当宰相的人，先说要杀他，经人解说，于是要他用一个盘子，盛上满盘子油，从东城捧到西城，不准滴出一滴，否则杀头。这个条件，很不容易做到。他走到路上，有他的父母妻子哭他，他没有看见。有顶美的女人，从他身边走过，看的人不知有多少，他没有看见。后来忽然又来了一个疯象，吓得满街的人乱跑乱跳，可是他一心一意在盘子上，仍然没有看见。不久又遇到皇宫失火，一时救火抢火，闹得纷乱不堪，并且在殿梁上的一巢马蜂，被火烧出，到处飞着螫人，这人虽然被螫了几下，可是始终没有感觉到，仍然专心致志的捧着油盘往前走。最后，他竟到达了目的地，一滴油也没有滴下来。于是国王便拜他做宰相，以为一个人做事，能够这样专心，便是喜马拉雅山，也可以平下来，何况其他！

在十一世纪时，中国的法演和尚，也曾经讲了一个故事。其目的在教人自己找办法。故事是这样的：

五祖寺中有一个和尚，人问他禅是什么，他说：“有两个贼；一个老贼，一个小贼。老贼年纪老了，有一天，他的儿子问他：‘爸爸！您老了，告诉我找饭吃的法子吧!’老贼不好推却，便答应了。一到晚上老贼就把小贼带到一富人家，挖了一个洞，进到屋里。用百宝囊的钥匙，将一个大柜子的锁开开，打开柜门，叫他儿子进到里边。等他儿子进去之后，他又把柜子锁了，并且大喊：‘有贼！有贼!’他便走了。富人家听说有贼，赶急起来搜查，搜查结果，东西没丢，贼也没有看见，仍然睡去。这时锁在柜子里的小贼，不晓得他父亲什么用意，只想怎样才能逃出去。于是就学老鼠咬衣裳的声音，一会儿，里边太太听到，就叫丫环掌灯来看衣服。刚一开开柜子，这小贼一跃而出，一掌把丫环打倒，把灯吹灭，竟逃走了。富人家发觉后，又派人直追。追到河边，这小贼情急智生，把一块大石头抛在河里，自己绕着道儿回去了。到得家里，看见他父亲正在喝酒，就埋怨他父亲为什么把他锁在柜子里。他父亲只问他怎样出来的。他把经过说了之后，老贼便掀髯微笑道：‘你此后不愁没有饭吃了!’像这小贼能从无办法中想出办法，便是禅了。”

上面两个故事，一个是印度的，一个是中国的。从这两个故事，可以看出印度禅与中国禅的区别。因为印度禅是要专心，不受外界任何影响；中国禅是要运用智慧，从无办法中想出办法来，打破障碍，超脱一切。印度禅重在“定”；中国禅重在“慧”。

第二讲　中国禅宗的起来

往往一个故事，有两个不同的说法。从前有一个裁缝，辛辛苦苦地省下钱来，送他儿子去念书，他自己仍旧做工，有一次，儿子寄信回家要钱，裁缝不认识字，请隔壁一个杀猪的看信。那个杀猪的屠户也只认得几个字，便念道：“爸爸！要钱！赶快拿钱来!”裁缝听了很生气，以为儿子从小学念到中学，从中学念到大学，还不知道一点儿礼貌。后来有一位牧师来了，问裁缝为甚生气。裁缝把原委告诉他，牧师说：“拿信给我看看!”牧师看了信，便说道：“你错了！这信上明明写着：‘父亲大人膝下：我知大人辛苦，老是不敢多用钱。不过近来有几种必不可少的书籍和物件要买，我的鞋子也破了，我的袜子也穿了，希望大人能寄给我半磅钱，我很感激；假若能寄一磅的话，那更感激不尽’!”裁缝听了，很高兴，并且向牧师说道：“信上真的是这样写的吗？如果是这样，我立刻就寄两磅钱去。”这便是一个故事的两种不同的说法：一种是杀猪的说法，一种是牧师的说法。

现在讲中国禅宗的起来，也有两种说法：

一、旧说，也可以说是杀猪的说法。相传灵山会上，释迦拈花，只有大迦叶微笑，于是释迦将“正法眼藏”传给大迦叶。从大迦叶以后，一代传一代，传到二十八代，便是菩提达摩。达摩在梁武帝时（西元520或526年）到广东。从广东到金陵（南京），见过梁武帝。因为武帝不懂“正法眼藏”，于是达摩渡江而去，并且有“一苇渡江”的传说。渡江后，至北魏，住河南嵩山面壁九年。当时他有两个弟子：一个叫慧可，达摩很赏识他，于是将法传与他。从达摩起，为东土的第一代，慧可为第二代，再传僧璨为第三代，道信为第四代，至第五代为弘忍。五祖弘忍在湖北黄梅县修行，他门下有两大弟子：一个有学问，叫做神秀；一个没有学问，是广东人，叫做慧能。当时一般门徒，以为传老师衣钵的，一定是班长神秀，对于外来的广东佬，很瞧不起，只叫他做劈柴挑水的工作。一天，弘忍欲传法，召集门徒。令各作一偈，谁作得好，便传衣钵。当时大家都毫无疑义地以为是班长，但神秀也不敢直接交卷，只题一偈于墙上，偈曰：

身是菩提树，心如明镜台，
时时勤拂拭，莫使惹尘埃。

五祖看了，觉得也还不错，以为一个人能够这样修行，也可以了。当时交白卷的门徒，个个都把神秀所做的偈，念来念去。被厨房里的慧能听见了，也作一偈，请人题在壁上。偈曰：

菩提本无树，明镜亦非台，
本来无一物，何处惹尘埃？

五祖看见了，说：“不行！”用鞋将偈擦去。但到半夜，五祖竟亲至厨房，将法传与慧能，令他即速逃走，躲过几年，方可传道。

慧能走了之后，大家知道五祖已将法传与广东佬慧能，都很惊讶，就去追他，不过追不到了。

慧能到了广东，躲了许多年，才公然传道。但那时神秀已在北方自称六祖了。慧能只能在南方传道，正好像孙中山先生当时只能在广东一带宣传国民革命一样。

慧能后有二大弟子：一为怀让，一为行思。怀让后又传马祖（道一），行思后又传石头（希迁）。马祖、石头以后，宗派更多。总之，从如来拈花，到南能北秀，南派五宗，这是旧说。

二、新说也可以说是牧师的说法。所谓牧师的说法，以为前二十八祖的传说，拈花微笑的故事，都是假的。这些考证，说来很长，我只讲一点儿。

二十八祖之前二十三祖，还有一点根据，因见于《付法藏因缘传》（按：此书六卷，元魏吉迦夜等撰）。这书乃是述说印度北方罽宾国一个学派的传授，和禅宗并没什么关系。而且印度人对于历史很不重视，印度向来没有历史，所以印度人向来就没有历史的眼光，缺乏时代的观念；后来西洋人用希腊的材料（如亚历山大东征等事），和中国的材料，才勉强凑成一部印度史。因此，《付法藏传》所说的，也不见得可靠。即就该书记载而言，到了二十三代师子和尚，因为国王反对佛教，他被国王杀了，罽宾国的佛法在那时也就绝了。后来讲佛法传授的，因为讲不过去，不得不捏造几代，以便传到达摩；当中加了四代，至达摩便是二十八代。此二十八代，就有两种说法，现在所传的与从前的不同。我上次说过：保存古代禅学史料的，一为唐代敦煌的材料，一为日本的材料。从这两种材料，足以证明现在所传的二十八代，实始于北宋杭州契嵩和尚的伪造（按：契嵩始作《传法正宗定祖图》，定西天之二十八祖，谓《付法藏传》可焚云）。即将原有之二十四、五、七代改易，将二十六代升上去，并捏造两代。此种说法，曾经宋仁宗明令规定（按：嘉祐七年，即1062年，奉旨把《定祖图》收入《藏经》内）。从《传灯录》一直传到现在。由此可见佛家连老祖宗都可以做假。

我们现在拿敦煌本一看，还可以看出当时禅宗争法统的激烈。大家都知道中国只有六代；至于印度，究竟有多少代呢？有的说八代，但释迦与孔子同时，到梁武帝时约千余年，八代总不够吧！于是有二十八代说。但师子杀头了，于是有二十三代说，二十四、二十五、二十九代说，甚且有五十一代说。优胜劣败，折中起来，于是采取了二十八代说。

关于二十八代说法的变迁，既有敦煌的本子及日本的材料可证，我曾在《记北宋本〈六祖坛经〉》那篇文章里（见国立山东大学《文史丛刊》第一期），列了一个关于二十八代传法世系的传说异同对照表，可以参看。

以上所说，佛家对于老祖宗都可以做假，其他自可想而知。常言以为达摩未来以前，中国没有禅学，也是错误。关于古代禅宗的历史，有两部可靠的书。一是梁慧皎作的《高僧传》（止于西元519年）。一为唐道宣作的《续高僧传》（《自序》说："始距梁之始运，终唐贞观十有九年"，即止于645年）。在慧皎著书的时候，达摩还没有来，传中已有二十一个学禅的，可见梁代以前便有这些学禅的了。至《续高僧传》中，有一百三十三个学禅的，到唐初止。这都有史可考。并且自后汉末至三国，已有许多书谈到学禅的方法，可见中国从二世纪就有了禅学的萌芽。到了晋代（二世纪的晚年），敦煌有名安世高的，译出《道地经》、《大安般经》等书，有支曜译出《小道地经》；三世纪的晚年（西元284年），有竺法护又译出一本大的《修行道地经》；到了晋末，大约是四百零四年，长安有一位大师鸠摩罗什，译出大批佛书。这是就北方说；至于南方，当四百一十年，庐山也有一位印度和尚名佛陀跋陀罗的，翻译了一本《达摩多罗禅经》，当时慧远还请了许多印度和尚帮助他。顶好笑的，刚才我不是说过菩提达摩吗？《达摩多罗禅经》是410年就译出来的（按：达摩多罗亦古梵僧名，有四人）。菩提达摩是于500年以后才到中国；乃后来讲禅宗传授的，竟把两个人混作一个，或竟称为"菩提达摩多罗"！在梵文中，菩提达摩是Bodhi dharma，达摩多罗是Dharmatrata，明是两字，岂可混为一谈？总之，我们要知道在达摩以前，中国便有人学禅了；说达摩未到时中国没有禅学，那完全是错误的。

上次说过，修了安般法门，可以得到五通神，即天耳通，天眼通，如意通，他心通，宿命通等。当这种调和呼吸，修炼神通的法门盛行的时候，正是魏晋士大夫崇拜老庄，谈论虚无，梦想神仙的时候。因为佛教最高的境界是涅槃，是四大皆空，和道家的虚无相似，又有各种方法可以学到顺风耳，千里眼，种种神通，也近于神仙之术，所以佛道两教，在当时很可能发生关系。三世纪时，中国最著名的和尚道安便把禅法看作"升仙之奥室"，他曾说过，从一数到十，从十数到一，无非期于"无为"和"无欲"，以得到最高的"寂"而显神通。例如他《序安般经注》上说：

> 安般寄息以成守，四禅寓骸以成定；寄息故有六阶之差，寓骸故有四级之别。阶差者，损之又损之，以至于无为；级别者，忘之又忘之，以至于无欲。

既“无为”，又“无欲”，便可到最高的“寂”。到“寂”以后，便神通广大：举足而大千震，挥手而日月扪，疾吹而铁围飞，微嘘而须弥舞。

后来慧皎也曾说到禅的最高境界，在得神通，仿佛与神仙相似。例如论“习禅”，他说：

> 禅用为显，属在神通。故使三千宅乎毛孔，四海结为凝酥，过石壁而无壅，擎大众而弗遗。

当三世纪到四世纪间，时人已有主张整理佛教的了。中国固有的宗教，向无天堂地狱之说，也没有灵魂轮回之说，不过鬼是有的，但鬼也可以饿死。印度方面，则上有三十三天，下有一十八层地狱。所以自印度佛教传入中国以后，中国好像“小巫见大巫”，惊叹佛教的伟大，五体投地的佩服，于是大批翻译佛教经典。但经典渐渐的太多了，教义太伟大了，又觉得不能完全吞下，于是又想把佛教“简化”（Simplify）起来。上次说过，佛教要义在“慧定”，“慧”帮助“定”，“定”帮助“慧”，互相为用。当时人觉得印度禅太烦琐，像什么数息啦，什么四禅定啦，什么四念处啦，……因此，江西庐山有一位慧远大师（按：道安的高足弟子），自创一宗，就是“净土宗”；并结一社——一个俱乐部，叫做莲社。他以为佛门的精义，惟在“禅智”二字。他尝说：

> 三业之兴，以禅智为宗。……禅非智无以穷其寂，智非禅无以深其照。然则禅智之要，照寂之谓。

不过从前的禅，既觉得过于烦琐，自有简化的必要。当时从印度传入一种《阿弥陀经》，很简单（按：只一千八百余言，人称为“小经”）；上次所说的印度禅，有五种安般法门，其中的念佛观便是“净土宗”的法门，《阿弥陀经》便是念佛观的经典。此经外，尚有《无量寿经》等。经中说西方有一净土，叫做极乐国。那里有无量福，无量寿，无量光；有阿弥陀佛（按：梵语 Amita，即无量之义）；有四时不谢之花，八节长春之草，花鸟都能念经，满地尽是琉璃。欲至其地惟有念“南无阿弥陀佛”，“南无”两字，梵音读作“哪嘛”（Namo 或 Namah），是敬礼的意思。只有一心念“南无阿弥陀佛”，便可到极乐世界，何等简单！这是当时佛教简单化的运动。

到五世纪前半期，慧远有一个弟子，同时并是鸠摩罗什的弟子，叫做道生（殁于434年），现在苏州虎丘还有一个生公说法台，就是相传“生公说法，顽石点头”的地方。道生很聪明，得南北两派之真传，以为佛教还要简单化。他相信庄子所说的得鱼可以忘筌，得意可以忘象，以为只要得到真的意思，只要抓住佛教的要点，则几千万卷半通不通的翻译经典，都可以丢掉。把印度佛教变成中国佛教，印度禅变成中国禅，非达摩亦非慧能，乃是道生！他创了几种很重要的教义，如“顿悟成佛”，“善不受报”，“佛无净土”等。“善不受报”是反对那买卖式的功德说；“佛无净土”是推翻他老师慧远所提倡的净土教；至于“顿悟”说，更是他极重要的主张。与顿悟相反的为渐修。佛家从数息到四禅定，从四禅定到四念处，都是渐修。只抓着一个要点，“放下屠刀，立地成佛”，便是顿悟。“放下屠刀，立地成佛”，这句话我们听惯了，不觉得什么，其实在当时是一句大逆不道的话。因为如此则十二部大经典完全无用；所有一切仪式，如礼拜、忏悔、念经、念佛，以及寺观、佛像、僧侣、戒律都成废物；佛教起了大的革命。主顿悟的，叫做顿宗，主渐修的，叫做渐宗。那时涅槃经从印度输入，尚不完全，仅译成了一半；生公以为涅槃经中，说过“一阐提人（icchantika，即不信佛教的）皆具佛性”，更为极端的顿悟说。因此，旧日僧徒便说他“背经邪说，独见忤众”，把他驱逐出去。他当临走时，于四众之中，正容起誓道：

> 若我所说，反于经义者，请于现身，即表厉疾。若与实相不相违背者，愿舍身之时，据狮子座。

后来《大般涅槃经》传入中国，全部译出，果然与生公之说相合。于是生公仍返江南。后来讲经于庐山，踞狮子座而逝，很光荣。刘宋太祖文帝对于顿悟说，也很赞叹提倡，从此顿宗渐盛。可是禅宗之顿悟说，实始于四世纪后的生公。

现在要讲到菩提达摩的故事了。

在五世纪（470年左右）刘宋将亡之时，广州来了一位印度和尚，叫做菩提达摩。因达摩由南天竺出发，所以从海道。宋亡于479年，他到宋，宋尚未亡（旧说520年始到，不确。按：520年为梁武帝普通元年）。他到过洛阳，曾瞻礼永宁寺，事见杨衒之的《洛阳伽蓝记》，因这书中尝说“达摩到永宁寺（510 年造，520 年毁），自称百五十岁”。他来中国是 470 年左右，到永宁寺大约在 520 年左右，所以他在中国住了五十年。当时一个年少的印度和尚到中国来，道不易行，所以自称百五十岁，大概由于印度是热带，人多早熟，早生胡须，故自称百五十岁，以便受人尊敬吧？他到中国后，将中国话学好，四处传道，计在中国五十年，其道大行，尤其是北方。

达摩的教义有两条路：一是“理入”，一是“行入”。“理入”就是“深信含生同一真理；客尘障故，令舍伪归真，凝住壁观，无自无他，凡圣等。”因人的本性相近，差别无多，只须面壁修行，所以“理入”又叫做“壁观”。所谓“壁观”，并非专门打坐，乃面壁之后，悟出一种道理来。至于“行入”，就是从实行入的，内中又分四项：

第一，报怨行——就是“修行苦至，是我宿作，甘心受之。”意思是说，一切苦痛，都是过去积聚的，必须要“忍”，才算苦修。

第二，随缘行——就是“苦乐随缘，得失随缘”。

第三，无所求行——就是一切不求，只有苦修。因为“有求皆苦，无求乃乐”。

第四，称法行——即性净之理。

达摩一派，实为虚无宗派，因为他以为一切经论都靠不住，靠得住的只有一部《大乘入楞伽经》，读此一经，即已具定。

达摩一派，主张苦修；凡受教的，只准带两针一钵，修种种苦行，传种种苦行的教义。

达摩一派，后来就成为楞伽宗，也叫做南天竺一乘宗（见《续高僧传》中的《法冲传》）；因为楞伽就是锡兰岛，《楞伽经》所代表的便是印度的南宗。（参见唐僧净觉的《楞伽师资记》，民国二十年北平校刻敦煌写本。）

达摩一派，既为一苦修的秘密宗派，故当时很少有人知道；但为什么后来竟成为一大禅宗呢？说来话长，且听下回分解。

第三讲　中国禅学的发展与演变

我们已经讲了两次：第一次讲的是印度禅；第二次讲的是中国禅宗的起来。这两种禅法的区别，简单说，印度禅法是渐修，中国禅法重顿悟。

二者恰恰相反：前者是从静坐、调息，以至于四禅定、五神通，最合魏晋时清谈虚无而梦想走到神仙境界的心理；后者不然，是“放下屠刀，立地成佛”的办法，这是中国的佛学者力求简单化的结果。

原来在三世纪到四世纪时，中国佛学者对印度禅法已表示不满；到五世纪前半，出了道生这个革命和尚。上次讲过：他是慧远的弟子，又曾从罗什受业，肯作深思，把当时输入的佛教思想，综合之，且加以考校。他有几句重要的宣言：

> 夫象以尽意，得意则象忘；言以诠理，入理则言息。自经典东流，译人重阻，多守滞文，鲜见圆义。若忘筌取鱼，始可与言道矣。

这就是说，到这时候我们中国人可以跳过这个拘滞的文字，可以自己出来创造了。经论文字，不过是一些达意的符号（象）；意义既已得到，那些符号便可扔到茅坑里去了。道生于是创造“顿悟成佛论”，说“善不受报”、“佛无净土”、“一阐提人皆具佛性”。这是革命的教义。一切布施，修功德，念佛求生净土，坐禅入定求得六神通，都禁不起“顿悟”二字的威风。这么一来，当时的旧派遂起而攻击道生的邪说，把他赶出建业，于是他只得退居苏州虎丘山。后来《大般涅槃经》全部到了，果然说“一阐提人皆有佛性”，因此，生公的“顿悟成佛论”得着凭证而惹人信赖了。生公这种思想，是反抗印度禅的第一声，后来遂开南方“顿宗”的革命宗派。

当宋齐之际，从南印度宋了一个和尚菩提达摩，先到广州，后又转到北方，在中国约有四五十年。上次也讲过：他受空宗的影响很大，所以抛弃一切经典，只用一部南印度的小经典《楞伽经》四卷来教人。这是一个苦修的宗派，主张别人打我骂我，我都不要怨恨，所谓“逆来顺受”，认为自己前生造下了冤孽。他的禅法也很简单，谓一切有情都有佛性，只为客尘所障，故须面壁坐禅，“认得凡圣等一”，便是得道。故他们在行为方面是“忍”；在理智方面是“悟”。这就是楞伽宗，又名南天竺一乘宗，是印度传来的叫花子教他们过着极刻苦的生活，如达摩弟子慧可所传的满禅师，“唯服一衣，一钵，一食”。再传的满禅师，“一衣，一食，但蓄二针，冬则乞补，夏便通舍，覆赤而已。往无再宿，到寺则破柴，造履，常行乞食”。在贞观十六年（西元642年），满禅师于洛州南会善寺倒宿墓中，遇雪深三尺，有请宿斋者，告曰："天下无人，方受尔请。"这个苦行的宗派，不求人知，不出风头，所以不惹人注意，知道的很少，道宣在他的《续高僧传》里对这派曾这样说过："人非世远，碑记罕闻，微言不传，清德谁序？深为痛矣！"但当七世纪时，此宗风气渐变，刻苦独行的人不多，渐趋于讲诵注疏之学，故道宣又说他们"诵话难穷，励精盖少"。他们为一部《楞伽经》作疏或抄（抄即疏的注解）。共有十二家，七十卷之多（也见道宣的《法冲传》）。可见这时的楞伽宗，已非往昔苦行头陀的风味了。

到八世纪初，正当慧能在南方独唱顿悟教义的时候，湖北荆州府玉泉寺有个神秀老禅师，声誉甚隆。武后派人请他到长安（约 701 年），既来之后，便往来于两京（长安和洛阳）之间，备受朝野尊崇，号称"两京法王，三帝（按：谓则天帝，中宗，睿宗）国师。"他自称为菩提达摩建立的楞伽宗的嫡派。他死在纪元 706 年（武后死的次年），谥大通禅师，当代人手笔张燕公（说）为之作碑。今日我们知道他的传法世系是：

达摩——慧可——僧璨——道信——弘忍——神秀

第一次便发现于这个碑文里。但与道宣在《法冲传》内所记的不同，不过因为神秀地位极高，人都信此法系是正确的了。神秀的二大弟子义福和普寂，也被朝廷尊为国师，气焰熏天。义福死于 736 年（玄宗开元二十四年），谥大智禅师；普寂死于 739 年（开元二十七年），谥大照禅师。严挺之作《大智禅师碑》，李邕作《大照禅师碑》，都用了上列的传法世系。所以从 701 年到 739 年，这四十年中可以说是楞伽宗神秀一派势力全盛时代。

据最可靠的材料，神秀并未著书；现在伦敦及巴黎所藏敦煌发现的写本中，有《五方便》一种；但非神秀作，乃是神秀一派人所作。其教义仍接近印度禅的渐修。如玄赜《楞伽人法志》上说："禅灯默照，言语道断，心行处灭，不出文记。"神秀临死时的遗嘱是"屈，曲，直"三字。又如张说所作碑文上说："其开法大略，则慧念以息想，极力以摄心；其入也品均凡圣，其到也行无后。趣定之前，万缘尽闭；发慧之后，一切皆如。持奉楞伽，递为心要。"这可证明他的禅法仍是近于印度禅。普寂的禅法，据《神会语录》及《坛经》上说："凝神入定（止），往往心净（观）；起心外照，摄心内证。"也可证明神秀教义之一部。

当普寂、义福的气焰方张的时候，开元二十二年（734）河南滑台（即今滑县）的大云寺来了一个神会和尚，他居然大声疾呼的要打倒伪法统；在大会上宣言，弘忍并不曾传法与神秀，真正的第六代祖师是他的老师岭南慧能。

原来在七世纪末八世纪初，中国另发生一个浪漫的大运动，使中国佛教又起一个大革命，革命的首领就是一个不识字的广东佬，神会口中所说的慧能和尚。自从七世纪晚年，弘忍死后，他的两大弟子，神秀就称为北宗的大师，慧能也成为南宗的大师。慧能是广东新州人（现在新兴县，在高要的西南），他住过广州，后来住在韶州的曹溪山，故后人皆称为“曹溪派”；又因为他在最南方，就称为“南宗”。他所提倡的一种革命的教义也就是“顿悟”，他是个不识字的人，靠着砍柴过日子，他的成功全靠自己大胆的努力。他死于713年（开元元年），留传下来的只有《坛经》一书。这书也经过了许多变迁：民国十五年（1926）我在伦敦看见的敦煌唐写本，约一万二千字，可说是最早的一个本子；去年（1933）在日本看见的北宋初（970年，宋太祖开宝间）的《坛经》，分两卷，已加多了二千字；明本又加多了九千字，共计约二万四千字。但这部法宝《六祖坛经》，除“忏悔品”外，其余的恐就是神会所造的赝鼎（按：可参看《神会和尚遗集》卷首的《神会传》）。慧能的教义可分几点说：

一、自性三身佛　他说：向来劝你皈依佛，皈依法，皈依僧；我劝你归依自性三宝。三宝都在你心里：归依觉（佛），归依正（法），归依净（僧）。这是自性的三宝。他又说：向来人说三身佛；我今告诉你，三身佛都在你自己色身中：见自性净，即是清净法身佛；一念思量，化生万法，即是自性千万亿化身佛；念念善，即是自性圆满报身佛。他又说：我本性元来清涉，识心见性，自成佛道。——慧能教人，大旨如此。后人所谓“直指人心，见性成佛”，即是此义。此义还是源于“凡圣等一”，故人人都可以顿悟成佛的。

二、四弘誓愿　众生无边誓愿度——自性自度；烦恼无边誓愿断——自心除；法门无边誓愿学——自心学无上正法；无上佛道誓愿成——自悟即佛道成。

三、无相忏悔　永断不作，名为忏悔。

四、摩诃般若波罗蜜法　“摩诃”之意即是大，所谓“性含万法是大”，心量广大，犹如虚空；“般若”之意即智慧，所谓“一切时中，念念不忘，常行智慧”；“波罗蜜”之意是到彼岸，所谓“离境无生灭，如水永长流，即名到彼岸”。

五、反对坐禅　他说：不用求净土，净土只在你心中；不用坐禅，见你本性即是禅；不用修功德，见性是功，平等是德。他说“一行三昧”，就是“于一切时中，行住坐卧，常行一直心”；“于一切法上无有执著，名一行三昧”。“若坐不动是禅，维摩诘不合诃舍利弗宴坐林中。”（这是《维摩诘经》的影响）。

神会，襄阳人，约710年（睿宗景云元年）到曹溪见慧能。在慧能死后二十一年，即734年（开元二十二年），他才到河南滑台传道；到现在1934年我们来讲他，恰好是他整整的一千二百年纪念。那时他在大云寺大会上当众宣述南宗的宗旨，说当时公认的传法正统是假的，大胆指斥普寂“妄竖神秀为第六代”；他说当初菩提达摩，以一领袈裟为传代法信，授给慧可，慧可传僧璨，僧璨传道信，道信传弘忍，弘忍传慧能，所以我们才是正统，有传法袈裟在韶州为证。他自己称说这次在河南“设无遮大会兼庄严道场，不为功德，是为天下学道者定宗旨，为天下学道者辨是非”；现在普寂妄称自己为第七代，把神秀称为第六代，他要誓死反对！或曰：普寂禅师名望盖世，天下知闻，如此排斥，恐与身命有关。他说：“我自料简是非，定其宗旨，岂惜身命?”他更进一步说，神秀在世时，因袈裟在韶州慧能处，所以不敢自认是第六代；乃普寂竟让同学广济于景龙三年（709）十一月到韶州去偷此法衣。当时普寂尚在，但也没有人出来否认，可是神会也闹了一个大笑话：有人问他：菩提达摩以前，西国又经几代?他可没有预备，信口答出“八代”，并且还把菩提达摩与达摩多罗误作一人（见前讲）。至天宝四年（745），神会到了东京（洛阳），在荷泽寺继续“定南宗宗旨”，继续攻击神秀、普寂一派的“北宗”为伪法统，定慧能一派的“南宗”为菩提达摩的正统。他提倡顿悟，立“如来禅”，破北宗渐教的“清净禅”，其实，平心而论，真正的顿悟是不通的。如姜太公钓鱼，被文王任为宰相；传说举于版筑之间（按：此两事，《神会语录》中常举作“顿悟不思议”的比喻）。乃至李白之斗酒诗百篇，莫不是积了数十年许多零碎的经验，蕴蓄既久，一旦发挥出来，所以“顿悟”云云，往往也须经过“渐修”；不过因他是年过八十的老头儿，状貌奇特，侃侃而谈，就轰动了不少的听众。其时义福、普寂都已死了，在生时似乎是不理他，死后他们的徒子徒孙，眼见他声名日大，而且绘出图像来宣传他所造作的楞伽宗法统史，公开地攻击北宗法统，说来动听感人，于是普寂一派人只好利用政治势力来压迫神会。天宝十二年（753），遂有御史卢奕上奏，弹劾神会，说他“聚徒，疑萌不利”；朝廷就把他赶出东京，黜居弋阳（在今江西），又徙武当（在今湖北均县），又移襄州（在今襄阳），又移荆州开元寺，苦煞了这个八十五六岁的老头儿！

神会被贬逐的第三年（755，天宝十四年），安禄山造反，两京陷落，明皇出奔，太子即位；至757年（肃宗至德二年），郭子仪等始收复两京，神会也回到东京来了。那时大乱之后，军饷无着；于是右仆射裴冕提出一个救济经济的政策，“大府各置戒坛度僧”。“纳钱百缗，请牒剃落，亦赐明经出身。”这就是做和尚先得买执照。本来唐朝做和尚的，须购度牒，有了度牒，就算出家，可以免除租、庸、调诸税。但残破乱离之际，这种公债无法推销，非请一位善于宣传的出来负责发卖不可，于是大家都同意把神会请出来承办劝导度僧，推销度牒，筹助军饷的事。他以九十高年，搭棚设坛，大肆鼓吹，听者感动，男女剃度者极多，这种军用公债果然倾销起来，一百吊钱一张，而当时施主也不少，于是为政府增加了大宗的收入，功劳甚大。肃宗皇帝下诏叫他入内供养，并且替他盖造禅院于菏泽寺中。到760年（上元元年），神会死，享年九十有三，赐谥真宗大师，建塔洛阳，塔号般若。他死后三十六年，即796年（德宗贞元十二年），在内殿召集诸禅师，由皇太子主席，详定传法旁正，于是朝廷下敕立菏泽大师神会为第七祖。于是神会的北伐成功，慧能的南宗遂成为禅宗的正统了。

关于神会的思想，我不打算细讲；其教义可得而言者，约有五点：

一、顿悟　这就是神会的革命旗帜。他说：“十信初发心，一念相应，便成正觉，于理相应，有何可怪？”以明“顿悟不思议”。简言之，仍是“放下屠刀，立地成佛”之意。

二、定慧平等　他说：“念不起，空无所有，名正定；能见念不起空无所有，名正慧。”即是以“慧”摄“定”；最后“戒”、“定”都可以不管，只要“慧”，归到理智主义去。

三、无念　他的禅法以无念为宗。“不作意即是无念”、“所作意住心，取空取净，乃至起心求证菩提涅槃，并属虚妄”。“应无所住而生其心。”

四、知　他说：“知之一字，众妙之门。”所以中国禅宗，侧重知解，终身行脚，求善知识。且此语实开中国思想界“良知”一派的先河。

五、自然　他说：“修习即是有为诸法。生灭本无，何假修习？”只是自然，只是无为，与中国道家思想相合。

总之，神会倡言为天下学道者定宗旨，为天下学道者辨是非，所以他对于神秀一系的旧法统极力诋斥，建立起自己的新法统来。民国十五年我在巴黎发现了神会的许多材料，后来在日本又发现了一些。因知八世纪的前期，普寂盛行的时候，僧人都附于楞伽宗派，所谓“东山法门”；等到八世纪的后期，神会兴起，以至九世纪以来，又都成了南宗门下的信徒了。

“杀猪的”说法（即旧说）就没有神会的地位；因其门下无特出的人物，而继续努力的人也非同门，所以他的功劳渐渐湮没，过了几百年就完全被人忘记了。

八世纪中，神会北伐成功，当时全国的禅师，也都自称出于菩提达摩。牛头山一派自称出于第四代道信。西蜀资州智诜派下的净众寺一派和保唐寺派，也都自称得着弘忍的传法袈裟。人人依草附木，自称正统。

一、成都净众寺派，其法统为：

弘忍——智诜——处寂——无相

所以又称无相派。此派为宗密所分叙的第二家，与北宗接近，以“无忆，无念，莫忘”为宗。就是说，勿追忆已往；勿预念将来；“常与此志相应，不昏不错，名莫忘”。此宗仍要“息念坐禅”。

二、成都保唐寺派，宗密记此派的世系如下：

引忍｛老安——陈楚章
　　　智诜——处寂——无相｝无住

无住把净众寺一派的三句改为“无忆，无念，莫妄”；“忘”字改成“妄”字，宗旨就大大的不同。无住主张“起心即妄，不起即真”，似乎受了神会的影响。且此派更有革命左派的意味：“释门事相，一切不行礼忏，转读，画佛，写经，一切毁之。所住之院，不置佛事。但贵无心，而为妙极。”此派也想争法统，说慧能的传法袈裟被武则天迎入宫中，转赐予智诜，又递到无住手里。

但是忽然在江西跳出一个和尚来，名叫道一，又称马祖。他说慧能的传法袈裟又到了他那里，其实这些都是假的。他本是四川人，落发于资中，进具于巴西，是由北宗改入南宗的。他是无相（净众寺派）的弟子，后离蜀赴湖南衡岳跟六祖嫡传怀让修行，才入“顿门”，故史家称为慧能的再传，其实他也属于智诜一派。道一这派的宗旨有八个字：“触类是道，任心为修。”他说：“所作所为，皆是佛性：贪嗔烦恼，并是佛性；扬眉动睛，笑欠声咳，或动摇等，皆是佛事。”这叫“触类是道”，既是凡碰到的都是道，就是随时皆为道，随心皆为修行。这个本来就是佛；所以不起心造恶，修善，也不修道，“不断不修，任运自在，名为解脱，无法可拘，无佛可作”。他只教人“息业养神”、“息神养道”。这叫“任心为修”。他殁于786年（唐德宗贞元二年）。

马祖门下有一个大弟子，名叫怀海，就是百丈禅师（殁于814，即唐宪宗元和九年），建立了禅院组织法，世称“百丈清规”。凡有高超见解的和尚，称为长老，自居一室；其余僧众，同居僧堂。禅居的特点，是不立佛殿，惟立法堂佛教寺院，到此为一大革命。并且他们提倡作工；“一日不作，一日不食”，是百丈和尚的格言。以后的禅门，大都是从马祖、百丈传下来的。自八世纪以下，禅学替代了佛教，禅院替代了律居。佛教差不多完全变成禅学了。

第四讲　中国禅学的方法

今天是最后一次讲演，黎先生刚才对我说今天功德圆满，其实不过是我的一笔旧债还清了。

这次讲的是中国禅学的方法。上次本来想把中国禅宗的历史讲得更详细一点，但因限于时间，只能将普通书所没有的禅宗的来历，说了一个大概；马祖以后的宗派，简直就没有工夫来讲。但不讲也不大要紧，因为那些宗派的立场跟方法，大抵差不多，看不出什么显著的区别；所以也不必再分析宗派时多讲方法，现在只讲禅宗整个的方法。

中国的禅学，从七世纪到十一世纪，就是从唐玄宗起至宋徽宗时止，这四百年，是极盛的黄金时代。诸位是学教育的，这一派人的方法于教学方面多少有点启示，所以有大家一听的必要。

南宗的慧能同神会提倡一种革命思想——“顿悟”，不用那些“渐修”的烦琐方法，只从智慧方面，求其大彻大悟，放下屠刀，立地成佛。在当时因为旧的方式过于复杂，所以这种单刀直入的简单理论，感动了不少的人，终于使南宗顿教成为禅宗的正统，而禅宗又成为佛教的正统。这是他们在破坏方面一大成功。可是慧能同神会都没有方法，对于怎样教人得到顿悟，还是讲不出来。到九世纪初，神会的第四代弟子宗密（殁于841，即唐武宗会昌元年），方把“顿悟”分成四种：

一、顿悟顿修　顿悟如同把许多乱丝，一刀斩断；顿修如同把一团白丝，一下子丢到染缸里去，红即红，黑即黑。

二、顿悟渐修　如婴儿坠地，六根四体顿具，男女即分，这叫顿悟；但他须慢慢发育长大，且受教育，成为完人，这叫渐修。故顿悟之后必继以渐修。

三、渐修顿悟　这好比砍树，砍了一千斧头，树还是矗立不动，这叫渐修；到一千零一斧头，树忽然倒下来了，这叫顿悟。这并非此最后一斧之力，乃是那一千斧积渐推动之功。故渐修之后自可成顿悟。

四、渐修渐悟　如同磨镜，古时候，镜子是铜制的，先由粗糙的铜，慢慢地磨，直至平滑发亮，可以照见人影，整理衣冠。又如射箭，起初百无一中，渐渐百可中十，终于百发百中。

这四种中间，第一种“顿悟顿修”，是不用方法的，讲不通的，所以后来禅宗也有“树上那有天生的木杓?”的话。第二种“顿悟渐修”，却是可能的；第三种“渐修顿悟”，尤其可能。这两种“放下屠刀，立地成佛”的例子，在西洋也有很多：如圣奥古斯丁，起初是一个放荡不羁，狂嫖滥赌的人，说重一点就是流氓地痞，一天在街上听了一位教师的讲演，忽然省悟，立志苦修，竟成为中古时代的宗教领袖。这就是“顿悟渐修”；却也是“渐修顿悟”，因为他早已有种种烦闷，逐渐在变化，一旦下决心罢了。又如三四百年前科学大师格里略（意大利人)，生而有艺术的天才，但他的父亲是个数学家，送他到大学去习医，他的兴趣不倾向于这方面，而于音乐绘画等倒是弄得不错；有一天，国王请了一位数学家来讲几何学，他听了一小时，忽然大彻大悟，就把一切抛开，专发挥他从遗传中得来的数学天才，后来便成了几何学物理学的老祖师。再举一个日常例：我们有时为了一个算学或其他的难题，想了几天，总想不出，忽然间梦里想出来了。这也是慢慢的集了许多经验，一旦于无意间就豁然贯通。第四种“渐修渐悟”，更是可能，用不着来说了。

总之，“顿悟渐修”、“渐修顿悟”都是可能的，都是需要教学方法的；“渐修渐悟”更是普通的方法；只有“顿悟顿修”是没有教学方法的。

禅门中许多奇怪的教学方法，都是从马祖（殁于786）来的。马祖道一，本是北派，又受了南派的影响，所以他所创立的方法，是先承认了渐修，然后教你怎么样渐修顿悟，顿悟而又渐修。他的宗旨是“触类是道，任心为修”；如扬眉，动目，笑笑，哈哈，咳嗽，想想，皆是佛事。此种方法实出于《楞伽经》。《楞伽经》云：

> 非一切佛国土言语说法。何以故？以诸言说，唯有人心，分别说故。是故有佛国土，直视不瞬，口无言语，名为说法；有佛国土，直尔示相，名为说法；有佛国土，但动眉相，名为说法；有佛国土，唯动眼相，名为说法；有佛国土，笑，名说法；有佛国土，欠呿，名说法；有佛国土，咳，名说法；有佛国土，念，名说法；有佛国土，身，名说法。

又云：

> 如来亦见诸世界中，一切微虫蚊蝇等众生之类，不说言语，共作自事，而得成功。

所以他那“触类是道，任心为修”的方法，是不靠语言文字来解说来传授的，只用许多奇特古怪的动作。例如：有一个和尚问他如何是西来意，他便打；问他为什么要打，他说：“我若不打汝，诸方笑我也。”又如法会问如何是西来意，他说，“低声，近前来！”于是就给他一个耳光。此外如扬眉、动睛以及竖拂、喝、踢，种种没有理性的举动，都是他的教学方法。这种举动，也并不是叫对方知道是什么意思，连作的人也没有什么意义，就是这样给你一个谜中谜，叫你去渐修而顿悟，或顿悟而渐修。马祖以后，方法更多了，如把鼻，吐舌，大笑掀床，画圈（圆相），拍手，竖指，举拳，翘足，作卧势，敲柱，棒打，推倒等等花样，都是“禅机”；此外来一两句似通非通的话，就是“话头”。总之，以不说法为说法，走上不用语言文字的道路，这就是他们的方法。

马祖是江西派，其方法在八世纪到九世纪初传遍了全国。本来禅学到了唐朝，已走上语言文字之途，楞伽宗也从事于烦琐的注疏；但是那顿悟派依然顿悟，不用语言文字，教人去想，以求彻悟。马祖以下又用了这些方法，打一下，咳一声，你不知道是什么意思，我也不知道是什么意思，这种发疯，正是方法，但既无语言文字作根据，其末流就有些是假的，有些是捏造的，而大部分是骗人的。

马祖不靠语言文字说法，他的方法是对的，是真的；但是后来那些模仿的，就有些要算作末流了。这里且讲一个故事：有一书生，衣服褴褛，走到禅寺，老和尚不理他。后来小和尚报告知府大老爷到了，老和尚便穿上袈裟，走出山门，恭敬迎接，招待殷勤。书生看了，一声不响，等到知府大老爷走了，书生说：“佛法一切平等，为什么你不睬我，而这样地招待他？”老和尚说：“我们禅家，招待是不招待，不招待便是招待。”书生听了，就给他一个嘴巴。老和尚问他为什么打人？书生答道：“打便是不打，不打便是打。”所以末流模仿这种方式的表示，有一些是靠不住的。

在九世纪中年〔叶〕，出了两大和尚：南方的德山宣鉴（殁于865，唐懿宗咸通六年）和北方的临济义玄（殁于866，同上七年）。他们的语录，都是很好的白话文学；他们不但痛骂以前的禅宗，连经连佛一齐骂；什么释迦牟尼，什么菩提达摩，都是一些老骚胡；十二大部经也是一堆揩粪纸。德山自谓别无一法，只是教人做一个吃饭、睡觉、拉尿的平常人。义玄教人“莫受人惑！向里向外，逢着便杀：逢佛杀佛，逢祖杀祖，逢罗汉杀罗汉，……始得解脱。”后来的禅门，总不大懂得这两大和尚第二次革命的禅机——呵佛骂祖禅。

平心而论，禅宗的方法，就是教人“自得之”，教人知道佛性本自具足，莫向外驰求，故不须用嘴来宣说什么大道理。因此，这个闷葫芦最易作假，最易拿来欺骗人，因为是纯粹主观的，真假也无法证实。现存的五部《传灯录》，其中所载禅门机锋，百分之七十怕都是无知妄人所捏造的；后来越弄越没有意义了。不过，我们也不能一笔抹杀。当时的大和尚中，的确也有几个了不得的；他们的奇怪的方法，并非没有意义的。如我第一次所讲贼的故事，爸爸把儿子锁在柜子里，让他自己想法逃出；等他用模仿鼠叫之法逃回家了，爸爸说：你不怕没有饭吃了。这个故事，就可比喻禅学的方法，所谓“置之死地而后生”，就教育上说，很类似现代的设计教学法。看来很像发疯，但西谚云：“发疯就是方法”（madness is method 按：西文两词音近，中语四字也都是双声）。禅宗经过四百年的黄金时代，若非真有方法，只可以骗人一时，也不能骗到四百年之久。

禅学的方法，可归纳为五种：

一、不说破　禅学既是教人知道佛性本自具足，莫向外驰求，意思就是说，人人都有佛性，己身便是佛，不必向外人问；要人知道无佛可作，无法可求，无涅槃菩提可证。这种意思，一经说破，便成了“口头禅”；本来真理是最简单的，故说破不值半文钱。所以禅宗大师从不肯轻易替学人去解说，只教学人自己去体会。有两句香艳诗，可以拿来说明这个方法，就是："鸳鸯绣取从（随）君看，莫把金针度与人。"且讲他们三个故事来做例子。其一：沩山和尚的弟子洞山去看他，并求其说法。沩山说："父母所生口，终不为子说。"其二：香严和尚请沩山解说"父母未生时"一句。沩山说："我若说似（与）汝，汝以后骂我去。我说的是我的，终不干汝事。"香严辞去，行脚四方，一日芟除草木，偶尔抛一块瓦砾，碰竹作响，忽然省悟，即焚香沐浴，遥礼沩山，祝云："和尚大慈，恩逾父母！当时若为我说破，何有今日之事？"其三：洞山和尚是云岩和尚的弟子，每逢云岩忌日，洞山必设斋礼拜。或问他于云岩得何指示？他说："虽在彼处，不蒙指示。"又问："和尚发迹南泉，为何却与云岩设斋？"他说："我不重先师道德佛法，只重他不为我说破。"大家听了三个故事，便知"不说破"是禅学的第一个方法。因为早经说破，便成口头禅，并未了解，不再追求，哪能有自得之乐？

二、疑　其用意在使人自己去想，去体会。例如洞山和尚敬重云岩，如前所说，于是有人问洞山："你肯先师也无？"意思是说你赞成云岩的话吗？洞山说："半肯半不肯。"又问："为何不全肯？"洞山说："若全肯，即辜负先师也。"他这半信半不信，就是表示学者要会疑，因为怀疑才自己去思索——想若完全赞成，便不容怀疑，无疑即不想了。又：有僧问沩山和尚："如何是道？"沩山说："无心是道。"僧说："某甲不会。"就是说我不懂。沩山就告诉他：不懂才好。你去认识不懂的，这才是你的佛，你的心。（按：沩山原答为："会取不会的好。"僧云："如何是不会的？"师云："只汝是，不是别人。……今时人但直下体取不会的，正是汝心，正是汝佛；若向外得一知半解，将为禅道，且没交涉，名运粪入，不名运粪出，污汝心田。"）所以"疑"就是禅宗的第二个方法。

三、禅机　普通以为禅机含有神秘性，其实，真正的禅机，不过给你一点暗示。因为不说破，又要叫人疑，叫人自己去想，所以道一以下诸禅师又想出种种奇怪方法来，如前面所举的打，笑，拍手，把鼻……等等；又有所答非所问，驴唇不对马嘴的话头。这种方法，名曰"禅机"，往往含有深意，就是对于某种因缘，给一点暗示出来，让你慢慢地觉悟。试举几条为例。其一：李勃问智常："一部《大藏经》说的是什么？"智常举拳头，问道："还会么？"李答："不会。"智常说："这个措大，拳头也不识！"其二：有老宿见日影透窗，问惟政大师："是窗就日，是日就窗？"

惟政道："长老！您房里有客，回去吧！"其三：僧问总印："如何是三宝（佛，法，僧）？"总印答："禾，麦，豆。"僧说："学人不会。"师说："大众欣然奉持。"其四：仰山和尚问沩山："什么是祖师西来意？"沩山指灯笼说："大好灯笼呵！"其五：僧问巴陵鉴和尚："祖师教义，是同是异？"鉴说："鸡寒上树；鸭寒下水。"法演和尚论之曰："巴陵只道得一半，老僧却不然，掬水月在手；弄花香满衣。"其六：僧问云门和尚："如何是超佛越祖之谈？"云门答："糊饼。"法演说："破草鞋。"这些禅机，都是于有意无意之间，给人一点暗示。

前十余年，罗素（Bertrand Russell）来中国，北京有一般学生组织了一个"罗素学术研究会"，请罗素莅会指导。但罗素回来对我说："今天很失望！"问何以故？他说："一般青年问我许多问题，如'George Elior 是什么？''真理是什么？（What is truth?）'叫我如何回答？只好拿几句话作可能的应付。"我说：假如您听过我讲禅学，您便可以立刻赏他一个耳光，以作回答。罗素先生颇以为然。

四、行脚　学人不懂得，只好再问，问了还是不懂，有时挨一顿棒，有时候挨一个嘴巴；过了一些时，老师父打发他下山去游方行脚，往别个丛林去碰碰机缘。所以行脚等于学校的旅行，也就等于学生的转学。穿一双草鞋，拿着一个钵遍走名山大川，好像师大学生，转到清华，再转到中央大学，直到大觉大悟而后已。汾阳一禅师活到七十多岁，行脚数十年，走遍了七十多个山头，据上堂云："以前行脚，因一个缘因未明，饮食不安，睡卧不宁，火急抉择，不为游山玩水，看州府奢华，片衣口食；只因圣心未通，所以驰驱行脚，抉择深奥，传鸿敷扬，博问先知，亲近高德。"儒门的理学大师朱子也曾说过："树上那有天生的木杓？要学僧家行脚，交结四方贤士，观察山川形势，考测古今治乱之迹，经风霜雨露之苦，于学问必能得益。"行脚僧当然苦不堪言，一衣一履，一杖一钵，逢着僧寺就可进去住宿，替人家做点佛事，挣碗饭吃；要是找不着庙宇，只能向民家讨点饭吃，夜间就露宿在人家的屋檐下。从前有名的大和尚，大都经过这一番漂泊生涯。行脚僧饱尝风尘，识见日广，经验日深，忽然一天听见树上鸟叫，或闻瓶中花香，或听人念一句诗，或听老太婆说一句话，或看见苹果落地，……他忽然大彻大悟了，"桶底脱了！"到这时候，他才相信：拳头原来不过是拳头，三宝原来真是禾麦豆！这就叫做"踏破铁鞋无觅处，得来全不费工夫"。

五、悟　从“不说破”起，到“桶底脱了”，完全觉悟贯通。如圆悟和尚行脚未悟，一日见法演和尚与客谈天，法演念了两句艳体诗：“频呼小玉元无事，为要檀郎认此声。”全不相干，圆悟听了就忽然大悟了。又：有个五台山和尚行脚到庐山归宗寺，一夜巡堂，忽然大叫：“我大悟也!”次日，方丈问他见到什么道理。他说：“尼姑原来是女人做的!”又：沩山一天在法堂打坐，库头击木鱼，里面一个火头（烧火的和尚）掷去火柴，拊掌哈哈大笑。沩山唤他前来，问道：“你作么生?”火头说：“某甲不吃稀饭，肚子饥饿，所以欢喜。”沩山点头说：“你明白了。”我前次所述的奥古斯丁，平日狂嫖阔赌，忽然听人一句话而顿改前非，也是和这些一样的悟。《孟子》上说：“欲其自得之也。自得之，则居之安；居之安，则资之深；资之深，则取之左右逢其源。”自得才是悟，悟就是自得。

以上所讲禅学的方法，彻头彻尾就是一个自得。

总结起来，这种禅学运动，是革命的，是反印度禅、打倒印度佛教的一种革命。自从把印度看成西天，介绍，崇拜，研究，选择，以致“得意忘象，得鱼忘筌”；最后，悟到释迦牟尼是妖怪，菩提达摩是骗子，十二部经也只能拿来做揩粪纸；解放，改造，创立了自家的禅宗。所以这四百年间禅学运动的历史是很光荣的。不过，这革命还是不彻底。刻苦行脚，走遍天下，弄来弄去，为着什么？是为着要解决一个问题。什么问题？就是“腊月二十五”，什么叫做“腊月二十五”呢？这是说怕腊月三十日来到，生死关头，一时手忙脚乱，应付不及。这个生死大问题，只有智慧能够解决，只有智慧能够超度自己，脱离生死，所以火急求悟。求悟的目的也就不过是用智慧来解决一件生死大事，找寻归宿。这不还是印度宗教的色彩么？这不还是一个和尚么？所以说这种革命还是不彻底。从禅学过渡到宋代的理学，才更见有两大进步：一、以客观的格物替代了主观的“心理”，如程朱的今日格一物，明日格一物，今日穷一理，明日穷一理，辨明事物的是非真伪，到后来，便可有豁然贯通的一旦。这是禅学方法转变到理学的进步。二、目标也转移了。德山和尚教人做一个吃饭、睡觉、拉尿的平常人；一般禅学家都是为着自己的“腊月二十五”，始终只做个和尚。理学则不然。宋仁宗时，范仲淹说了“先天下之忧而忧，后天下之乐而乐”；以后理学家无不是从诚意、正心、修身做起，以至于齐家、治国、平天下。超度个人，不是最终的目的，要以个人为出发点，做到超度社会。这个目标的转变，其进步更伟大了。这两点是值得我们大书特书的。

总之，宋明理学的昌明，正是禅学的改进，也可说是中国中古时代宗教的余波。

二十三年十二月在北平师范大学讲

这是我二十年前（1934）在北平师大的四次讲演，黎劭西印在师大的一个刊物里。

去年 Mr. Aemartino 寻出这四篇讲演，用作他的论文材料的一部分。今年他要影抄（Photostat）一份，我托他多影抄一份，共费了十元美金。

胡适　1954，5，1

（本文为 1934 年 12 月胡适在北京师范大学的演讲，吴奔星等笔记，原载 1935 年 4 月 30 日《师大月刊》第 18 期。）

颜习斋哲学及其与程朱陆王之异同

上　颜习斋所反对的理学

> 即卑汉、唐之训诂而复事训诂；斥佛、老之虚无而终蹈虚无。以致纸上之性天愈远，而学陆者进“支离”之讥，非讥也，诚支离也；心头之觉悟愈捷，而宗朱者供“近禅”之诮，非诮也，诚近禅也。（颜元《存学编》一、八）

一、从两晋到北宋（西历 300—1100）是中国思想的“印度化”时代，其特殊性质为：1. 反伦理的（出家、不拜君主）。2. 出世的（出家、出三界）。3. 反人生的（非人的、以人生为苦、以遗身焚身为可贵）。

二、中国思想曾屡次反抗，但都无效。1. 打倒（三武一宗的毁法）。2. 仿造（道教）。3. 根本抵制（“本论”）（1）复兴中国本位文化（教育、刑政）。（2）建立中国玄学（理学）。

三、理学的目的是要打倒印度化的思想，但无形中沾染上了很多的印度思想的成分；他又想打倒道教，但无形中也沾染了很多的中古道教思想的成分。理学是一个不彻底的“中国本位文化建设运动”。

他们用《大学》做中国思想的基本架子：

正心
↑
诚意
↑
致知
↑
格物

修身｛平天下、治　国、齐　家｝

这个架子本来无大弊病。弊病在于“怎样做到这个纲领”：1. 怎样格物？2. 怎样致知？3. 怎样正心诚意？4. 怎样修身？

四、程、朱一派提出了一个新纲领："涵养须用敬，进学则在致知。"（伊川）1. 致知必须格物，格物就是"即物而穷其理。""今日格一物，明日又格一物。"积久就会有"豁然贯通"之一日。这是致知。2. 敬是"主敬"，目的是无欲，"去人欲，存天理"；方法呢？就是静坐，"终日端坐，如泥塑人。"程子的后辈又教人静坐体认："喜怒哀乐之未发"以前是何气象。这完全是中古宗教的静坐禅定的态度。

五、"格物致知"的路子，是科学的路子。但太早了，太缺乏科学的背景了，所以始终行不通。程子和朱子都把"物"解作 1. 读书穷理，2. 尚论古人，3. 待人接物。朱子确能做到读书穷理。他在考证、校勘各方面都有开山之功。但这条路实在太难了，许多懒惰的人，太聪明的人，都不愿走。

六、所以陆、王一派反对"格物"，以为"支离破碎"。王阳明格竹子的故事，最可写此心理。此派认理在人心，不在外物。致知是致吾心之"良知"于事物。格物是为善去恶。

七、陆、王一派有什么方法呢？象山说："隆师亲友。"阳明一派说：静坐。阳明一派到了晚期竟完全成了主静的禅学和"囊风橐雾"的玄谈。"愧无半策匡时难，惟保一死报君恩。"

下　颜习斋的哲学

宁粗而实，勿妄而虚。（颜元《漳南书院记》）

一、颜元（生崇祯八年，死康熙四十三年，1635—1704），父为朱氏养子。四岁时，父出走。少时学仙，学拳术，不务正业，稍长始改行。十九岁，中秀才。务农，兼学医。二十四岁作《王道论》（《存治》），初喜陆、王，后宗程、朱。三十岁有《柳下坐记》。三十四岁，义祖母死，居丧中忽有大觉悟。（坐卧地炕，猛一冷眼，觉程、朱气质之说之非。因徐按其学，知其非孔门之旧。三十五岁改名习斋。作《存性编》及《存学编》。三十九岁归宗。四十八岁著《存人编》。五十岁寻父出关。五十一岁得父骨。五十七岁南游到河南。六十二岁主教肥乡漳南书院。七十岁死。）

二、颜习斋反对理学，屡说理学是“集汉晋释道之大成”。程子的两条路“致知”与“敬”，谢上蔡所谓“居敬穷理”，他都反对；“穷理居敬四字，以文观之甚美，以实考之，则以读书为穷理功力，以恍惚道体为穷理精妙，以讲解著述为穷理事业，以俨然静坐为居敬容貌，以主一无适为居敬工夫，以舒徐安重为居敬作用。仆以为此四字正渚先生所以自欺而自误者也。”（《存学》二、六）总之，他批评理学有三大错：①以静坐为学，②以性命玄谈为学，③以诵读章句为学。他说：“静极生觉，是释氏所谓至精至妙者，而洞照万象处，皆是镜花水月，只可虚中玩弄光景，若以之照临析戴，则不得也。……即使其静功绵延，一生不息，其光景愈妙，虚幻愈深。……盖无用之体，不惟无真用，并非真体也。”（《存学》二、二）至于性命玄谈，他说：“性命之理，不能讲也，虽讲，人亦不能听也，虽听，人亦不能醒也，虽醒，人亦不能行也。”至于读书章句，他讥为“空言相续，纸上加纸”。（《记余》一、二）“人之岁月精神有限，诵说中度一日，便习行中错一日；纸墨上多一分，便身世上少一分。”（《存学》一、四）他的大弟子李塨也说：“画家言，画鬼容易，画马难。以鬼无质对，马有佐证也。今讲‘河洛’、‘太极’者，各出心手，图状纷然；而致良知者，又猖狂自喜，默默有物。皆画鬼也。”（《论学》二、四）

三、他认清了宋儒理学的大毛病在于上了和尚道士的当，处处要和和尚道士争玄斗妙，所以他们努力要打倒和尚道士的路，其实还是走上了和尚道士的路；颜元最伟大之处在于不屑同和尚道士争玄斗妙。他对于印度化的思想，只有一条对治方法：“彼以其虚，我以其实。”他看清了中国文化的特色只是平实粗浅的“三事”：1. 正德，2. 利用，3. 厚生。一切玄妙的、虚妄的谈天说命，谈心说性，都不是中国正统的思想。他要人想想为什么孔子“罕言命”，为什么孔门弟子说“性与天道不可得闻”。他说，这正是孔子的最伟大之处。古人“学、教、治皆一致也”。学的、教的、治的，都只是那平实粗浅的三事和

六府：水火金木土谷，

六艺：礼乐射御书数。

这才是“中国本位文化”。拿这些来打那玄虚的印度化，就是“彼以其虚，我以其实”。

四、所以他的哲学大旨是“宁粗而实，勿妄而虚”。他说：“学之亡

也，亡其粗也。政之亡也，亡其迹也。”要“习事”，不要说理。要学那粗浅的实迹，不要同和尚道士争玄斗妙。他说：“喜精恶粗，是后世所以误苍生也。”（《存学》一、一六）

五、他论性只认那“气质之性”是性。譬之目矣，光明之理固是天命之性，眶疱睛皆是天命之性。

六、他论学只是要人实学实习“六艺”，包括水火兵农钱谷工虞。他的书院计划：

习讲堂	文事	礼、乐、书、数、天文、地理书	经史	十三经、历代史等	理学
	武备	兵法、及攻守营阵、水陆战法	艺能	水学、火学、工学、象数	八股

“夫儒者，学为君相百职，为生民造命，为气运主机者也。”（《记余》三、二一）“儒之处也惟习行，儒之出也惟经济。”

七、他的教学方法注重实习实行，故自号“习斋”，“性命之理不可讲也，虽讲，人亦不能听也；虽听，人亦不能醒也；虽醒，人亦不能行也。所可得而共讲之，共醒之，共行之者，性命之作用，如诗书六艺而已，即诗书六艺，亦非徒列讲听，要唯一讲即教习。习至难处来问，方与再讲。讲之功有限，习之功无已”。……“人之岁月精神有限。诵说中度一日，便习行中错一日；纸墨上多一分，便身世上少一分。”他说，“格物”如“手格猛兽”之格，格就是“犯手去做”。格物就是“身实习之，身实行之”。这个“习”字是他的教学方法的中心。他说：“吾尝谈天道性命，若无甚扞格。一着手算九九数，辄差。王子法乾讲‘冠礼’，若甚易；一习初视便差。以此知心中醒，口中说，纸上作，不从身上习过，皆无用也。”（《存学》二、二）他又说：“心上思过，口上讲过，书上见过，都不得力。临事时，依旧是所习者出。”（《存学》一、一九）他又说：“但凡从静读书中讨来识见议论，便如望梅画饼，靠之饥食渴饮不得。”（《存学》二、一六）只有实习实行过的知见是真实可靠的。他用医作比喻：“从事方脉、药饵、针灸、摩砭，疗疾救世者，所以为医也。读书，取以明此也。若读尽医书而鄙视方脉、药饵、针灸、摩砭，妄人也。不惟非岐黄，并非医也。尚不如习一科，验一方者之为医也。读尽天下书，而不习行六府六艺，文人也，非儒也。尚不如行一节，精一艺者之为儒也。”他又用学琴为比喻：“诗书犹琴谱也。”讲解琴谱不是学琴；琴谱也不是琴。学琴必须弹琴，次习琴，能制弦制器，能作歌作谱。“心与手忘，手与弦忘，”始为“能琴”。

八、他的教学，要以粗代精，以实代虚，以有用代无用，以实习实行代诵读玄谈，以动代静，都是很伟大的见解。其中“以动代静”，更是前人所未敢道。他说：“宋人好言‘习静’，吾以为今日正‘习动’耳。”（《年谱》上、五七）他的“习”字法，正是要用动的教学替代静的教学。“乾坤之祸莫甚于释氏之空无，宋人之主静。”（《年谱》下、四九）朱子赞其师李侗生平“不作费力事！”颜习斋大反对此言，说：“儒者不费力，谁费力乎！”他常恨“静”的教学法养成了一个脆弱无能力的民族；“汉宋以来，徒见训诂章句，静敬语录，与帖括家列朝堂，塞天下。庠序里塾中，白面书生……率柔脆如妇人女子，求一腹豪爽倜傥之气亦无之！”（《记余》一、五）（参《存学编》三、二二）所以他的学堂里，习艺之中包括武备、骑射、拳术、跳高、舞刀剑等等。他要养成一种文武的全才。他曾说，他“将六字强天下：‘人皆兵，官皆将。’”（《年谱》下、一〇一一一）

九、颜元的思想也有很鄙陋之处，也有不能完全撇开中古宗教思想之处。但那都是时代的关系，不足为他诟病。他的最伟大之处正在于不怕人笑他粗浅鄙陋。“宁粗而实，勿妄而虚。”这八个字至今还可以做我们一切工作的箴言。他的思想至今是很“摩登”的。他的失败是由于他那个时代的知识技能都太幼稚了，不够帮助他做那正德利用厚生的教学工具。只有世界最新的科学知识和工业技术可以真正达到那三个大目标。

（本文为1937年胡适在庐山暑期训练团的演讲稿，原载1941年7月16日香港《文史杂志》1卷8期。）

谈谈中国思想史

在三千年中间的中国思想史，我想可以寻出一点线索来，不管它是向左，向右，或是向前，向后。中国思想史如此多的材料，如没有线索，必定要散漫。我的见解也许有成见，可是研究了三十多年，也许可给诸位作一参考。

简单说来，思想是生活种种的反响，社会上的病态需要医治，社会上的困难需要解决，思想却是对于一时代的问题有所解决。经济对思想的影响最大，尤其是在近两三百年来，经济极为重要。生活的方式，生产的方式，往往影响于思想。下面分三个时代来讲：

第一个时代——从商末到周初。

在这个时期里经济并不占重要地位，几百几千年的生活方式和生产状态，并没有多大变迁，更无所谓产业革命。古代思想最重要的是政治和宗教。《史记》作者司马迁分古思想家为六派：即阴阳，道德，儒，墨，法，名等。但是这六派都是“皆务为治”，亦即怎样治理国家社会。廿九年来从发掘安阳商代文化，发现许多材料，可使我们了解古代政治和宗教的生活。那时的政治和宗教合在一起，且互为影响。他们的主要生活是祭祖，按照祖宗的生日排成祭日表，一年三百六十五天都在祭祀，那时的宗教以祖为本，而且是很浪费，很残忍，很不人道的宗教。人死之后，拿来殉葬的是宝贵的饰物和铜器等，牺牲品往往用到几十只甚至几百只牛羊，这是多么浪费！用“人”来祭祀，一为“殉”，即把死人所爱的人和死人埋葬在一起。一为“祭”，即以人作牺牲品来祭神，但多用俘虏。这又是多么残忍！由于这“宗教”的浪费和残忍！至少可以有一种反抗的批判的思想出来。由此，我们可以看出四种思想的产生：

第一点：人本主义。在纪元前三世纪至六世纪，思想很发达，无论哪一派哪一家，其共同的一点是注意到“人”的社会，并且首创不能治人，怎样祀神的论调，讲所谓“治人之道”。

第二点：自然主义。针对前时代反应而出的这种主义，是很重要的一点。“自”是“自己”，“然”是“如此”，所谓“自己如此”，亦即自己变成了自己。如乌龟变成乌龟，桃子变成桃子等。两千多年这“自己变成自己”的形质，形成中国思想上很大的潮流。如老庄的思想，即是含有这种思想。

第三点：理智主义，那个时代如孔子所谓：“终日不食，终夜不寝，以思”。便是说明个人须作学问，并且提倡教育的路，无论那时学派思想如何复杂，也都是重知识，所以说已走上了知识主义，理智主义的大路。

第四点：自由思想。在若干国家对立时代，往往有思想的自由。那时有极端的个人主义者，如《吕氏春秋》；亦有提倡民主革命的，如《孟子》。

第二个时代——从汉到宋。

这一时代发生了极新的问题，一是国家的统一，一是新宗教佛教的传入，而普遍全国。于是由此引起了两种思想，即：（一）在武力统一政治下，如何建立一文治政府，减低人民压迫。（二）如何挽救全国人民的宗教热。前者如何建设文治政府，遂产生了四种工具：

第一个工具：建立文官考试制度，自汉武帝时开始，这制度一直发展到科举制度。

第二个工具：汉武帝时设立太学，造就文官，至东汉时已有一万多太学生。

第三个工具：建树成文法律，提倡法治。

第四个工具：建设前一时代有同等权威而加强政治力量的经典，由此而断大案。

至于后者如何挽救宗教热，则有两点：第一点：提倡自然主义，如王充以自然思想解释自然现象。第二点：提倡人本主义，如范缜以人和物体相等视，有物体才有精神，韩愈的倡“原道”，乃要人恢复到“古代之社会”。

第三个时代——从宋代以后。

在这时代里产生了理学，亦即要恢复到古代好的制度和好的思想，拿本位文化来抵制非本位文化。理学亦即为道学，相信自然界有一法则存在。并且有两条路：一是“敬”，一是“致知”。第一条路主敬，我们可以看出经过了一千多年，仍不免要受到宗教的影响。第二条路是致知，亦即扩展个人知识。天地之大，草木之微，其中皆存有一“理”在。在这七八百年当中，理学始终是走这两条路，并且也成了号称“中国的本位文化”。而“致知”更为“科学”的路。科学的“目标”。

总括地说，在从前的时代，工具不够用，材料不够多。现在则以全世界为我们的材料，以全世界为我们的工具，以全世界为我们的参考，那么我相信有比较新的中国思想可以产生！

（本文为1947年胡适在北京辅仁大学的演讲，紫云笔记，原载1947年6月《学风》第1卷第6期。）

杜威哲学

第一讲

刘院长，各位先生，各位同学：

今天我到这里来讲杜威先生的哲学，我感觉到有点班门弄斧。在师范学院里当然有许多研究教育学说和教育哲学的专家，也有这些必修和选修的课程，想来诸位对于杜威先生的哲学一定研究过。

我在国外收到钱校长和刘院长的电报，他们邀我到台大和师院来作一种学术性的演讲，我以为他们还会写信来，给我一点详细的指示。后来一直没有信来；我看时候到了，就打了一个电报，提出两个题目；在师院的题目是“杜威哲学”。

杜威先生是我的老师。我们三十九年来，不但是师生的关系，而且还是很好的朋友。他在六十岁的时候在北平讲学；那个时候我在北京大学，我替他做翻译。以后他到太原、天津、济南各地去讲学，我也替他做翻译。我们又继续几十年的朋友关系。他在北京过六十岁生日的时候，我参加了；他过七十岁生日的时候，我没有参加，因为他在国外，我在国内。到了 1939 年，他八十岁的时候，我在美国做外交官，参加了他的生日庆祝；1949 年，他九十岁的时候，我在纽约也参加了他的生日庆祝。他今年夏天刚过去，算起来活了九十二岁多。

今天我打算讲杜威先生的哲学思想；下一次讲他的哲学思想在技术方面的应用。

约翰·杜威（John Dewey）生于公元 1859 年 10 月，死于今年（1952）6 月。他出生的地方是美国东北部佛蒙特州（Vermont）的柏林顿城（Burlington）。这个地方是美国最民主的一个小州，是英国宗教家最早到达的地方，也是美国保留有最早的民主风气的一个地方。我曾经到这儿参观过，看到了世界最有名的真正民主制度。这个地方的议会，不是选举的代议制，而是全体市民直接参加。每逢市（村、镇）议会开会的时候，市民不论男女老少都踊跃出席；主席把已经宣布了的本市（村、镇）的问题提出来后，人人都可以参加讨论。这是一种真正的直接民主制度，使我看了非常感动。杜威先生就是生长在这个真正民主的地方的。

杜威先生最初进本州大学。后来到巴铁摩尔市（Baltimore）的约翰霍布金斯大学（Johns Hopkins University）研究哲学。这个大学在七八十年前是第一个新式的大学。它以研究院作中心。是以前大学所没有的制度——开美国大学风气之先。杜威先生就是这个大学研究院最早的学生当中的一个。美国有名的总统威尔逊也是从这个大学出身的。

杜威先生毕生从事教育，真正做到了孔子“学而不厌，诲人不倦”的榜样。他在约翰霍布金斯大学完成了学业以后，便在密歇根大学（University of Michigan）和明尼苏达大学（University of Minnesota）任教。1894 年就任芝加哥大学（University of Chicago）哲学系主任。同时，他和他的头一个夫人合办实验学校，提倡新的教育；这是美国新教育的创始。1904 年转任哥伦比亚大学（Columbia University）哲学系主任。1919 年到日本东京帝国大学做了几次讲演后，著了《哲学的改造》一书，那一年正是中国五四运动的时候，蒋梦麟先生、陶行知先生和我，代表江苏省教育会，北京大学和北京大学的行知学会请他到中国来讲学。他本来预定在中国讲学几个月；后来因为对中国发生了很好的感情，继续住了两年，到处作了许多次的演讲。后来又到苏俄、土耳其、墨西哥等地。

1919 年——民国八年，杜威先生到中国来讲学，我们几个他的学生，在他开讲以前，举行了几次公开的讲演，把他的思想做一些通俗的介绍。我的讲演有一部分收进了《胡适文存》。像《实验主义》和《最近五十年的世界哲学》两篇文章里，都提到杜威先生的思想。

杜威先生的教育哲学、教育学说，被公认为最新的教育理论，不但影响了全美国的学校，由幼稚园、小学、中学到大学，也影响了革命初期的俄国。苏俄那时的教育制度，便是依杜威先生的理论制定的，后来革命的倾向改变，整个教育制度也就改变了。中国教育界自 1919 年到现在，也深受他的教育思想的影响。

以上只说杜威先生在教育方面的影响。其实，他的影响并不限于教育方面。这次我所要讲的杜威先生的哲学，可分为两部分：一部分讲他的哲学思想，一部分讲他的哲学思想几方面的应用。

杜威先生的思想，一般人叫它实验主义（Pragmatism），日本翻作实际主义；我们在民国八年做通俗介绍的时候，翻作实验主义。在讲杜威先生的思想之先，不能不说几句关于实验主义的话。

实验主义到现在已经有八十年的历史，共有三位大师：第一个大师是皮尔士（C. S. Peiree 1839—1914），是美国的大科学家。他于 1877 年开始提出了实验主义这个名字；他在一个通俗的讲演里面，提出一个问题："怎样可以叫我们的意思明白?"他的答案是："科学实验室的态度"。那就是说，科学实验室的方法和配备，可以使我们的意思、思想明白，你无论同做科学实验的人讲什么，他总是说让我来实验一下，看这句话会发生什么效果。这个效果就是你所说的话的意义。如果照你说的话做一个实验，实验出来某种效果，你那句话就是有意思的，如果你的话没有法子实验，实验不出效果，那么，你的话就没有意思，就是瞎说，胡说。这就是"科学实验的态度"。就是说拿一样东西，一个观念或者一种思想的效果的结果，来批评某种学说或思想。

做科学实验的人，无论实验物理、化学、地质、生理或心理，都要先有一个思想（假设的理论）：照这样的设备，这样的布置，做起这样的实验来，应该产生某种效果。如果实验的结果不产生某种效果，那就证明了前面的理论是错误的，就应加以修改。另外装置起来重新再做实验，看看这个修改过后的理论对不对。科学家在实验室的态度，就是实验主义。无论什么东西，都要拿这种态度来说明，来解释，来实验。

皮尔士是实验主义三位大师中的第一位大师。他所提倡的就是"科学实验室的态度"。以这种态度应用到人生上，凡是思想、理论、概念，都得用这种态度来批评它，解释它，说明它，才可以使它的意义清楚。我们看这个思想或概念，在人生行为上发生什么效果；再拿这效果来批评，来说明这个思想或概念；这等于在实验室里面用某种器具，某种设备做实验而产生的效果，再拿效果来批评理论一样。简单地说，一切有意义的思想或概念，都会在人生行为上发生实验的效果。如果要决定这个思想或概念是不是有意义，只要看承认它时有什么效果发生，或者不承认它时又有什么效果发生。如果承认它或者不承认它时都不会发生什么效果，那么，这个思想或概念就毫无意义了。科学实验室的态度就是用来解释，说明一切思想、观念、概念，使得思想、观念、概念的意思清楚的。

实验主义的第二位大师詹姆士（William James 1842—1910），和皮尔士是同一个时候，同一个地区的人，也是同一个学校（哈佛大学）的朋友。他本来是学医的；后来转到心理学，在心理学上开了一条大路。他的著作有《大心理学》和《小心理学》。他的《大心理学》在世界心理学史上，占了一个很重要的地位。

詹姆士把皮尔士的基本观念应用到各方面，拿来做科学和哲学的方法论、真理论、宇宙论。（各位若要知道详细，请参阅《胡适文存》第一、二集。）

詹姆士虽然是科学家，但是他出身于宗教家庭，富有宗教情感。他的实验主义的发生，是为求怎样使得意思、概念明白清楚。他把皮尔士的方法推广到各方面去。他以为讨论某种事体，某种概念或信念，某种宗教信仰或某种人生信仰，都可以用这个标准来批评，看它在人生行为上发生什么效果。如果发生了某种效果，就拿这个效果来决定是真的还是假的，是有价值的还是没有价值的。因为他把这个方法应用到宗教方面，他相信某种宗教的信仰能得到某种安慰和某种人格的行为上的改造，便有人批评他应用的范围太广，不免有一点危险。举例来说：二十年前左右，美国一位有名的传教士艾培先生到北京来找我。他说："胡先生，听说你是一个实验主义者。我要同你谈谈实验主义。"我说："好吧！"他举起左手说："这边一种信仰，认为人生等于一只狗一只猫，没有希望，没有前途，没有天堂地狱，没有将来的生命；这是悲观主义的信仰。"又举起右手说："这边的一种信仰，有天堂，有上帝，有将来，有死后的生命；这种信仰叫人乐观，叫人往前进，用实验主义的批判，一定放弃那边的悲观信仰，而接受这边的乐观信仰。"我说："我这里有一块洋钱，另外有一张百万美金的支票。艾培先生，你知道我胡适决没有一百万美金，支票是空头的。以一百万美金和一块洋钱相比，支票可以说是代表乐观的。你是接受一块洋钱，还是接受一百万美金的支票呢？"他说："我当然接受一块洋钱。"

由这个例证看来，严格的实验主义，总是用科学实验室的方法，先归纳观念的意思，把观念的真假确定之后，再来考虑那偶然发生的某种希望是真的还是假的。如果滥用实验方法，便是放弃真实的洋钱，而取空头的支票了。詹姆士因为富于宗教情感，偶然不谨严一点，因此引起人家的批评。（对于詹姆士，我说得太简单了，似乎有一点不公道。不过很短的讲演里，难免有过度简单化的毛病。这要向各位先生道歉的。）

第三位大师就是杜威先生。他是实验主义运动中第三个领袖，年纪比前两位轻一点，寿命又特别长，活到九十多岁，所以他的影响最大。他运用方法也比较谨严，所以他的影响也比较健全。要讲杜威先生的思想，应该先讲一点他的思想的背景。这是很重要的。

第一，就是方才所讲的，他生长的区域是一个真正民主的社会：没有阶级，绝对自由，不是间接的代理民主，而是直接实行民权的真正民主社会。所以他从小就有民主的习惯。最能代表他思想的著述，有《学校与社会》和《民主与教育》二书。后一本书在中国有译本。

第二，两三百年来的科学方法——皮尔士大师所提倡的科学方法，就是应用到自然科学方面的，如物理学、化学、生物学、地质学等这一类实验科学的方法。

第三，十九世纪后半叶产生"生物演化论"，也就是所谓"生物进化论"，中国严复先生译为《天演论》。在杜威先生出生的那一年（1859年），就是达尔文名著《物种由来》出版的那一年。这本书出版后轰动全世界的生物学界。当时就引起了宗教家和哲学家的反对。后来（1871）达尔文又出版了一本《人类的由来》。这本书里面就不客气的继续"物种由来"而说人类是由下等动物，经过几十万年的进化演变，由和猴子相似的动物变成人猿，由人猿再演进成为人的。达尔文花了三十年的苦工，才敢提出这个研究的结果。所有物类的演变，开始都是很微细的，而后逐渐变异。在某种环境之下，旧的生物感觉到不适于这一个环境，或者过热，或者过冷，或者过于潮湿，或者过于干燥，而其中有一部分偶然起子小小的变化，并且这种变化比较更能适合于环境一点，这一部分就继续生存下来。其余没有变化的慢慢就淘汰了，灭亡了。于是这一部分的微细变化，就更加的向适于生存在某种环境中的那种特性格外发展。因为坏的已经死光了，结果，存在的慢慢就成了新的物类。所以《物种由来》的根本说法，就是说物类都是由于很微的变异因为适于生存而不被淘汰而来的。这就是所谓"自然选择"或"物竞天择"。所谓进步，所谓演化，并不是整个笼统忽然而来的；是由一点、一滴、一尺、一寸、一分的很微细的变迁来的。并不是猴子一类的动物一跳就变成人猿；人猿再一跳便变成了人的。例如人的两手，由于我们的老祖宗偶然用后面两条腿站起来，久而久之的结果，成了习惯慢慢的前面两条腿变成手了。在比较解剖上可看出：

人类的手，鸟类的翅膀与许多动物的前肢，都是由于这种变异而来。但是这种变异都是经过了几十万年的过程，由一点一滴的聚积而成的。

达尔文的进化论，不同于马克思的辩证法。马克思的辩证法是根据黑格尔的辩证法；这种辩证法与天然演进的科学方法是不符合的。

总之，杜威先生的哲学思想，就是由这三个背景产生出来的，而最要紧的是他注重科学方法，也就是继承皮尔士、詹姆士实验主义的传统，以科学实验室的方法做基础来讲真理问题，哲学问题、知识问题、道德问题以及教育问题。所以第二个背景是很重要的。他不满意詹姆士的那种广泛的引用实验主义的方法，所以他不大喜欢这个名词，把实验主义改名“试验主义”（Experimentalism）。因为实验主义未免太注重效果；像方才我讲的那个传教士的说法，拿宗教的效果来标榜或滥用。所以与其叫实验主义，不如叫试验主义。后来他又说：一切的思想、知识、经验，都是生活的工具，生活的基础。每一个人所有过去的经验，和现在的经验，都是为帮助将来生活的工具。天地间一切真理、一切学术、一切教育，以及什么圣人贤人的话，天经地义的金科玉律，都不过是工具。这都是帮助我们解决问题的，帮助我们提一个暗示、一个假设的工具，所以便有人说杜威是工具主义（Instrumentalism）的一派。

方才我说，两三百年来，物理学家、化学家、生物学家、地质学家们给我们建立了一个可用的科学方法。杜威先生这样想：我们为什么不拿这个方法来普遍的应用，而只限制在物理、化学、生物、地质方面？为什么不应用到改善精神方面？杜威先生以为这一种科学方法，在实验室内应用了二三百年，并没有流弊，的确是一种可以建立起的最好的方法。这个方法就是自己本身批评自己与纠正自己错误的作用。在试验以前，一切先要有假定。比如假定有甲、乙、丙三个条件，在这三个条件具备的时候，就产生丁、戊、己的结果；那么，我们就把甲、乙、丙三个条件设备起来，看是不是产生丁、戊、己。如果产生，就是对了；如果不产生，就是错了。这个方法是：自己批评自己，自己纠正自己的错误；随时修正，随时发明。所以科学方法根本的观念，不单是求知识，还可以处处发明和发现错误。发现错误与发明正确是同样重要的，是同样可以增加知识。求知与发明，和发现错误联合一贯，再看效果，就是实验的方法——科学的方法。这一种方法为什么二三百年来，不应用到所有精神的领域，所有道德、教育、政治、社会方面去呢？最重要的尤其是宗教、道德方面，为什么不应用呢？

要说明这个历史，就要回到方才所说的三个思想背景。杜威先生说：现在的民主社会，是没有阶级；而古代的社会是分阶级的。所以古代有劳心者，有劳力者；有统治者，有被统治者；有君子与小人的区别。古代社会分有阶层：因职业上、生活上的各种关系而分了阶层。因此，在新的科学出来以后，许多人都认为这是危险的；认为如果这种思想推行广了，就要影响并且动摇社会的基本思想了；认为古久传下来的宗教、伦理、道德的思想都要动摇了；所以由于社会有阶层的关系，就使思想也分了区域。新的科学是没有方法驳倒的；新的化学、物理等知识一天天的加多，就得想出一个调和的办法，才可以使科学方法不影响到宗教、道德方面。这个就是分区而治。这是杜威从历史上看出来的。你们的新思想只能限于某一区域，不要到精神的领域来；不然，就要受统治者的制裁。结果大家为了避免统治者的干涉或宗教的审判，怕在火上被烧死，于是就愿意，只要你们让我们研究物理、化学，我就不来麻烦道德和宗教。道德、宗教方面也就表示只要你们不来麻烦道德、宗教，我们也就允许你们研究自然科学。你们研究的是物，我们研究的是心；我们分区而治，各不侵犯。所以在这个社会有阶层的情形下，思想在不知不觉中就分成了唯心和唯物两派。我们是物质的，你们是精神的；你们是形而上的，我们是形而下的；大家分区而冶。

可是现在我们不同了。杜威先生说：现在到了民治时代；民主制度下是没有阶级的，没有阶层的。我们应该打破从前反映社会阶层的分区而治和各不侵犯的观念。要进到“下学而上达”的地步，要打破精神与物质的区画，打破心与物的分别。所以杜威根本的哲学，就是要反映无阶级的民主思想，没有心与物的区分，没有形而上与形而下的区分，方法只是一个：没有界限没有阶层。

三十多年前，杜威在日本讲学时，讲“哲学的改造”，说改造那是客气；实际上他要革命，要推翻二三百年来唯心唯物的划分。他说：古代思想的最大错误，就是没有懂得所谓“经验”（Experience）。从前的学者，把经验分成主观的和客观的。但真正讲起来，什么叫做经验呢？杜威先生曾经说：“经验就是生活。”生活是什么呢？“生活就是应付环境”。人生在这个物质的客观环境里面，就要对付这一个环境。对付它，就是我对物、物对我。这种对付环境的生活，就是经验。应付环境，不是敷衍，而是要天天接触环境来得到新的知识。应付环境就是时时刻刻，在增加新知识和新经验，新技能和新思想。人在这环境之中，时时刻刻免不了有困难发生。因为要解决这种困难，就引起了思想的捉摸与觉悟。因为思想的作用，就逼得你不仅是无意识的应付环境，而且应付环境的方法，其内容更加强更丰富了。新的知识与新的经验加上思考力的结果，应付环境觉得更满意了，格外成功了。所以经验是时时刻刻在增加应付将来新环境的力量。这就是与方才所说生物的进化一样，也是由一点一滴而来的。我们在那一点钟一分钟之中，今天这一部分人，应付这一个环境，需要某种的应付方法，还要有怎样的改善方法：这决不是笼统一下子可以得到的。人的知识、经验和生活，与生物的进化一样，是从一点一滴的解决问题，解决环境的困难而成的。我们看小姐们颈项上挂的珍珠是怎样来的呢？海里的老蚌，在张开蚌壳的时候，有沙粒跑了进去；因为它没有手，不能把沙粒拿掉，又感觉到剧痛，于是它就本能的应付环境，从自己身上分泌出一种汁液来包围，这粒沙慢慢的裹大了，久而久之，就成为一粒珍珠。这是老蚌本能的应付环境；没有知识，没有思想，很老实的不断地在应付环境，逐渐的分泌汁液，将沙粒包围，结果就成为珍珠。人类是所谓“万物之灵”，当然与蚌不同。在他遭遇到困难的时候，能够用思想，能够用过去的经验；祖宗积下来的，和学校、社会以及书本中得到的经验、知识、学问，都可以活用，都可以拿来应付环境。所以杜威先生说：“教育是要人用知识、用思想的方法；用最好最稳当的方法来思想，来帮助经验，来控制和改善经验，使将来的经验比现在的经验更满意、更能够应付环境。”比起老蚌糊涂无知的、本能的应付环境，解决困难，我们人类是好得多了。因为我们有前人留下来的知识经验，学校给我们的知识经验，和三百多年来的科学家们给我们方法，帮助我们实验应付环境。我们所得到的结果，虽然没有像珍珠那样漂亮好看，但是照杜威先生的意思，这结果却是真的知识，却是活的经验，一点一滴都是珍珠。人的整个经验，一点一滴都是真理，都是宝贝。那宝贝是看不见的；但是在脑子里，在心灵里，一天一天的积累，就愈来愈灵活了。这个经验，就是教育。这种教育哲学，就是杜威先生的基本思想。

第二讲

上次我讲演的时候，讲了一点杜威先生的根本哲学。他写的书很多，有好几十种，重要的也在十种以上，所以不容易一下子抓住一个扼要的地方。但是我上次曾经提出了他的三点背景。大家研究他的思想，就要从这三个假定的背景着手。第一，他是生长在美国北部福蒙特州的柏林顿城。那个地方是一个没有阶级，真正民主的社会，所以他的一切著作，差不多是很自然充满着民主的气息的；第二，三百年来的科学方法，尤其是科学实验室的方法，也是他当然的背景；第三，十九世纪中叶以后，生物演化的思想，注重在一点一滴的演变，一点一滴的进步；而生物之所以演变，是由于应付环境；因为随着环境的需要，不能不改变。改变不是一下子天翻地覆的改变；往往起于很细小的改变，而后一点一滴的聚集多了，就有了适应环境的能力。能够适应环境的就能生存；不能适应环境的就毁灭了、淘汰了。这个观念在杜威先生思想里面也是很重要的。

看这三种背景，我们作他的学生的和研究他的学术的，觉得他的基本观念，可说是他的经验论。

在十多年前，有一次我去看他。那时他的一部新书叫做《经验与自然》的刚出版没多久。他很高兴地对我说："现在有许多人说它新；三十年后就成了老东西了。因为大家都接受了这理论，就不觉得新奇了。"当时他对于自己的新书也不免得意。他那个"在现在是新的，三十年后大家就不觉得新奇了"的意思，至少我们作过他的学生的人觉得是很对的。

这几十年来，他所谓"经验"，就是我在上次讲演的后半段所讲的"经验论"，在他的方法论上和应用在教育上，确实是很基本的。综合起来说，经验就是生活。生活就是应付四周围的环境。对付环境，适应环境，控制环境，改造环境；这就是生活，这就是经验。这并不是十八世纪到十九世纪一些哲学家所谈的经验主义。从英国开始的所谓经验主义的哲学家，在那时也是受了二百年来自然科学的影响，所以他们反抗旧的哲学，提出一种经验论（Empiricism）。经验主义的说法，就是说一切人的知识都起于经验。而经验是什么呢？英国一派的经验论哲学家说，经验就是感觉，就是一个一个零碎的感觉。感觉影响直接的经验。这种说法太琐碎了。大陆上理性主义派（Rationalism）的哲学家，可以德国的来勃尼慈（Leibniz）为代表。他说：前一句话"一切知识起于经验"是对的；但是我要加半句话，"除了理智本身"。我承认一切知识起于经验。这句话怎样讲呢？就是零碎的经验感觉，还需要一个超经验的理智来统治它，来归纳它，使这些零碎感觉成为一个系统，起综合的作用。大陆上理性主义者要和经验主义对抗，在零碎的感觉之外，还得有一个理性或者理智。发扬这一派的就是德国的康德哲学。他承认经验，但是还要一个理性，纯粹理性作用的范畴。理性里面有很多范畴；某种时间是个范畴，某种空间又是一个范畴。让这种理性范畴整理它，归纳它，管理它。这许多范畴就像桌子的许多抽屉一样；这样东西放到这个抽屉，那样东西放到那个抽屉，然后才可以真正了解它。这种心与物的观念，照杜威先生的看法，都是因为时代的关系。杜威先生说：新的科学不是一天起来的，是在过去三百年中一步一步起来的：第一步是十七世纪，是新的天文学，新的数学；第二步是十八世纪，是物理学化学的时代；到了第三个一百年——十九世纪，才兴起来了生物的科学，包括地质学。杜威先生说，前一个时期的思想，把心和物分开，把琐碎的感觉和综合的理智分开了，都是由于各个时代的科学的关系。十八世纪时期也还没有到十九世纪后期生物学的时代；到了十九世纪实验科学时代，可以说使我们对于经验很了解，对于一切生物活动的状态也了解了，因此我们可以得到一个新的经验看法；就是生物的经验，尤其是高等动物的人类的经验，是不分阶级的，只是程度稍有不同。达尔文的书叫做《物种由来》，就是说并不是上帝忽然在一天的工夫把各种生物都造好了。各种生物都是有来源的。怎么来的呢？是一步一步演变来的。这个观念是新的。我们现在经过了三百年的实验科学，尤其是经过百多年的生物科学，我们应该了解当前我们人的大问题，是怎样对付外面环境的变迁，才可以使这些变迁朝着对于我们将来的活动有益的方向去。一切生物动物，都是这样的，都是要适应环境。但是人要不同一点。人类的活动，全靠我们有知识、有思想；能够用知识和思想来管理环境，控制环境，改变环境，改造环境。什么叫“改造”？改造就是要使有害的势力，变成无害的势力；使无害的势力变成有利的势力。这种不断的生活就是经验。从物类到人类都是一样。不过人的思想智慧高，改造环境、应付环境的能力也就大些。这种观念，我们认为是杜威先生哲学的基本观念。他根据科学的实验方法，尤其根据近百多年的生物学的进步——由生物学进到生理学，由生理学进到心理学，从实验的心理学到儿童心理学、动物心理学、变态心理学（这些学科，当然难有一个严格的次序的）；这都是使我们了解人类生活是怎样的。我们无论从那一方面看，都可看出经验就是生活，生活就是适应环境。到了人类在这种适应环境的生活里面，人类的知识思想，都是很重要的，都变成很重要的工具。所以人同物类不同。人类能够充分的用这种自觉的思想作用，来指挥生活；能够运用人的这种能力，运用一切过去的经验，过去所得到的知识，来利用环境——征服它，统治它，支配它；使生活的内容格外丰富，使生活的境界格外壮大，使生活的能力格外自由发展，使生活的意味格外提高。这种思想经验作用，到了为人类运用时，杜威先生叫做“创造的智慧”。这种智慧，只有人才会有。而生活经验并不是琐碎的感觉，并不是感觉之外另有一个理智（或者叫做智力）来指挥的。主宰的乃是人的脑筋，——人的身体的一部分，人本来有的官能，就是我们的神经系统，神经中枢，也就是脑子。这个神经中枢指挥的神经的作用。能够因为应付环境，而不断的努力，不断的改造，不断的进步，使创造的智慧加多。到了那个时候，就能够随时随地改造环境，应付环境。这时候，人的脑袋就够得上叫做“创造的智慧”。

杜威先生的基本观念，具体地说，是把经验用于哲学的各方面。他有很多著作。最重要而销路最广的，是《我们怎样思想》。在美国学校里，无论是中等学校或是大学，都拿这本书作教科书。在教育方法上、论理学和知识论上最有影响的，就是这本书。杜威先生说，“经验就是生活”。人的经验，就是充分运用思想的能力来应付环境，改造环境，使将来应付环境更好，更容易，更适当，更满意。所以杜威先生把基本观念用在思想上。当然，思想有简单的思想，复杂的思想，胡思乱想的思想，没有条理的思想，有条有理的思想。杜威先生以为有条理的思想的发生，大概可以分为五个步骤。这是他的一个很大的贡献；我现在简单的叙述一下。

第一步：思想的来源，或者说，思想的起点。思想不是悬空的。胡思乱想，不算思想。凡是真正有条理的思想，一定是有来源，有背景，有一个起点的。这个起点是什么呢？思想都起源于困难的问题。人生的动作碰了壁，碰了钉子，碰到一个困难的环境，行动发生了障碍，要想打破这个困难，因而才有思想。譬如呼吸：大家都要呼吸的，差不多是一个自动的动作，用不着思想的作用。但是有许多动作是没有那么自然自动，没有像呼吸、睡觉那么容易。真正的思想，是动作碰了壁才发生。比方我要找我的朋友张先生，我一个人走到三岔路口，不知是去第一条路、还是第二条路或者第三条路。这时候才想起：我是来过的么？找找看有什么记号使我可以找到路；或者路旁有一家戏园子，有一块广告牌，是绿色的或者是红色的；这时候才用思考。如果一直走去，就用不着思考了。杜威先生说：“凡是一个思想都起于一个三岔路口的境界；凡是一个思想都起于一个大的疑问号。”从前讲逻辑和知识论的，都比较容易错误，就是因为没有想到很简单的“一个思想起于三岔路口”这一句话。

第二步：认清困难障碍在哪一点；把困难加以分析，知道困难究竟在哪一点。我平常的活动为什么发生障碍？吃饭忽然吃不下，睡觉睡不着，或者头痛发烧；究竟困难在那一点？障碍是什么性质？有时候事情很简单：第一步和第二步就连在一块。不过复杂的问题，就要分为两步，如果第二步弄不清楚，下面的方法步骤就错了。普通问题要在三岔路口去找一条路走比较简单；但是有许多科学问题，如医学、物理学、化学的问题，都很复杂。在这些问题里，我们要小心的做这个第二步工作。

第三步叫做提示，或者称为暗示。凡遇到了三岔路口的问题，有大困难的时候，第三步就不是自动而是被动。你过去的知识、学问、经验，到今天都发生作用了！你的脑子里这边一个假设，那边一个假设。这些提示的东西那里来的呢？都是不自觉的涌上来的。所以第三步往往是不自觉的。假如你没有学问知识和好的活的经验，看到三岔路口的问题，就手足无措，不知道怎样下手；没有主意，没有法子。如果你的知识是死的，学问是从书本上得来的，经验是贫乏的，那你还是没有主意，没有法子，看不出道理来。所以第三步是很重要的。不过，有时候有些人经验太多了，知识太丰富了，往往东一个意见，西一个意见，前一个意见，后一个意见；就要发生第四步。

第四步就是批评、评判；判断这许多提示，暗示当中，那一个意见比较最能解决所碰到的困难问题。记得在我父亲的诗集子里面有一首诗，讲他在东三省吉林的时候，奉命办一件公事，连人带马都在大森林里迷失了路，三天三夜都没有方法走出来。这个问题就是思想，因为当前的行动发生了障碍。我父亲在诗里面就说他怎样想法子找路出去：有人爬到树上去看，只见四周茫茫无边的树木；在地上也找不出路来；也找不出牛马的蹄痕。这两个办法都不行。这时候，我父亲想到古书上讲过：在山林中迷了路时可以找水；跟着水去找，必定可以出山的。大家就四下去听；听到有水流的声音，果然找到了一条水；跟着水走，居然出险。他诗里面有一句“水必出山无可疑”，就是指的这回事。爬上树看，找牛马蹄痕，想了许多办法都走不出来。那时候知识中有一个知识“找水”。这是在许多提示中决定的一个解决困难的办法。所以这第四步工作，就是要判断许多提示当中，那个最适于解决当前的困难。在许多主意中怎样批评判断那个主意适用或不适用呢？这又得回到第一步去：感觉到需要思想，就是因为有困难问题。再认清楚了困难问题；看困难究竟在什么地方。再从推出来的许多暗示、意见当中，看看哪一条可以找出结果来。水是可以向山下流的；朝着他走可以得到一条出路；这个结论是不是可以解决当前的困难。拿这个困难作一个标准，作一个尺度，来量这些提出来的暗示，挑一个作假定的姑且的解决方案；这是第四步。不过这还是一个假设，还没有证实。

第五步是思想的最后一点，思想的终点，就是证实。要问提出来的这个假定的解决方案是不是可以解决困难问题？是不是满意？是不是最满意？要证实它！我刚才讲我父亲在吉林的这个“找水”的经验，就是证实。假如复杂的科学问题，有时候就需要假定应该有某种结果，我们要选择许多假定，使用人造的器械，人造的条件来试验它。所谓科学的实验，就是证实某种条件完备的时候，可以发生某种结果的假定。如某种条件完备而不发生某种结果，这个假定或理论就错了；要再来第二个，第三个……的假定，一直到最后可以得到证实为止。到了最后证实，这个思想才算解决了问题。结果是假设变成了真理，悬想变成满意适用的工具。这是思想的最后终点。

杜威先生的这种思想观念，对他的许多学生，无论在教育上，哲学上，都有了很大的影响。他的哲学特别注重在活的思想，创造的智慧；特别注重拿知识思想来解决问题。因为只有这样才可以应付环境，改造环境。这种思想应用到各方面去，都可以发生很重要的效果。比方在逻辑（Logic）方面：杜威先生在八十岁的时候，出版了一本大著作《逻辑学》，它的副题目叫做“研求真理的理论”（A Theory of Inquiry）；他以为逻辑不过是研求真理的方法的一种的理论。所以他的逻辑并不像从前的逻辑。从前的逻辑讲演绎法、归纳法、大前提、小前提、求同、求异、求互同互异；所谓形式的逻辑。这种逻辑完全是用在论证（proof）方面，变成一种论证的形式，所以杜威先生叫做“论理学”。这是形式的、论理的。比方说：凡人都会死；胡适之是一个人；胡适之当然是会死的。这只不过是一个形式的论证，不能引导出真理。从十九世纪以后，哲学家注意到逻辑归纳法。杜威先生说：这也不行；思想的方法，不是形式的方法；人生要时时刻刻应付真的困难，活的问题，不能拘于刻板的形式。

思想的五个步骤，其实包括了归纳法和演绎法。比如我刚才讲的第一步和第二步就是归纳的方法：注重事实，从事实中找出困难，发现问题。第三个步骤是很多暗示涌上来，就好像许多大前提。照这个前提作会产生什么结果？从具体的事实得到一个结论。所以从第三步到第五步都是演绎法；凡是这样做的，必发生什么结果。试验的时候，有了A的现状，当然产生B的结果；凡是A都会产生B，看看A是不是会产生B！试验就是演绎。第四步就来批评思想提出来的假设。第五步就来证实它。在生活的活动上，证实或是实验室的证实方法都是演绎法。比方我父亲的诗“水必出山无可疑”；现在找到水看看是不是可以出山。这就是演绎法。所以人的思想是活的。在解决困难的时候，随时演绎，随时归纳；归纳之后有演绎，演绎之后有归纳。

杜威先生的逻辑，注重在思想的起点。思想必须以困难为起点；时时刻刻，思想都不能离开困难。这样思想才有效果。英国穆勒（J. S. Mill）的逻辑学注重归纳。其实讲到真正的科学思想在作用活动的时候，并不是那种形式的归纳法所能应付。所有的归纳、演绎、三段论法，求同求异的方法，都不过是要证明某种思想是否错误，错误的时候可以用某种方法来矫正。所以杜威先生的逻辑也可以叫做实验的逻辑，工具的逻辑，历史的逻辑。“历史的逻辑”这个名词太不好解释；我也叫它作祖孙的逻辑。这种逻辑先注重来源；有来源，有出路，有归宿；根据人生，应付环境，改造环境，创造智慧。这种思想的方法，也可以说是一切科学的实验。真正科学实验室的方法，不完全是归纳，也不完全是演绎，而是时时刻刻有归纳、时时刻刻有演绎的。把形式去掉来解决问题；拿发生困难作来源，拿解决问题作归宿；这是新的逻辑。

最后，我感觉到胆怯，把杜威先生的哲学应用到知识论和教育学上。今天在座的有好几位都是教育专家；我实在不敢班门弄斧。所以只好简单地讲讲。他这种思想应用在知识论和教育学上，起了很重要的作用。从前的知识论者，往往分作内面的心和外面的物。所谓感觉和综合的理智，这是知识论里面很重要的部门。当时社会上分阶级：有劳心，有劳力；有君子，有小人；有资产阶级，有无产阶级；有统治者，有被统治者；有一种人看到没有法子参加许多社会的事，许多事都不在他们手里，就取悲观、旁观或乐天的态度。从前社会上这种分阶层的情形，就影响到哲学思想上。杜威先生以为，这都是历史的关系。因为那时科学发达还没有影响到整个哲学，哲学家还不能接受实验室的方法来改造他们的思想。杜威先生这一派，则整个接受三百年来的科学方法，尤其是近百年来生物科学的方法。所以他们的知识论是说：生物学和新的心理学，儿童心理学、变态心理学、实验心理学都指示我们，思想并不是有一个叫做理智（或者是心）的特殊官能；一切心理的作用，都是脑子。脑子就是如吴稚晖先生所说的“十万八千根神经”的中心。（我们当然不能把这当做一个准确的数目字！）神经系统使我们的心和身通力合作。这是新的心理学的贡献。外来的刺激，都是受神经系统的支配统制。外面碰到刺激的时候，它立刻发生反应发布命令来应付。这不但高等的动物这样，连最下等的动物也是这样。神经系统不但是主持应付环境的作用，还能够使前一次的经验在后一次的适应环境上发生重要的影响。前面成功了，后面的格外成功，格外满意。前一次的经验，影响后一次的活动；时时刻刻是新的。心就是身体里面的神经中枢。每次的生活经验能够把旧的经验改组一遍，作为后来活动的准备，使后来的活动比前次更满意。比如雕刻家每一刀下去都是活动；如果能够用心的话，后一刀自然比前一刀的雕刻要见进步。写字、绘画、做工，无论什么事，可以说都是这样。一笔有一笔的进步，一分有一分的进步，一寸有一寸的进步。有思想的生活，都是改善环境，改善我们自己作为后来更满意应付环境的准备。这就是步步思想，步步是知，步步是行。知是从行里得来，知就在行的里面；行也是从知里得来，行就是知的本身。知分不开行，行也分不开知。

这就是“知行合一”。生物学告诉我们，就是低等动物也有这种本能。拿老鼠来说罢：无论怎么难找的门，第一次找不到的时候，第二次再找；不断的试验，经验就可以叫它找到门。老鼠如此，狗和猫也如此。概括地说，下等的动物和人，对于应付环境的作用是一样的，目标是一致的，其中只有程度的高低。

从前的人说知识是超于经验在经验之外的，是一个“超然物外”的旁观者。杜威先生说：知识是智力，智力是一种参加战斗的工具，是一种作战的活动，不是一个超然物外的旁观者。从前讲知识论的人，往往离开了科学实验室，所以没有结果。如果他们用新的科学方法，就知道所谓知识论必须具有两个条件：

第一，教人怎样求得知识，教人怎样得到知识。我们知道，要求得真正知识，只有科学实验室的方法才有效果。这是第一点；还不够，还有第二点。

第二，教人如何证实所得的知识是否真知识。凡是真正的知识论，必须要教人家怎样证实那种知识是真的，那种知识是假的。如果单教人求知识，而不教人家证实真假，那是不够的。

所以真正的知识论，必须根据新的科学方法，教人求知识，并证实知识的真假及其价值。

把知识论应用到教育上，就是杜威先生的教育学说。讲到教育学，我完全是外行。真正讲起来，我没有学过教育学。哥伦比亚大学的研究院和哥伦比亚大学的教育学院，当中只隔了一条一百二十号街。我们在研究院中的学生常彼此笑谈说："他们在那边，我们在这边！"我差不多没有过过这条一百二十号街；所以对于教育学我完全是外行。不过现在并不是谈我的学问，而是替我的老师讲话。说错的地方，请各专家指教。

杜威先生的知识论用于教育哲学上，有所谓"教育就是生活，并不是生活的预备""教育是人生的经验的继续改造"。刚才我讲到知识论时，说人与物一样，他的应付环境就是生活；随时应付环境，改造环境，一点一滴继续不断的改造；经验本身也改造。这就是说，教育不是将来生活的预备；当前的生活就是学校，就是教材。所以教育的目的和教育的历程是一件事，不是两件事。人的生活是经验，是继续不断的重新组织经验。刚才我讲的，写字时后一笔就是改善前一笔；雕刻时也是后一刀改善前一刀：这就是教育。所以生活是不断的，教育也是不断的。每种继续不断的经验，都是教育的功用。民主国家（杜威先生最相信民主主义）的教育，最低限度必须要做到两件事：

第一，用活的生活经验作教材，养成一个创造的智慧，以应付困难，解决困难，满意的解决困难，更满意的解决困难。教育应该使每个人都有一点创造的智慧。《西游记》中的孙悟空，曾有了观音菩萨给他的三根救命的毫毛。创造的智慧，就是要每个人都有这三根救命的毫毛。

第二，就是要养成共同生活的合作习惯（CO－operation in activity）。杜威先生以为要做到这点，书本上的文字教育，记诵，教条，是不够的；只有把"生活就是教育，生活就是经验"这个原则拿到学校里去，才可以做得到。即使不能完全做到，至少也可以朝这个方向走。

关于教育方面，在师范学院里我不敢多讲。总括起来说，我用的名词好像很新，其实在六十多年前，詹姆士就说过，"实验主义不过是几种老法子的一个新名字"。这种思想所以能够站得住，能够觉得有根据，就是因为他并不完全是新的，还是根据人生的经验，合乎人生的经验。皮尔士、詹姆士和杜威先生的许多思想，并不完全是新的；他们有许多思想古代哲人也曾有过。

杜威的思想可以帮助我们明了中国过去的一些思想，譬如教育方面：朱子的教育方法也有一部分是讲实验主义的。三百年前，中国北方起了一个“颜李学派”（颜元和他的学生李塨）。颜元的思想注重在动——行动、活动。他的斋名叫“习斋”，就是所谓“学而时习之”的意思。他说：学弹琴的，不是拿书本子学的，要天天弹，越弹才越有进步。这和我刚才所讲的“时时刻刻改善你的经验”意义很相近。我国古时关于教育的学说，像这种例子的很多。

最后我要讲两个故事。在北宋时，有一个禅宗和尚，名叫法演；他是与王安石、苏东坡同时代的人物，死于1104年。他讲禅理非常怪；第一个原则就是“不说破”，要你自己去找答案。弟子们若有人对他有质疑的，他不但不答复，还要打你一个嘴巴；假使再要问他，就把你赶出庙去。就好像说你在台湾师范学院不行了，要到广州师范学院、福州师范学院、江西师范学院一个一个的去跑。要你到每座名山自己去寻访，去募化。当时和尚出门不像我们现在可以坐飞机、乘轮船；既不能住旅馆，又不许住在人家家里；只有一根打狗的棍子，一个讨饭的碗和一双要换的草鞋。冬天受冷，夏天受热，受尽了风霜雨露；经历苦痛，增加经验。也许到了三年、五年、十年、十五年，甚至二十年。在这个时间中，他或许偶然闻到了什么花香，听到了一声鸟鸣，或者村里人唱的小曲，豁然通了，悟了道。于是他朝老师那个方向叩头，感谢当年不说破的恩；他现在终于找到了。如果师傅那时候还在人世，他就一步一步的赶回去，眼里含着跟泪给师傅叩头谢恩。自己去找；自己经验丰富的时候，才得到一种觉悟。这种方法也可以说是实验主义。

有一天，这个法演和尚忽然问他的学生们说：“你们来学禅；我这里的禅像什么东西呢？我要讲一个故事来解释。”现在就借他讲的这个故事作为我两次讲演的结论。

有一个做贼的人，他是专门靠偷东西混饭吃的。有一天，他的小儿子对他说：“爸爸，你年纪大了，你不能去‘做工’了。我得养活你。现在请你教我一门行业，教我一种本事。”他爸爸说：“好！今天晚上跟我走！”到了晚上，老贼牵着小贼走到一个很高大的房子前，在墙上挖了一个大洞，两个人先后钻进去。等到两个人都到了屋子里，一看，见有一个大柜；老贼就用百宝钥匙把柜子打开了，要他的儿子爬进去。等他儿子进去以后，这个老贼就把柜子锁了，向外走去，口里一面喊："捉贼呀！你们家里有贼啊！"他自己就跑回家去了。这一家人被他叫醒，起来一看，东西都没有丢，就是墙上有一个洞，正在感觉到怀疑的时候，柜子里的小贼还在低声说："爸爸，怎么把我锁在柜子里呢?"后来他一想这不是问题；现在的问题是"怎样出去?"同时，他听到前面有人说话，他就学老鼠咬衣服的声音。于是前面太太听见了，就喊丫头赶快拿灯来看看柜子里的东西别被老鼠咬坏了。柜子的门刚一打开，小贼就冲出来，把丫头和蜡烛都推倒了，从墙洞里逃了出去。这家的人就跟在后面追。这个小贼一跑跑到了水池旁边，连忙拾一块大石头丢进水里去；追的人听到扑通一声，以为他跳水了。而他却另外换了一条小路跑回家去。这时候，老贼正在家里一边喝酒，一边等他的儿子。这个小贼就问他的爸爸说："你怎么把我锁在柜子里呢?"老贼说："你别说这些蠢话——你告诉我怎样出来的。"他的儿子就告诉他怎样学老鼠咬衣服，怎样丢石头。老贼听了以后。就对他的儿子说："你已经学到行业了！"

（本文为1952年12月3日、8日胡适在台湾省立师范学院的演讲，原载1952年12月4日、9日台北《中央日报》。）

禅宗史的一个新看法

我不敢当向各位老同事，老同学作学术讲演。今天早晨八点钟出席司法节纪念会，要我说话，我便提出严重的抗议，我说：自从回到祖国来，差不多两个月了，天天被剥夺不说话的自由，希望保障我不说话的自由。可是我从前有两句打油诗，“情愿不自由，也是自由了”。刚才朱骝先院长讲到大陆上今天有许多朋友、同事、同学感到精神上的苦痛。我那天在北大同仁茶会上说：我们看到大陆上许多北大的同仁要写坦白书，老朋友钱端升自白书有这样一段话：“除了宣告胡适的思想为敌人的思想外，还要进一步清算蔡元培的思想。”蔡先生（今天大陆上不敢称蔡先生直呼其名）的思想，是怎样的呢？一个是思想自由，一个是学术平等。这种思想，大家认为是天经地义的，不料今天大陆上列在清算之列。

今天我很高兴参加蔡先生八十四岁诞辰纪念会。朱先生要我作一个学术讲演。在匆忙中，不容易想到一个题目。多少年来钻牛角尖，作《水经注》考证；但这个问题，在民国三十八年蔡先生的纪念会上曾经讲过——整理四百年来《水经注》成绩的小史——不能再讲了。临时想了一个题目——“禅宗史的一个新看法”。客中没有带书；年纪大了一点，记忆力又差，说得不对的地方，还希望诸位先生改正。

禅宗史的一个新看法，也是二十多年前常常想到的一个题目。禅宗史，从前认为没有问题；等到二十五年以前，我写《中国思想史》，写到禅宗的历史时，才感觉到这个问题不是那样简单。有许多材料，可以说是不可靠；寻找可靠的材料很困难。前次在台湾大学讲治学方法时曾提到二十六年前到处去找禅宗史料一段故事。二十五年以来，禅宗史料慢慢出来了。大部分出自敦煌，一小部分出于日本；因为日本在唐朝就派学生，尤其是佛教的学生，到中国来求学。由唐到五代，到宋，到元、明，每代都派有学生来。当时交通不方便，由中国拿回去的书籍，称为舶来书，非常宝贵，保存得格外好。我搜求禅宗史料，在法国巴黎，英国伦敦图书馆看到敦煌出来的材料，许多是八世纪同九世纪的东西，里面有神会和尚语录一卷。我把这材料印出来以后，日本学者乃注意这个问题，搜求材料，也发现一种神会的语录，还有很重要的楞伽宗的材料。我曾经发表几篇长文章；在《中央研究院集刊》中发表的是《楞伽宗考》。这个宗派是从梁（南北朝）到唐朝中叶很大的一个宗派，是禅宗的老祖宗。在南方，禅宗最早的一个，是广州一个不识字的和尚慧能，大家称为六祖。《六祖语录》（《坛经》）从敦煌石室出来的，可算是最古的本子，唐朝年间写的。我看到这个本子不久，收到日本学者印的四十八尺长的卷子本。这个卷子本是日本翻印中国本子的。现在中国的那个原本没有了；日本翻印本也只有一本在和尚庙中保存着。这两个本子都是古本；拿来与现在通行的《坛经》比较，大有出入。现在通行的《坛经》是根据一个明朝的版，有二万二千字，最古本的《坛经》只有一万一千字，相差一倍。这多出来的一半，是一千年当中，你加一段，我加一段，混在里面的。日本发现的本子，是北宋初年的，一万四千字，已比唐朝的本子增加了三千字。我发现这些新的材料，对于禅宗就有一个新的看法。我们仔细研究敦煌出来的一万一千字的《坛经》，可以看出最原始的《坛经》，只有六千字，其余都是在唐朝稍后的时候加进去的。再考这六千字，也是假的。

所谓新看法与老看法有什么不同？老看法说：印度有二十八个祖师，从释迦牟尼起。释迦牟尼有一天在大会场上，拿了一枝花不说话。大家不懂什么意思。其中有一个大弟子大迦叶懂了，笑了一笑。释迦牟尼看到他笑，便说大迦叶懂了我的意思。禅宗就是这样开始的。由释迦牟尼传给大迦叶，一代一代传下去；传到菩提达摩，变成了中国禅宗第一祖。每一代都有四句五言秘密传话偈。不但如此，二十八代以前还有七代佛，一代一代传下去；也是一样有四句七言偈。菩提达摩到中国后，传给慧可，慧可传僧璨，僧璨传道信，道信传弘忍。弘忍是第五祖。当第五祖弘忍将死的时候，把他的一班弟子叫来说：你们中真正懂得我的意思的，可以写个偈语给我看；如果我觉得对了，就把我的法传给他，而且还要把多少代祖师传法的袈裟给他，作为传法的证件。于是弘忍最著名的弟子神秀在墙壁上题了一偈。大家看了，都说我们的上座（大弟子）答对了。但是那个时候有一个不认识字的和尚，在厨房中舂米；他听到神秀的传心偈，就跑出来说，我们的上座没有通，我通了。于是那个不认识字的厨房小和尚——大家称为“獦獠”的——慧能，也做了一首偈，请人家写在墙上。老和尚一看，就说也没有通，把它擦掉了（怕他被人杀害）。但是到了半夜，把窗子遮起来，把他叫来，秘密的把法传给他，并且把袈裟也传给他。慧能因此就成为禅宗的第六祖。神秀后来到北方去，成为禅宗的北宗；慧能在南方广州韶关一带传道，为禅宗的南宗。

慧能传了很多弟子；当中有两个最重要的，一是江西吉州青原山的行思，一是湖南南岳的怀让。后来的禅宗五大宗派，便是从怀让与行思二人传下来的。从来没有提到神会和尚，这个传统的老看法的禅宗史是很简单的。从印度二十八代一代一代的传下来，每一代到老的时候就写了偈语，传了法，又传了袈裟。这样整整齐齐的每代都做了四句五言诗，甚至在几万年前老佛祖传世时也做四句七言诗；这很可以使人怀疑。我想这是不可靠的。新的看法，禅宗是一个运动，是中国思想史、中国宗教史、佛教史上一个很伟大的运动。可以说是中国佛教的一个革新运动，也可以说是中国佛教的革命运动。

这个革新运动的意义是什么呢？佛教革命有什么意义？这个可以分为两层来说。第一个意义是佛教的简单化、简易化；将烦琐变为简易，将复杂变为简单，使人容易懂得。第二个意义是佛教本为外国输入的宗教，而这种外来的宗教，在一千多年中，受了中国思想文化的影响，慢慢的中国化，成为一种奇特的，中国新佛教的禅学。这两个意义在公元八世纪初，唐朝武则天末年开始。简单说，从公元七百年至八百五十年，在这一百多年中，包括盛唐和中唐，是禅宗极盛的时期。这在中国佛教中是一个大的运动，可以说是佛教内部革新的运动。这个新的佛教，在印度没有。这是中国佛教中革新运动所成就的一种宗教，叫做禅宗，也叫做禅门。

中国佛教革新运动，是经过很长时期的演变的结果；并不是广东出来了一个不认识字的和尚，做了一首五言四句的偈，在半夜三更得了法和袈裟，就突然起来的，它是经过几百年很长时期的演变而成的。这个历史的演变，我现在打算把它简单的叙述出来。

首先，我们应该知道中国禅与印度禅的不同。在未说印度禅之前，我要将我们中国宗教的情形略作叙述。我们古代宗教是很简单的。在春秋战国时代，我们虽然已有很高文化，在道德、伦理、教育思想、社会思想、政治思想各方面，我们已有很高的水准，——但是宗教方面却非常简单。当时只相信一个“天”，或许是高高在上的天，或许是上帝。这苍苍之天与主宰的上帝，是第一个崇拜的对象。其次是崇拜自然界的大力量，认为日月天地都有一种神的存在。第三是崇拜祖先。第四是在宗教崇拜下善有善报恶有恶报的报应观念。在佛教输入以前我们的祖宗没天堂与地狱的观念，宗教原是非常简单的。印度教输入以后，他的宗教不但有“天”，而且有三十三重天；不但有地狱，而且有十八层地狱，甚至有十六乘十六、再乘十六层的地狱，一层比一层可怕。这样复杂的情形，的确可以满足人民对于宗教的欲望的。结果，我们原有简单的宗教，与它比较以后，就不免小巫见大巫，崇拜得五体投地了。崇拜到什么程度呢？佛教中人把印度看做西天，看作极乐的世界。都是由于佛教的崇拜。

中国和尚看到这样复杂的宗教，便想到：是不是有法子找出一个扼要的中心呢？于是，头一个运动就是把佛教的三个大部门“戒”“定”“慧”中的“定”，特别提出。“戒”就是规律，有五百戒，五千戒，是很烦琐的。“定”就是禅宗中“禅”，就是怎样控制心，也就是“定心息虑”。“慧”就是智慧，是理解。中国佛教徒将佛教三个大部门中的“定”拿出来，作为佛教的中心，包括“戒”“慧”以及一切在内。因为打坐的时候，可以控制人的呼吸，然后跟着呼吸控制到身体，然后控制心灵的活动。到了欲望来的时候，或且想到人生许多快乐的事情，就要靠“智慧”来帮助。譬如说：想到男女爱情的时候，要想到她并不是漂亮的，而是一袭漂亮的衣服中，一块皮包着三百六十根骨头，以许许多多的骨节接连起来的，以及肉和血等；到了死了以后，流出了血、脓、蛆。一个漂亮的女人也不过是很难看的一堆骨、血、蛆。这样一想，什么欲望都没有了。这是以“慧”助“定”，来控制“不净观”。还有是以“空观”来控制的，譬如说：两个人互相咒骂。挨骂了，生气了，要懂得“空”的哲学（佛教的根本哲学），把一切看作地、水、火、风的偶然凑合。“骂”是一种声浪，是地、水、火、风暂时凑合发出的声浪，分散了便归乌有。骂的人和被骂的人，都是这四大凑合，结果都是“空”，没有他，没有我。作如是想，便不会生气了。

把“禅”包括“戒”“定”“慧”，而以“禅”为佛教中心，是把印度佛教简单化的第一时期的方式。

不久，仍觉得这今“印度禅”还是烦琐的。如坐禅要做到四禅定的境界，要做到四无色定的境界，最后要能达到最高的目标——六神通：神足通，天眼通，天耳通，他心通，宿命通，漏尽通。能游行自在，能见千里外的事物，能闻千里外的声音，能知他人的心思，能知过去未来，等等。这些烦琐的所谓最高境界，拆穿西洋镜，却是荒唐的迷信。于是进一步的革新到“净土”的“念佛”法门。

五世纪初期，庐山高僧慧远，开始接受印度中亚细亚传入的《阿弥陀佛经》；不要一切烦琐的坐禅仪式，只要你心里相信，有“净土”的存在。“净土”是天堂；天堂里有四季不谢之花，有八节长青之草，琉璃世界，有无量寿，有无量光。

以后慢慢演化到念南无阿弥陀佛（南无即崇拜的意思）。只要你念千万遍，在临死前你必能看到净土的美丽世界，必有人来接引你到这美丽的世界里去。

五世纪中叶，苏州有一个道生和尚，他对中国古代老庄的思想，特别有研究。他头一个提出“顿悟”的口号。不要念经，不要坐禅，不要持斋拜佛，以及一切烦琐的步骤，只要有决心，便可以忽然觉悟。这与欧洲宗教的重大改革，由间接地与上帝接触，变为直接地回到个人的良知良心，用不着当中的媒介物一样。到过苏州的人，都知道虎丘有一个生公说法台，有“生公说法，顽石点头”的传说。这个顿悟的学说，是以中国古代道家的思想提出的一个改革。我们看看道生的书，就可以看出他有很浓厚的道家的思想了。

从五世纪末叶到六世纪初年（公元470—520年），是印度高僧菩提达摩渡海东来，在中国传教时期。传说他到广州是梁武帝时代；经我考证，不是梁武帝时代来的，而是刘宋明帝时来的。有人说他到中国九年回国，或死了；实际他是由宋经齐、梁，在中国居住了五十年之久。他是印度人，年轻时就有很多髯鬚，所以冒充一百五十岁。他到中国创立一个宗派——楞伽宗；认为用不着佛教许多的书，只要四卷《楞伽经》就够了。这是印度和尚把佛教简单化的一个改革。他提倡“理入”和“行入”。“理入”承认人的本性是善的，凡是有生之物，都同样含有善的、完美的本性——含有同一真性。“行入”是苦行和忍，作众人所不能忍受的苦修。“一衣，一钵，一坐，一食，但蓄二针，冬则乞补，夏便通舍，覆赤而已。”睡则卧于破烂的古墓中。自达摩建立楞伽宗，其中有很多“头陀苦行”的和尚。（头陀是佛教苦修的名称，即自己毁坏自己的意思。在唐代的诗文中，常可看到描述和尚苦修的情形。）

武则天久视元年（公元700年），下诏召请一个楞伽宗的有名和尚神秀到京城来。他那时已九十多岁了。他是全国闻名的苦修和尚。他由湖北经洛阳，到两京时，武则天和中宗、睿宗都下跪迎接；可见其声望之大。他在两京住了六年就死了（公元706年）。在那个时期里，他成了“两京法主，三帝国师”。死后，长安城万人痛哭，送葬僧俗，数逾千万。当时的大名人张说给他写碑，叙述他是菩提达摩的第六代。神秀死后，他的两个大弟子普寂、义福继续受帝后尊崇。这个时期，是楞伽宗的极盛时期。

开元二十二年（公元734年），忽然有一个在河南滑台寺的南方和尚神会，出来公开指斥神秀、普寂一派“师承是傍，法门是渐”。指明达摩第六代是慧能不是神秀；慧能才是弘忍的传法弟子。而慧能和神会是主张顿悟的，有人对神会和尚说：“现在是神秀、普寂一派势焰熏天的时候；你攻击他，你不怕吗?”神会回答说：“我为天下定宗旨，辨是非；我不怕!”那时神会和尚已经八十多岁了。从公元734年到755年，这20多年间，神会敢出来和全国最崇敬的湖北神秀和尚挑战，说出许多证据，攻击为帝王所尊重的宗派，并且为人佩服；这是为他可以举出弘忍半夜传给他老师的袈裟为证的缘故，那时神秀已死了，他的两个大弟子普寂（死于739年）、义福（死于732年）又先后死了，没有人和他反辩。反对党看他的说法很动人，却害怕起来，于是告他聚众，图谋不轨。经御史中丞卢奕提出奏劾，皇帝乃将神会贬逐南方。最初由洛阳贬逐到江西弋阳，以后移到湖北武当、襄阳、荆州等地。三年中贬逐四次。可是反对党愈压迫，政府愈贬逐，他的声望愈高，地位愈大!

公元755年，安禄山造反，由河北打到两京（洛阳、长安），唐明皇狼狈出奔，逃往四川。他的儿子肃宗出来收拾局面，由郭子仪、李光弼两将军逐步收复两京。这时神会已经回到洛阳。正值政府打仗需款，他就出来帮忙政府筹款。当时政府筹款的方法是发行度牒。但是推销度牒有两个条件：一是必须有人做和尚；二是必须有人花钱买度牒和尚。这都需要有人出来传道劝说。神会既有口才，且有甚多的听众，遂由他出来举行布道大会，推行“救国公债”。结果大为成功；善男信女都乐意舍施，购买度牒。皇帝以神会募款有功，敕令将作大匠日夜加工，为神会兴建寺院。不久，神会圆寂；时在上元元年（760年），神会年九十三岁，敕谥为“真宗大师”。神会死后六年（德宗真元十二年），皇帝派太子主持一个委员会，研究禅宗法统问题。经许多禅师考虑的结果，承认神会为七祖，也就是承认他的老师慧能为六祖，解决了这个法统之争。而神会这一派遂得到革命的大胜利。

这七十年来，在没有正式承认神会为七祖以前，社会上的知识阶级，已经受到神会的影响，杜甫的诗有“门求七祖禅”的话；那时虽未正式承认七祖，已承认七祖禅了。在神会最倒霉的时候，杜工部的朋友王维，应他的请求作了“能大师碑”，明认慧能为弘忍传法弟子，得了“祖师袈裟”。王维所写的这个碑，后来被收在《唐文粹》中。杜、王二人的文字都足以证明当时社会里已有这个新禅宗的看法。

当神会说法时，曾经有人问他：“菩提达摩是第一祖，由菩提传到慧能是第六祖；那么在印度又传了多少代呢?”关于这件事，现在文件中发现所谓二十八祖，固然是个笑话，就是神会的答复，也是一个大笑话。他说：“在印度传了八代”。传一千多年，只传八代，是不可能的事。因为他不懂梵文，把菩提达摩和达摩多罗两个人弄成了一个人，所以说出八代。究竟有几代？说法不一。有说二十四代，有说二十五代，有说二十六代，有说二十七代，甚至有说五十一代的：这都是他们关起门捏造出来的祖宗。这些材料，都不可靠。我所以说这个故事，就是要说他的老师慧能，半夜得到的袈裟究竟是第几代传下的，这是一个不能解决，无法审问的千古疑案。

最后，我们看一看，神会革命胜利成功的禅宗是什么？为什么要革新？为什么要革命？从我在巴黎发现的敦煌材料，和以后日本学者公布的材料（这两个材料比较起来，我的材料前面多，日本的材料后面多），看起来，我们知道神会的学说主张“顿悟”。“顿悟”，是一个宗教革命。借个人的良知，可以毁掉种种烦琐仪式和学说，即所谓“迷即累劫，悟即须臾”。譬如“一缕一丝，其数无量；若合为绳，置于木上，利剑一斩，一时俱断。”人也是这样。“发菩萨心人，亦复如是。”一切入定出定的境界，都是繫于心。只要发愿心就可以“豁然晓悟。自见法性本来空寂。……恒沙妄念，一时顿尽”。

神会学说的第二个主张是无念；“不作意即是无念。”一切“作意住心，取空，取净，乃至起心求证，菩提涅槃，并属虚妄。但莫作意，心自无物。”譬如商朝的传说，和周朝的太公，一个是泥水匠，一个在水边钓鱼的人，一时机会来了，一个贫苦的人一跳而为政治上的重要人物，担负国家的重任：这叫做世间的不可思议事，出世的宗教也有不可思议事；所谓顿悟，就是一日豁然顿悟。中国有一句话说：“放下屠刀，立地成佛。”

用不着苦修！这是神会积极的思想。

消极方面，神会是反对坐禅，反对修行的。他说，“一切出定入定的境界，不在坐禅。”“若有出定、入定及一切境界，祸福善恶，皆不离妄心。”凡是存着修行成佛的思想，就是妄想。“众生若有修，即是妄心，不可得解脱。”

神会的这种宗教革命思想，在当时所以能很快的成功，不是神会一个人打出来的；神会只是当时的“危险思想”的一部分。但神会的功劳特别大。因为神会是宗教家，同时又是政治家和财政家，可说是个革命家；他懂得用什么武器打击敌人，使他的宗教革命运动得到成功。

总结一句话，禅宗革命是中国佛教内部的一种革命运动，代表着他的时代思潮，代表八世纪到九世纪这百多年来佛教思想慢慢演变为简单化、中国化的一个革命思想。这种佛教革命的危险思想，最值得我们参考比较的，就是在《唐文粹》这部书中，有梁素《天台通义》的一篇文章，痛骂当时的危险思想；说这样便没有佛法，没有善，没有恶了。从这反对党的说话中，我们可以看出当时的危险思想，的确是佛教中一种革命的思想。

还有一种材料值得我们注意的。九世纪中叶（西元 841 年），宗密和尚（一个很有学问的和尚）搜集了一百多家禅宗和尚语录。可惜这些材料大部分都散失了，只存留一篇序文，长达万字，讲到从八世纪到九世纪中的多少次佛教革命的危险思想。宗密把当时佛教宗派大别为禅门三宗。一是息妄修心宗，二是泯绝无奇宗，三是直显心性宗。二三两宗，都是革命的；其中包括社会许多人士，在宗密和尚的《禅源诸诠集都序》里，我们可以看出，除了神会以外，还有许多革命思想的宗派。现在佛教中，还有一部《圆觉经》。这部经大概是伪造品，是宗密自己作的。这只有一卷的经，他却作了很多的注解，叫做《圆觉经大疏抄》，这里面有很多禅宗历史的材料。

刚才讲的是佛教内部的革命。最后要讲经过外面摧残的史实。唐武宗会昌五年（公元 845 年），是摧残佛教最厉害的一年。唐朝学者——不很高明的思想家——韩愈在《原道》一文中，倡说“人其人，火其书，庐其居”的口号，是公元 824 年的事情；经过二十一年，到武宗时竟实现。当时毁寺四千六百余区，毁招提兰若（私造寺）四万余区，迫令僧尼二十六万多人还俗。佛教经典石刻都被毁弃；这是历史上最可惜的文化毁坏。后来武宗死了，他的兄弟做皇帝，信仰佛教，却是没有办法恢复旧观，因为经过这样大的变化以后，寺院的几千万顷田产被没收，十多万男女奴隶被解放；要恢复堂皇的建筑，没有钱怎样能做到？在这个环境下，只有禅宗派不要建筑。在九世纪中叶，佛教出了两个了不得的和尚：南部湖南出了一位德山和尚，北方河北出了一位灵济和尚。我们看他的语录，充满了“呵佛骂祖”的气味。举例说：古时一位秀才到庙里去，和尚不大理会招待；府台大人到了，和尚却率领徒众欢迎。等到府台走了，这位秀才问他：佛教是讲平等的；为什么这样对我？和尚回答说：我们是禅门；招待就是不招待，不招待就是招待。这位秀才掴了他一掌。和尚问他：你怎么打人？他回答也是说：打了就是不打。从敦煌所保留的语录看来，才晓得真正呵佛骂祖时代，才知道以后的禅宗语录百分之九十九是假的。

佛教极盛时期（公元 700—850 年）的革命运动，在中国思想史上、文化史上，是很重要的，这不是偶然的。经过革命后，把佛教中国化、简单化后，才有中国的理学。

佛教的革新，虽然改变了印度禅，可以仍然是佛教。韩退之在《原道》一千七百九十个字的文章中，提出大学诚意、正心、修身，不是要每一个人作罗汉，不是讲出世的；他是有社会和政治的目标的。诚意、正心、修身，是要齐家、治国、平天下，而不是做罗汉，不是出世的。这是中国与印度的不同。韩文公以后，程子、朱子的学说，都是要治国平天下。经过几百年佛教革命运动，中国古代的思想复活了，哲学思想也复兴了。这段故事，我个人觉得是一个新的看法。

（本文为 1953 年 1 月 11 日胡适在蔡孑民先生 84 岁诞辰纪念会的演讲，原载 1953 年 1 月 12 日台北《中央日报》。）